500번의 동물원 탐험

기억 속에 희미해진 동물들이 다시 온다

500번의 동물원 탐험

비두리 글·사진

기억 속에 희미해진 동물들이 다시 온다

효형출판

점박이 물범이 어느 겨울날,
따스한 햇빛을 보고 물 밖으로 고개를 내민 순간.

점박이 물범, 서울대공원 동물원, 2010

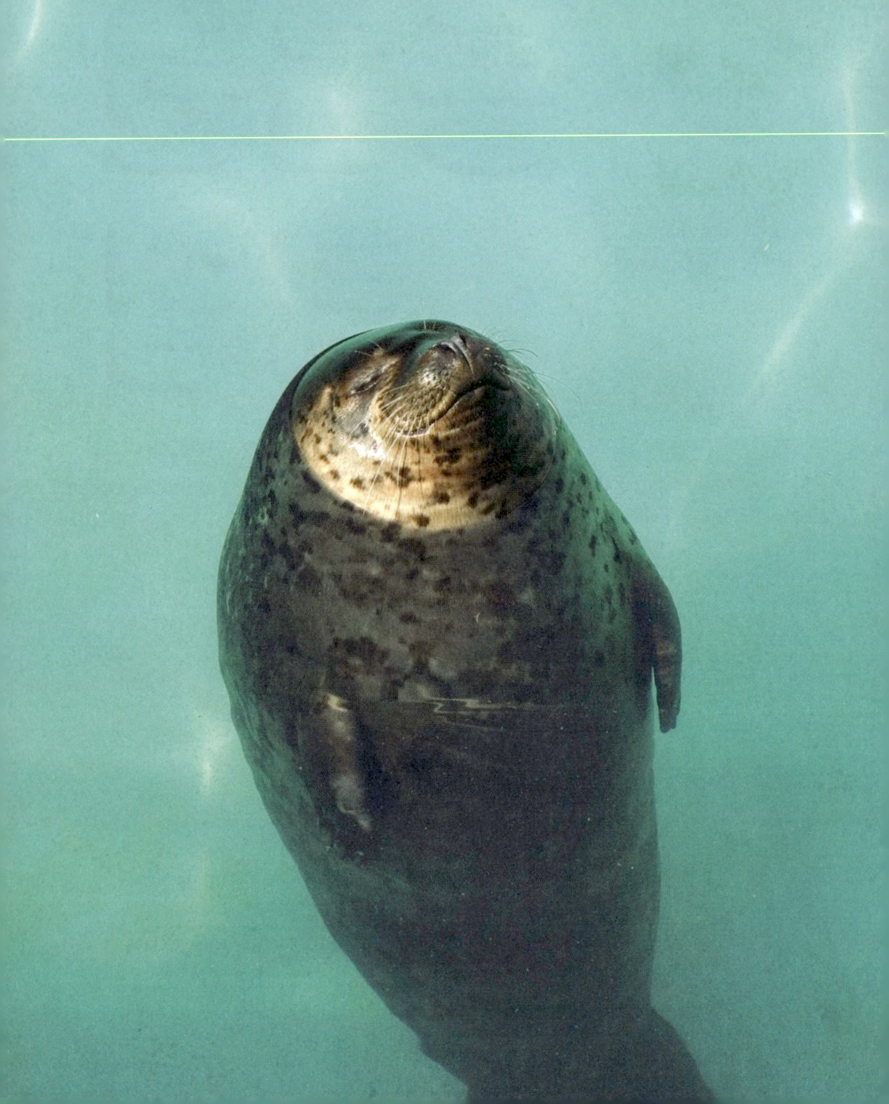

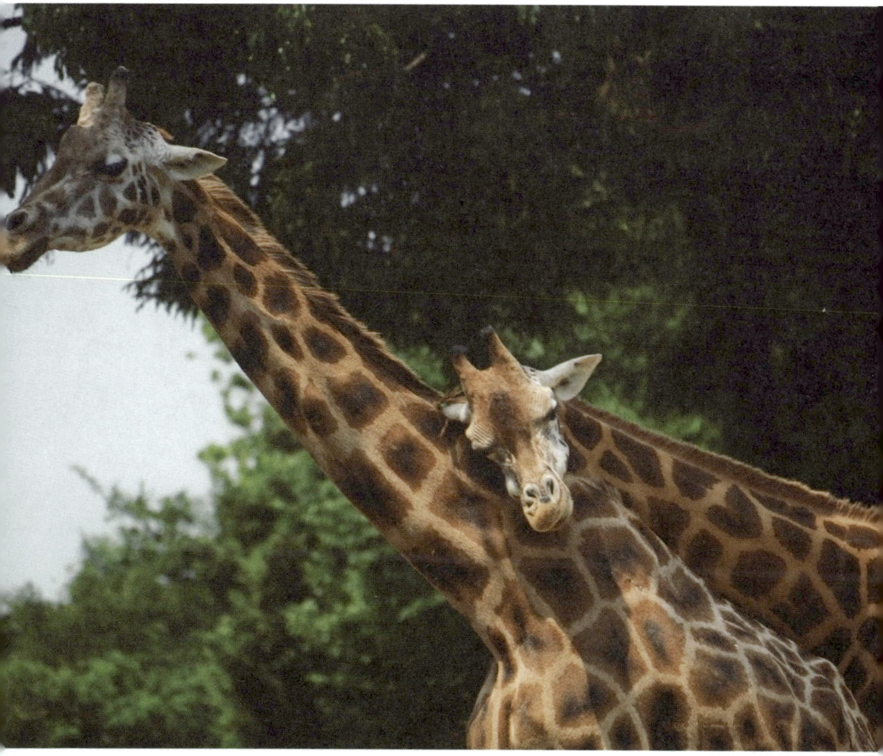

헤라의 목에 사랑이가 얼굴을 기대고 있다.
기린은 사람의 지문처럼 고유한 무늬가 있다.
사랑이는 목 위에서 아래로 4번째에 하트 무늬가 있어
이름이 사랑이로 지어졌다.

기린 '헤라'와 '사랑이', 서울대공원 동물원, 2014

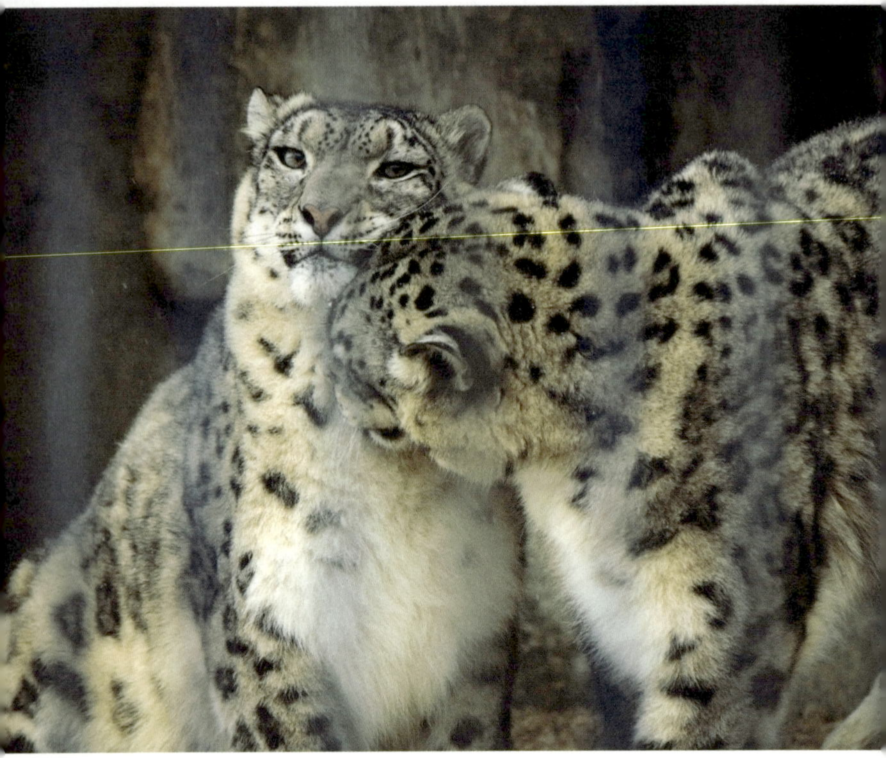

희미하게 기억 속에만 남겨진 설표(눈표범) 2마리다.
이름조차 알지 못하는 이들이지만, 분명히 존재했다.
설표는 야생에서는 멸종위기종으로 생존의 위협을 받고 있다.

설표(눈표범), 서울대공원 동물원, 2010

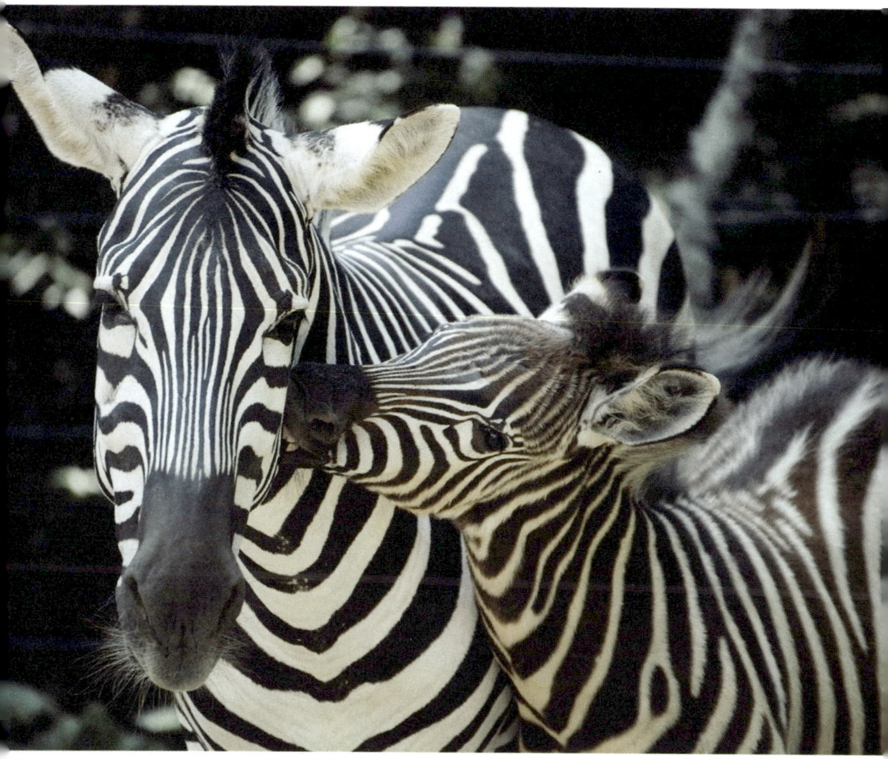

엄마 얼룩말과 아기 얼룩말이다.
엄마에게 애교 부리는 아기 얼룩말은 잘 있을까.

얼룩말, 광주 우치공원 동물원, 2014

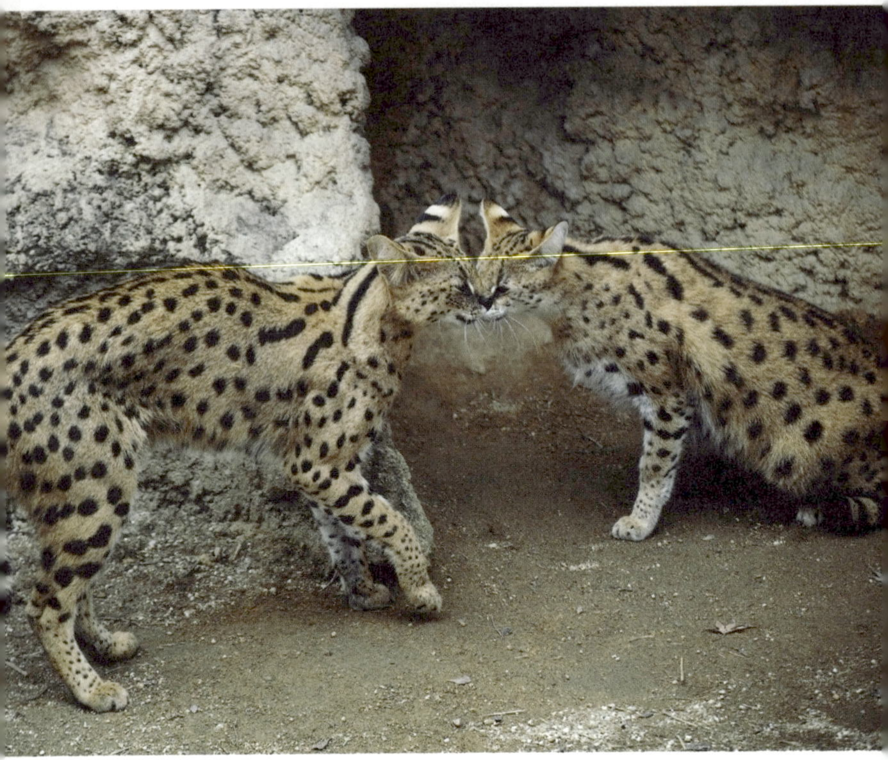

2마리의 서발이 마주하고 있다가 뒤로 주춤하는 순간이다.
내가 지켜본 이들과의 만남은 그리 길지 않았다.
둘에서 혼자가 되었고, 그 혼자마저도 사라졌다.

서발, 서울어린이대공원 동물원, 2016

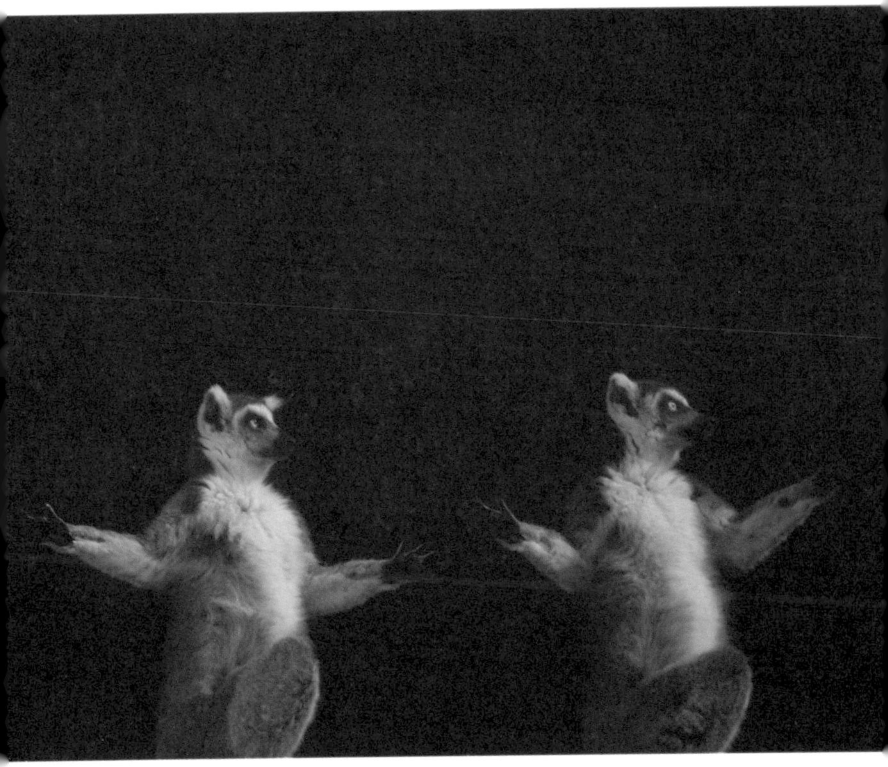

알락꼬리여우원숭이가 동시에 같은 포즈를 취한다.
멸종위기종인 이들은 부산의 어느 체험 동물원으로 보내졌다.
그 뒤론 생사를 알 수 없다.

알락꼬리여우원숭이, 서울대공원 동물원, 2015

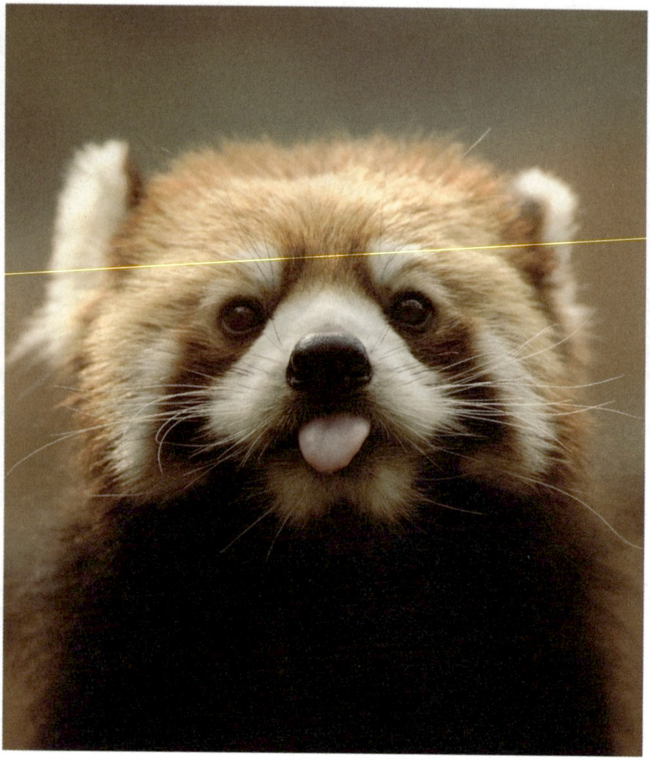

상큼이가 밥을 먹고 있던 찰나에 촬영했다.
혀를 내민 모습이 마치 메롱하는 것처럼 보인다.
이름 그대로 상큼이는 상큼하다.

레서판다 '상큼이', 서울대공원 동물원, 2014

동물원 답사지

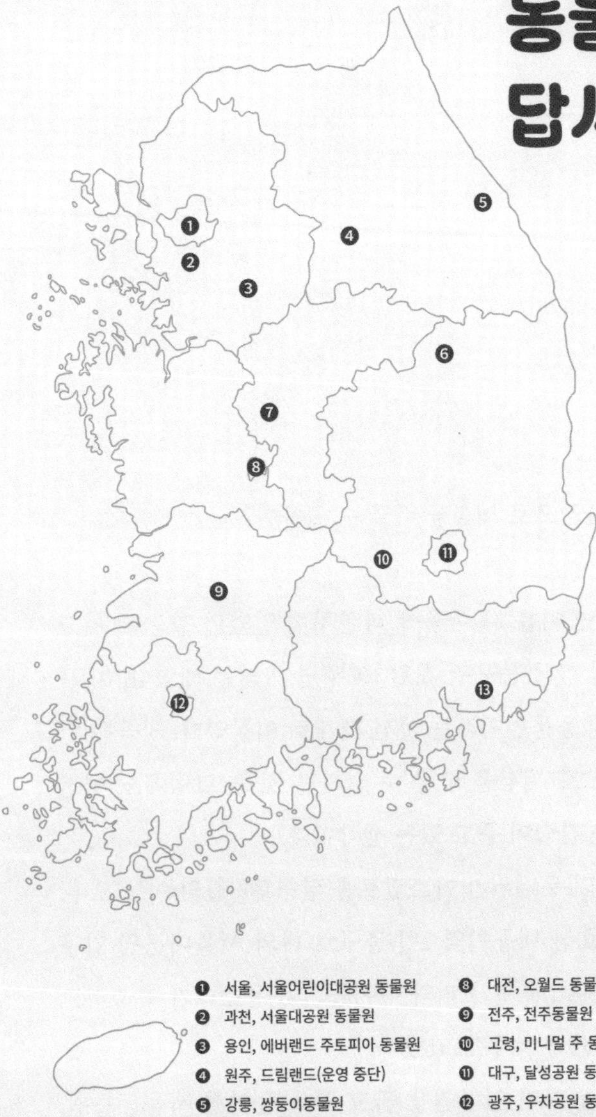

1. 서울, 서울어린이대공원 동물원
2. 과천, 서울대공원 동물원
3. 용인, 에버랜드 주토피아 동물원
4. 원주, 드림랜드(운영 중단)
5. 강릉, 쌍둥이동물원
6. 봉화, 국립백두대간수목원
7. 청주, 청주동물원
8. 대전, 오월드 동물원
9. 전주, 전주동물원
10. 고령, 미니멀 주 동물원(운영 중단)
11. 대구, 달성공원 동물원
12. 광주, 우치공원 동물원
13. 김해, 부경동물원(운영 중단)

프롤로그

한 장의 사진으로 시작된 약속

'내 사진으로 세상을 바꿀 수 있을까?'

2009년 여름, 내 마음에 파문처럼 일었던 질문이다. 그 해는 마침 한국 동물원 개원 100주년이 되는 해였다. 이 물음은 나를 동물원이라는 낯선 세계로 이끌었다. 지금은 안다. 사진으로 세상을 바꿀 수 없다는 것을. 그럼에도 여전히 마음속 깊숙이 품고 있는 생각이다.

과천의 무더위가 아스팔트를 달구던 8월의 어느 오후. 지하철 4호선 대공원역 2번 출구로 나와 서울대공원 입구로 향하는 길. 매미 소리와 아이들의 웃음소리가 축축하고 뜨거운 공기를 채우고 있었다.

3,000원짜리 입장권을 끊고 처음 들어선 서울동물원. 풀 내음, 동물 냄새, 콘크리트가 내뿜는 열기가 뒤섞인 그

묘한 공기. 지금도 그 풍경이 생생하다. 콧속으로 파고드는 습한 흙냄새와 멀리서 들려오는 호랑이의 울음소리, 그리고 어딘가 축 늘어진 듯한 햇살. 모든 소리와 냄새가 더욱 선명하게 다가왔다.

그곳은 나에게 생경한 공간이었다. 시골에서 가축을 보며 자라 동물 자체는 익숙했지만, 동물원은 전혀 다른 세계였다. 며칠 전, 도서관에서 우연히 발견한 사진책 한 권이 이곳으로 나를 이끌었다. 다음 사진 작업의 주제로 동물원을 계획했다.

동물원에 관한 책 몇 권을 읽고 왔다. 고대 제왕들의 권력 과시용 장소에서 시작된 동물원이 근대에 들어 교육과 보전의 공간으로 진화했지만, 여전히 생명을 볼거리로 전락시킨다는 비판을 받고 있다는 걸 알게 되었다.

이런 복합적인 성격을 지닌 동물원을 바라보며 나는 이곳이 단순한 동물 전시 공간이 아님을 깨달았다. 인간과 동물이 마주치는 만남의 장이자, 사회적 사건과 이슈들이 복합적인 방식으로 증폭되고 변형되는 장소였으며, 동물들이 살아가는 공간이었다.

동물원이라는 인공과 생명이 공존하는 공간을 배경으로 한 거대한 무대에서 벌어지는 장면들을 사진으로 기록해야겠다는 확신이 생겼다. 그러자 마음 깊은 곳에서 무언가 꿈틀거렸다. 카메라를 들고 다시 마주한 동물원은 이제는 전혀 다른 얼굴이었다.

처음 동물원에 들어선 그날, 다양한 동물들을 렌즈 안에 무작정 담았다. 홍학들의 장난스러운 몸짓, 코끼리의 거대한 발, 스라소니의 날카로운 송곳니. 그러던 어느 순간, 작은 한 생명이 나의 시선을 완전히 사로잡았다.

철창 너머 앉아 있던 아기 돼지꼬리원숭이였다. 사람을 닮은 이목구비, 그 속에서 빛나던 또렷한 눈빛. 초점 링을 돌려 셔터를 누르는 찰나, 나는 그 작은 생명체의 눈동자를 마주했다. 카메라 뒤에 숨은 관찰자의 시선이 아니라 존재와 존재가 정면으로 마주한 순간이었다.

주변의 소음이 사라지고, 마치 세상에 우리 둘만 있는 것 같았다. 나에게 무언가를 말하려는 듯이 바라보았다. 그 눈빛 앞에서 나는 움직일 수 없었다. 수십 년간 잊고 살았던 '동물'이라는 존재가 바로 지금, 내 내면의 문을 두드리고 있었다. 나도 모르게 속삭였다.

"너의 이야기를 내가 대신 전해줄게."

이것은 소리 없는 약속이었다. 그 약속이 입 밖으로 나온 순간, 어쩌면 돌이킬 수 없는 길로 들어섰음을 직감했는

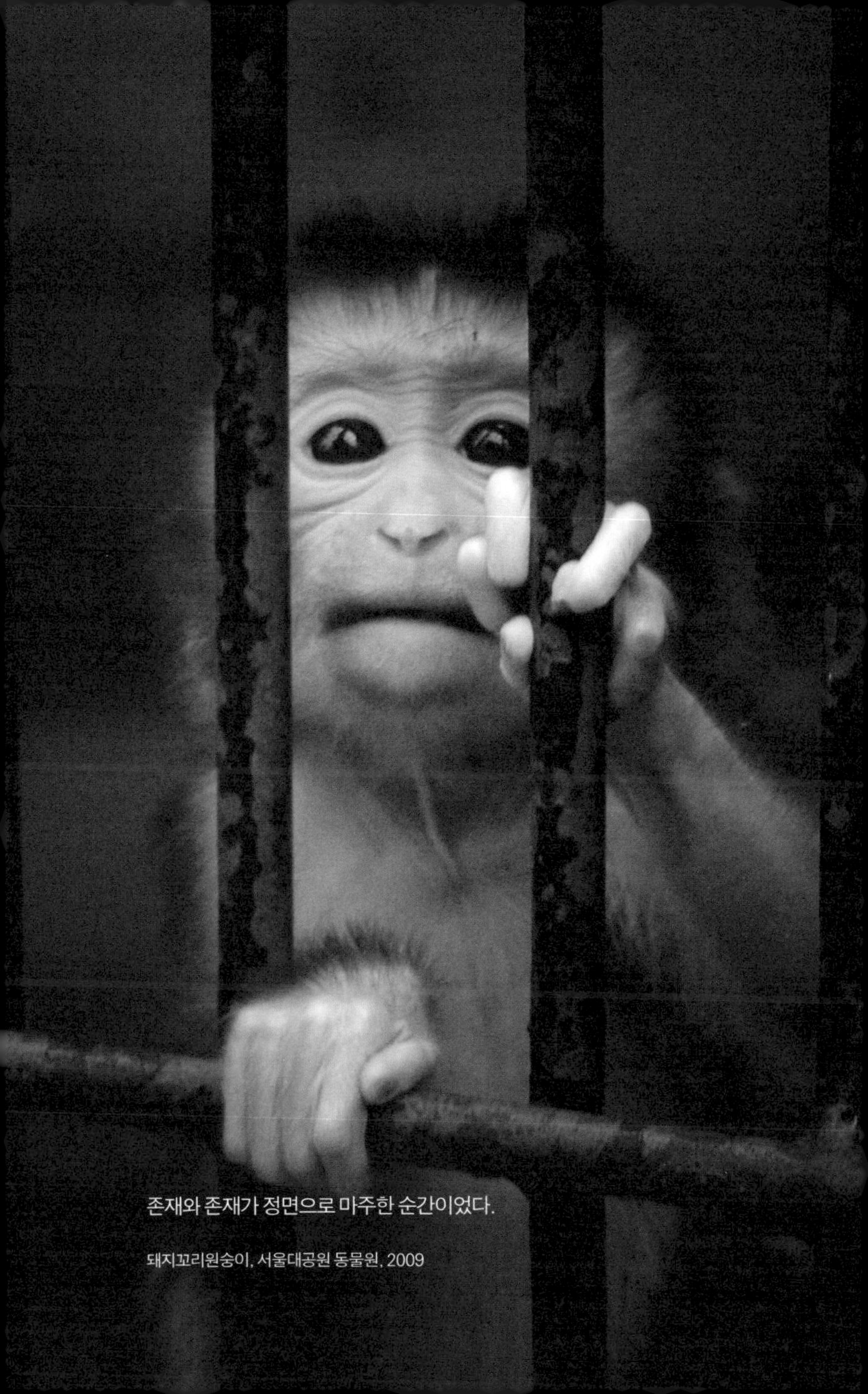

존재와 존재가 정면으로 마주한 순간이었다.

돼지꼬리원숭이, 서울대공원 동물원, 2009

지도 모른다. 과천에서 수원으로 돌아오는 버스 안에서 조그마한 원숭이의 초롱한 눈빛이 아른거렸다. 카메라에 담긴 이미지가 아니라 마음에 새겨진 그 순간의 감각이 생생히 떠올랐다. 새로운 시작을 앞둔 설렘과 동시에 두려움이 뒤섞여 잠을 못 이루었다.

그날의 약속은 잊을 수 없는 기억이 되었다. 그 원숭이의 사진은 한 번도 전시장에 걸리지 못했지만, 그 눈동자만은 여전히 내 안에 살아 있다. 이제 와 고백하면 이 작은 생명과의 조우는 15년 동안 나를 동물원으로 이끈 강력한 원동력이다.

본래 동물원에 10번쯤 가보려던 가벼운 계획은 5번 만에 멈추었다. 그런데 이상했다. 더는 동물원에 가지 않아도 되는데 마음 한편에서 허전함이 자꾸만 커졌다. 몇 페이지만 읽고 덮어버린 책처럼. 이야기의 서막만 맛봤기 때문이었을까.

가을철을 건너뛰고 겨울의 동물원으로 향했다. 추운 계절에 동물들은 어떻게 지내고 있을까? 2010년 1월, 피곤한 몸을 이끌고 오랜만에 찾은 서울동물원. 정문 앞 호랑이 조형물이 한복을 입고 있는 모습부터 무언가 심상치 않다. 언제나 제일 처음으로 반겨주는 홍학이 없다. 기린도 없다. 하마는 늘 물속에 있는 듯 없는 듯하지만, 그마저도 보이지 않는다. 여름에 보았던 동물들이 없다.

겨울이라 그런지 밖에 나와 있는 동물은 전체 5분의 1 정도였다. 날씨가 제법 쌀쌀해 동물들은 대부분 실내로 옮겨졌다. 눈이 내려서 더더욱 겨울왕국 같은 동물원이 되어 있었다. 겨울이란 계절과는 아랑곳하지 않고 동물들은 살아가고 있었다. 그들의 삶을 마주하며 결심했다.

'100번은 가야 제대로 알 수 있지 않을까?'

그 무모해 보이는 찰나의 생각이 내 삶의 궤도를 송두리째 바꿔놓을 줄은 미처 몰랐다. 100번이라는 숫자는 처음에는 그저 막연한 목표였다. 하지만 시간이 지나면서 그 숫자 너머에 숨겨진 진짜 의미를 발견하게 되었다.

동물원은 계절마다, 시간마다, 내 마음마다 전혀 다른 얼굴로 다가왔다. 그곳을 점점 더 들여다보고, 그 의미를 온전히 이해하고 싶어졌다. 100번의 약속은 어느새 500번의 출근이 되었고, 낯선 공간을 향한 호기심은 평생의 과업이 되어 있었다.

처음부터 동물원을 500번이나 가라고 한다면 당신은 어떨까? 나는, 글쎄다. 망설이거나 거부하지 않았을까. 그럼에도 동물원에 갈수록 더 가야 할 이유가 생겼다. 한평생을 동물원에서 보낸 동물들, 그리고 그들을 기록하려는 내 모습. 둘이 닮았다는 걸 깨달은 건 훨씬 뒤의 일이었다.

한두 해가 지나자 이름을 알게 된 동물들이 늘어갔다. 오랑우탄 '보물이', 침팬지 '관순이', 호랑이 '펜자', 북극곰 '통키', 코끼리 '희망이', 얼룩말 '세로', 판다 '푸바오'. 그들은 나를 모르겠지만, 나에게는 오랜 친구 같았다. 이런 마음이 들면서 자연스럽게 의문이 생겼다.

'동물원은 나에게 어떤 존재일까?'

그 물음은 쉽게 답하기 어려웠다. 그래서 곰곰이 생각해 보았다. 이윽고 동물원이 하나의 온전한 세상이라는 결론에 이르렀다. 단순한 관람 공간이 아니라 각기 다른 삶의 이야기를 품은 생명들이 모여 살아가기 때문이다.

동물원의 동물들은 서로 독립적이면서도 연결된 채 살아가는 생명의 작은 조각들이다. 이곳은 인간 사회의 축소판이자, 생명과 존재에 관한 깊은 철학적 성찰이 가능한 근원적인 공간으로 다가왔다. 사람이 태어나고 죽는 것처럼 동물들도 마찬가지의 생을 산다. 생성과 소멸, 어쩌면 그것은 생명이 지닌 본질이 아닐까? 동물원이라는 공간에서 나는 그 진실을 수없이 보고 들었다.

현대 사회의 수많은 모순이 동물원이라는 공간 안에 압축되어 있다. 자유와 감금, 야생과 문명, 생명과 소비, 관찰자와 피 관찰자의 관계가 기묘하게 공존한다. 이곳은 우리 사회의 축소판이자 모든 생명이 어떻게 공존하는가를 시험하는 '마이크로코즘(Microcosm, 소우주)'이다.

동물원은 인간이 자연을 통제하려는 욕망과 동시에 보전하려는 노력이 충돌하는 곳이다. 다른 어떤 공간도 이토록 첨예한 모순을 한꺼번에 담아내지는 못한다. 바로 이 복합성이, 이 풀리지 않는 모순이 자석처럼 나를 끌어당겼다. 동물원은 '현대문명의 리트머스 시험지'다. 그 안에서 살아 움직이는 생명을 통해 우리 사회를, 그리고 나 자신을 비추었다.

이 책은 동물원을 탐험하며 마주한 생명의 모습을 담은 기록이다. 그렇다고 단순한 체험기에 머무르지 않는다. 동물원이라는 거울을 통해 우리 사회와 존재의 본질을 비추어보고, 생명의 의미를 질문하는 통찰을 담고자 했다.

동물원에서 살았거나 떠난, 그리고 지금도 살아가는 수많은 동물의 존재 증명이자 우리 사회가 감추어놓은 질문들과 마주침이다. 한국 동물원 개원 100주년을 맞은 2009년 시작된 이 기록은 15년간의 긴 여정이자, 한국 동물원 역사와 동행해 온 시간이기도 하다. 어쩌면 이 이야기는 당신에게 익숙했던 동물원을 낯선 시선으로 다시 바라보도록 이끌고, 당신 안의 새로운 질문들을 깨우는 시작점이 될지 모른다.

자, 나와 함께 동물원 안으로 들어가 보자. 그곳에서 당신은 구경거리가 아닌 살아 숨 쉬는 존재들과 마주하게 될 것이다. 이 여정 끝에 당신은 무엇을 보게 될까?

끝나지 않을 탐험을 함께할
비두리

일러두기

1. '폐사'라는 용어에 관해

이 책에서는 '폐사(斃死)'라는 용어를 사용하지 않았다. 폐사는 동물원이나 사육 시설에서 동물의 사망을 알릴 때 주로 쓰이는 말이다. 이 단어는 '쓰러져 죽을 폐(斃)'와 '죽을 사(死)'를 담고 있으며, 동물의 사망을 기계적이고 비인격적으로 전달하는 부정적 뉘앙스를 지닌다. 특히 '斃'라는 한자가 고꾸라져 죽는 비참한 모습을 담고 있는데, 조선시대 이전부터 가축뿐 아니라 천대받던 죄인이나 불한당의 죽음을 가리키는 데 쓰이기도 했다. 따라서 이 책에서는 '죽음'이나 '세상을 떠남' 같은 표현을 사용하여 동물의 삶과 존엄을 더욱 섬세하게 드러내고자 했다.

2. 대명사 '그'의 표기에 관해

이 책에서는 성별을 구분하지 않고 모든 주체를 '그'라는 대명사로 통일하여 표기했다. 흔히 쓰이는 '그녀'라는 표현은 영어 대명사 'She'를 번역하는 과정에서 생겨난 이질적인 어휘다. 모든 대상을 평등한 생명체이자 주체로서 존중하고자 하는 의지를 담아 '그'로 통합했다.

3. '보전'과 '보존'의 구분에 관해

'보존(保全)'과 '보전(保存)'은 지향점이 다른 단어다. '보존'이 문화재나 박제된 유물처럼 대상의 원형을 물리적으로 유지하는 데 중점을 둔다면, '보전'은 생태계나 자연환경처럼 살아 있는 생명체가 온전한 체계를 유지하며 지속가능하게 살아가는 상태를 뜻한다. 동물의 생명력과 생태적 가치를 탐구하는 이 책의 성격에 따라 모든 문맥에서 '보전'이라는 용어를 일관되게 사용했다.

4. 동물의 이름과 출생연도 표기

동물원에서 공식적으로 이름을 지었거나 대중에게 널리 알려진 별칭이 있는 경우, 해당 이름을 명시하여 개별 생명의 고유성을 기렸다. 출생연도가 확인된 경우에도 이를 함께 기록했다. 다만, 정보가 공개되지 않아 이름이나 출생정보를 명확히 알 수 없는 경우에는 부득이하게 표기하지 않았다.

5. 사진 설명에서 이름의 순서

두 마리 이상의 동물이 한 화면에 등장하는 사진의 경우, 독자의 시선을 고려하여 사진의 왼쪽에서 오른쪽으로 순서대로 이름을 적었다.

목차

제3부

느끼다 · Feel

제4부

묻다 · Ask

제1부

보다 · See

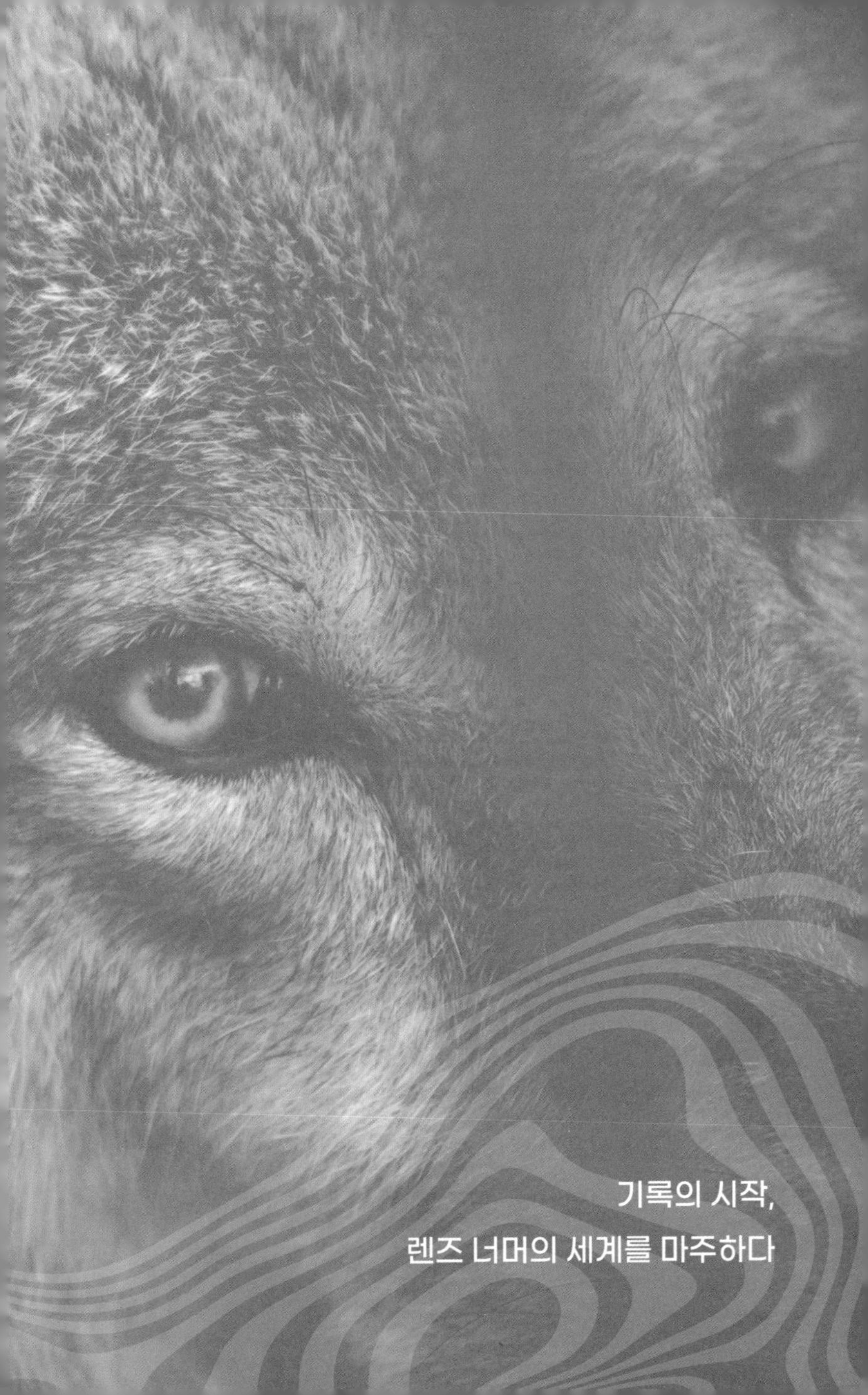

기록의 시작,

렌즈 너머의 세계를 마주하다

1

나의 첫 동물원, 질문은 그곳에서 시작되었다

커다란 눈망울로 나를 껌뻑껌뻑 바라보며 긴 혀를 내민다. 먹을 것을 달라는 몸짓이다. 그러나 어린 꼬맹이인 나는 그저 바라볼 뿐 아무것도 내줄 게 없다. 몸의 털은 알록달록한 무늬를 이루고 있다. 어떤 동물을 말하는 걸까? 맞추어 보라. 혹시 기린? 땡! 틀렸다. 젖소다. 설마 당신도 동물원에 있는 동물을 먼저 떠올렸는가.

'언제 처음 동물원에 갔을까?'

나는 스스로에게 이 질문을 한참 동안 던졌다. 어릴 적 처음 갔던 동물원을 떠올려 보려 했지만, 도무지 기억나지 않았다. 갓난아기이거나 3살도 안 된 영유아 시절 혹은 미취학 아동이었을 무렵 동물원에 간 적이 있을지도 모른다.

하지만 나는 그 시절의 동물원을 기억 저편에 고이 간직하고 있지 않았다.

엄마 손에 붙들려 놀이공원인지 어딘가를 갔던 기억이 희미하게 남아 있지만, 그곳에 동물들이 있었는지는 제아무리 떠올려 보려 해도 도무지 생각나질 않는다. 동물원에 관한 기억이 가물가물하자 대신 유년 시절 내 삶에 깊게 자리했던 동물을 떠올렸다.

시골에서 마주한 가축들

나는 시골에서 나고 자랐다. 어렸을 때부터 개, 소, 고양이, 닭, 염소 같은 동물들을 보고 자랐다. 그들은 마치 원래부터 그곳에 있던 것처럼 익숙한 존재다. 말 그대로 '가축'으로서 생산과 소비의 순환고리에 놓인 동물들이다. 부모님은 내가 어렸을 때부터 젖소를 길러 왔다. 번듯한 농장이라기보다 어미 소 한 마리로 시작하여 점차 규모를 키워 나간 형태였다.

그 시절, 시골 마을에는 집마다 개를 길렀다. 주로 가족과 재산을 지키는 목적이 컸다. 자연스레 어릴 적부터 개는 나의 친구였고, 가족이나 마찬가지였다. 심지어 나는 개띠다. 그러니 복날마다 마을 이곳저곳에서 들려오던 개 짖는 소리와 비명은 마음 한편을 깊이 짓눌렀다. 그때마다 나는 숨을 죽이고, 한참 동안 침울해지곤 했다.

우리 집에는 누렁이가 있었다. 털갈이 중이었는지 온몸이 부스스한 털로 뒤덮여 있었다. 옆집 할머니는 댁에서 염소들을 길렀는데 산속에서 풀을 뜯게 하곤 했다. 간혹 내가 염소들을 찾아오는 심부름을 맡기도 했다. 산속에는 무덤들이 즐비해서 봉긋한 둔덕만 봐도 왠지 오금이 저렸다. 그럴 땐 무서움을 떨쳐내려 누렁이를 데려갔다. 누렁이와 산속을 헤집으며 함께 뛰놀던 기억이 선명하다. 그러나 누렁이는 어디론가 팔려 간 뒤, 다시는 돌아오지 않았다. 그 후 우리 집은 개를 기르지 않았던 것 같다.

대학 시절 경험한 동물원

대학생이 되어서야 서울대공원 동물원과 에버랜드를 찾게 되었다. 동물들을 '보았다'라는 사실 외에는 별다른 감흥이 없었다. 그때는 몰랐다. 대학생 때 무심히 스쳐 지나간 동물원의 풍경이 훗날 내 삶의 가장 중요한 화두이자 평생의 여정으로 이어지리라는 것을.

대개 유년 시절 동물원에 간 기억이 있는 사람들은 성인이 되어 다시 동물원을 찾았을 때 이전과는 사뭇 다른 감상을 느끼곤 한다. 어렸을 때는 그저 행복하게만 보였던 동물들이 어른이 되어 다시 볼 때는 어떤 불편한 감정으로 다가오는 것이 보통이다. 하지만 나에게는 이런 감정을 느낄 겨를조차 주어지지 않았다. 유년 시절 보아온 동물들, 정확히 말하면 가축들은 일상에서 마주치는 대상이었다. 그들은 집을 지키기도 했고, 때로는 식탁에 오르기도 했다.

15년 여정의 씨앗이 심어진 순간

사회 여러 분야에 관심이 많았던 학보사 시절, 나는 문화부 취재를 담당했다. 통일, 인권, 페미니즘 등 사회적 의제에 깊은 관심을 가졌으며, 이화여대에서 열린 '3·8 세계 여성의 날' 행사를 취재하기 위해 홀로 참여한 적도 있다. 그러나 동물원은 물론 동물권에 관해선 단 한 번도 고민해 본 적이 없었다.

21세기를 맞아 성평등과 젠더 이슈가 주목받으며 '성인지 감수성(Gender Sensitivity)'이라는 단어가 생겨났다. 성인지 감수성은 성별 차이에 따른 불평등 상황을 인식하고 성차별적 요소를 감지하는 능력이다. 이를 나에게 적용해 보면 어떨까? 당시 나는 동물권이라는 개념에 관해 거의 아무런 감수성도 없었다. 부끄럽지만 말이다. 만약 '동물권 인지 감수성'이라는 지표가 있었다면 나는 아마 빵점이었을 것이다. 배우지 않았기에 알지 못했고, 알지 못했기에 문제의식조차 없었다. 어쩌면 내가 당장 발 딛고 살아가는 세상조차 척박하고 험난했기에 동물권에 관심을 기울이지 못했던 것일지도 모른다.

그렇게 무지했던 내가 처음으로 동물원을 '의미 있는 시선'으로 바라보게 된 날은 시간이 꽤 흐른 2009년의 어느 무더운 여름날이었다. 그날 이후 내 시선은 단순한 구경에서 질문으로 옮겨가기 시작했다. 그리고 그 질문은 곧 현실 속 경험과도 연결되었다.

나는 군대에서 받은 월급을 적금 통장에 차곡차곡 모았다. 군 복무를 마치고 새로 장만한 카메라 장비로 맨 먼저 가족사진 프로젝트이자 첫 연작인 『일하는 부모님』을 진행했다. 사진을 시작한 이래 친구나 선후배 같은 지인들의 사진은 숱하게 찍어왔다. 하지만 정작 낙농업을 하는 부모님의 사진은 100장도 채 찍지 않았다는 사실을 깨닫고 시작한 것이다.

약 한 달 반 동안 부모님의 일을 도와드리며 사진을 찍었다. 이를 35장으로 정리했다. 주말을 제외하고 평일마다 네이버 포토갤러리에 두 달간 연재했다. 연재물에는 부모님의 모습과 더불어 젖소들이 등장했다. 그중 한 장의 사진이 당시 네이버 '오늘의 포토'에 선정되었다. 조회수는 무려 10만 회에 달했다. 이를 선정한 한겨레신문의 곽윤섭 사진기자는 내 작업에 관한 이야기와 더불어 "계속 연작을 시도하십시오. 기대하겠습니다."라는 심사평을 남겼다. 전문가의 응원까지 받으니 흔히 말하는 자신감이 샘솟았다.

다음의 사진 작업은 무엇이 좋을까. 새로운 사진 작업의 주제를 찾기 위해 시간이 날 때면 틈틈이 도서관으로 향했다. 2009년 8월 어느 날, 미국 사진작가 게리 위노그랜드(Garry Winogrand, 1928~1984)가 뉴욕 센트럴파크의 동물원을 찍은 사진집 『The Animals』(1969)에 관한 정보를 접했다. 그 순간 내 머릿속에 울려 퍼지는 목소리가 있었다.

'동물원이야말로 광활한 야생 같은 곳이 아닐까?
누구나 갈 수 있는 그곳에서 나만의 특별한 사진
작업을 할 수 있지 않을까?'

동물원 사진집이 있다는 정보만으로도 강렬한 영감을 받았다. 동물원이 다음 사진 작업이 될 것이라는 확신이 번개처럼 스쳤다. 왜냐면 동물원은 누구에게나 열려 있는 공간이다. 그런 장소에서 나만의 시선으로 작업을 펼치는 것이 곧 나의 사진 세계를 확장할 가능성이라 여겼다.

이렇게 시작된 연작이 바로 『동물원』이다. 유년 시절 마주했던 젖소가 『일하는 부모님』 작업을 통해 단순한 대상을 넘어 존재의 의미로 다가왔듯, 동물원 속 동물들 또한 나에게 그런 생명으로 인식되기 시작했다. 이 만남은 또 다른 만남으로 이어지는 시작이었다. 마치 운명처럼 그 모든 순간은 나를 동물원이라는 거대한 이야기의 문턱으로 천천히 이끌고 있었다.

드라마 「연애시대」(2006)의 대사인 "깨달음은 언제나 늦는다."처럼. 그러니 어쩌면 다행이다. 동물권에 관한 감수성이 거의 없었던 내가 뒤늦게라도 자각의 출발선에 서게 되었으니 말이다.

마침내 2009년에야 비로소 나는 동물원과 처음 마주하게 된다. 그것은 단순한 방문이 아니다. 사진가로서의 정체성을 빚은 출발점이다.

그렇게 나의 '동물원 탐험'은 시작되었다.

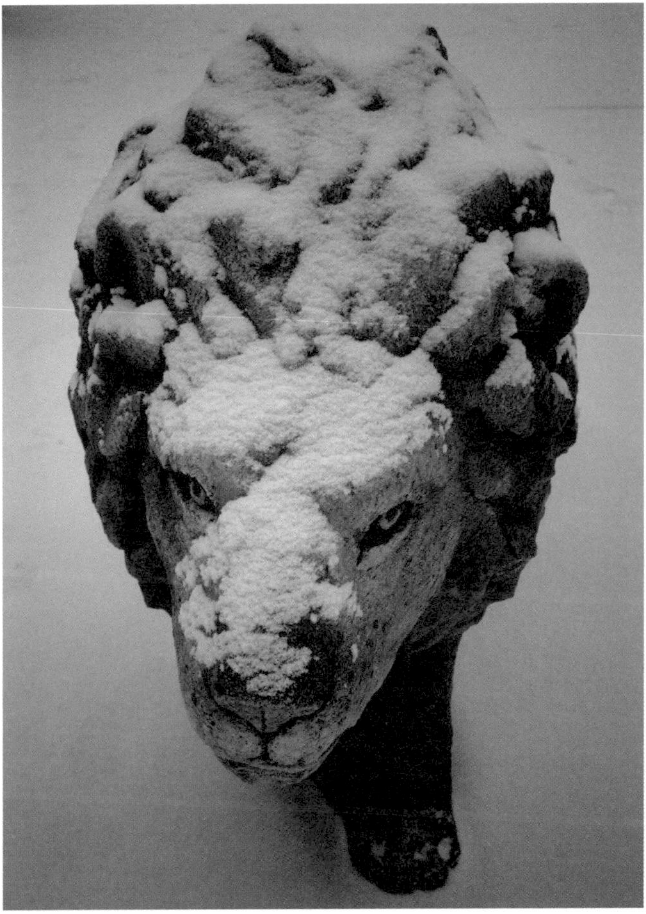

시작에는 언제나 설렘과 두려움이 공존한다.

사자 조각상, 서울대공원 동물원, 2010

2

100번의 방문이라는 위대한 약속

"동물원은 인간이 종의 우위에 있는 상황에서,
박물관처럼 열세에 있는 다른 종에 우위를
점하기 위해 만들어진 곳이다. 좋게 말해
적자생존의 야생동물을 보호하기 위해
만들었다고 하지만,
과연 동물원에서 동물들은 행복할까?
아니면 야생인 채로 살아가는 게 더 행복할까?"

2009년 8월 20일, 나는 새로운 사진 연작의 주제를 동물원으로 정하고 일기장에 스스로에게 물었다. 아직 구체적인 기획 의도는 없지만, 사전 정보를 얻기 위해 『동물원의 탄생』(니겔 로스펠스, 2003), 『동물 해방』(피터 싱어, 1975), 『바그다드 동물원 구하기』(로렌스 앤서니 & 그레이

엄 스펜스, 2009), 『세계 동물기 : 전 세계 동물들의 자연 생태 기록』(이와고 미쓰아키, 2009)』 같은 몇 권의 책을 빌려 읽기 시작했다. 게리 위노그랜드의 『Animals』는 아쉽게도 도서관에 없었다. 그래서 희망 도서로 구매 신청까지 했다.

등산을 처음 시작할 때, 한국인과 일본인이 어떻게 준비하는지에 관한 재미있는 비교가 있다. 한국인은 먼저 등산 장비부터 마련하고 바로 산으로 향하지만, 일본 사람들은 책부터 사서 등산을 이론적으로 익힌 뒤 산에 오른다. 나는 어느 쪽이었을까? 돌이켜보면 나는 장비와 학습 자료를 모두 마련한 채 동물원 작업을 시작했던 것 같다.

게리 위노그랜드와 동물원 사진의 발견

여름의 막바지, 처음으로 동물원을 향했다. 더위에 지친 동물들의 모습을 담아보겠다는 목적이었다. 실제로 동물 대부분은 낮잠을 자고 있었다. 철창은 마치 감옥처럼 느껴졌다. 그곳에서 동물들은 수감자처럼 보였다.

뒤늦게 네이버 '오늘의 포토'에서 동물원을 담은 사진들을 보게 되었다. 진동선 사진평론가의 말에 따르면 "동물들은 일생 동안 관객들에게 전시되다가 쇠약해지면 박제가 되어 죽어서도 관객들에게 보여진다."라고 한다. 나는 그 말에 깊게 공감했다. 동물원의 동물들은 결코 행복해

질 수 없다.

사진으로 세상을 바꿀 수 있는 시대는 지났다. 그럼에도 나는 내 사진이 동물원에 대한 사람들의 시각을 조금이라도 바꿀 수 있으리라 믿고 싶었다.

도서관에 희망 도서로 신청했던 게리 위노그랜드의 『Animals』는 약 한 달 뒤에 도착했다. 책을 빌려 밤마다 자기 전에 30분씩 꾸준히 보았다. 사실 처음 그의 사진을 봤을 때는 별다른 감흥이 없었다. 그저 '동물원에 가서 찍은 사진이구나', '나도 이 정도는 찍을 수 있지 않을까?' 하고 안일하게 생각했다.

하지만 곧 나의 오만함을 깨달았다. 점차 그의 사진을 마주하고 직접 동물원에서 촬영한 뒤 다시 책을 펼치니 그 진가가 서서히 드러났다. 게리 위노그랜드의 사진은 단순히 동물원을 촬영한 것이 아니었다. 그것은 철저히 '동물원이라는 공간에 투영된 사회 풍경'이었다. 평범해 보이는 일상에서 숨겨진 의미와 사회적 풍자를 짚어내는 그의 통찰에 압도당했다. 그의 사진집을 성경처럼 반복하여 보고 또 보았다. 그 안에 담긴 게리 위노그랜드의 냉소적이면서도 연민 어린 시선은 나의 렌즈가 어디를 향해야 할 지 알려주는 이정표가 되어주었다.

100번의 동물원 방문은 어떻게 정했나?

2009년 8월 중순부터 9월 말까지 약 한 달 반 동안, 나는 주말마다 동물원 방문을 계획했다. 당시 대학교 조교로 일하고 있었기에 평일에는 시간을 낼 수 없었다. '직장인'인 나에게 주말 이틀 모두를 동물원에 할애하는 일은 쉬운 결정이 아니었다. 처음에는 '10번쯤 가보자'라는 마음이었다. 막상 시작해 보니 그조차 제대로 지키지 못했다. 그렇게 아쉬움이 쌓이자 오히려 오기가 생기기 시작했다.

'이왕 시작한 동물원 작업,
내 방식대로 확실하게 해보자!'

나 스스로와 굳게 다짐했다. 그 이유는 내가 동물원에 간 첫날, 카메라에 담아낸 것은 아기 돼지꼬리원숭이의 눈빛만이 아니었다. 이날 바로 옆에서 또 다른 '결정적 순간'이 펼쳐졌다. 진짜 놀라웠던 건 철창을 움켜쥔 원숭이의 손이었다. 손가락 마디마디가 선명하고, 길게 뻗은 털 사이로 드러난 손의 형태는 놀라울 정도로 인간과 닮아 있었다. 그 장면은 영화 「혹성탈출」(1968)을 떠오르게 했다.

나는 그 사진을 보며 깨달았다. 동물원 사진 촬영이 어렵지 않은 게 아니라 오히려 '너무 쉬운 것'처럼 보일 수 있

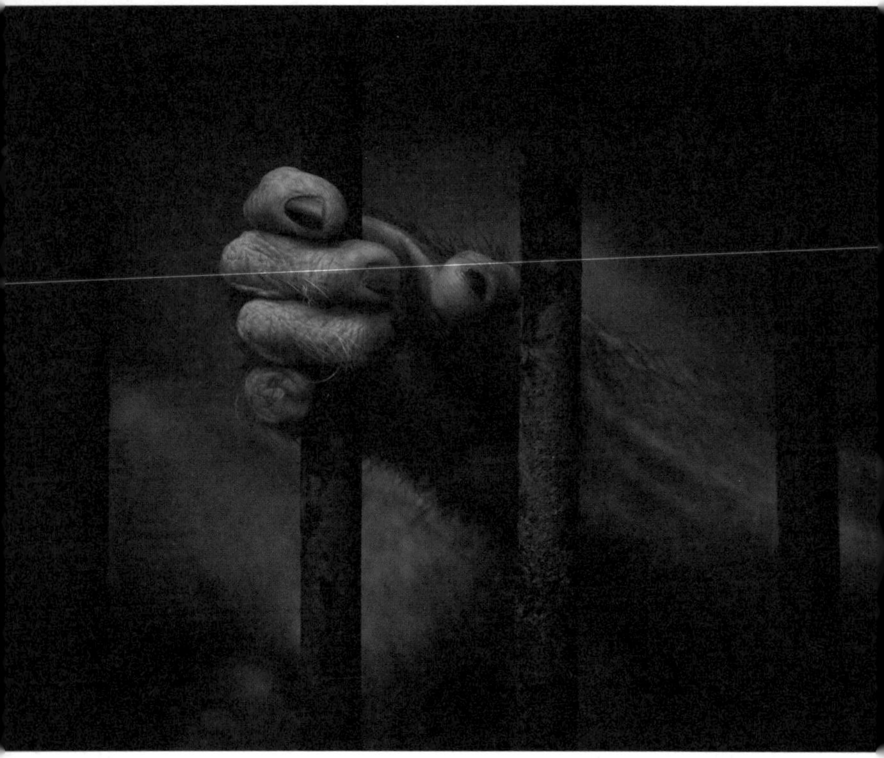

동물원에 처음 간 날 마주한 장면이다.
철장을 잡은 손은 그 자체로 강렬한 인상을 남긴다.

돼지꼬리원숭이, 서울대공원 동물원, 2009

다는 것을. 동물원에서는 소위 '운'만 좋으면 근사한 사진을 찍을 수 있다. 흔히 '사진을 건질 수 있다'라는 말을 쓰는데 나는 사진을 낚시로 비유하는 그 말이 썩 내키지 않는다. 이때 사진은 기록일 뿐 '작품'은 아니다. 사진이 대상을 기록하는 행위라면 작품은 단지 기록에만 머무르지 않고, 작가의 의도와 메시지를 담아내는 과정이기 때문이다.

동물원에서는 하루에도 수백 장씩 셔터를 누를 수 있다. 그러나 대부분은 기계의 재현 능력만을 보여줄 뿐 의미를 지니는 사진은 아니다. 예술이란 단순한 복사가 아닌 세상과 대화하는 시선에서 나오는 것이 아닐까?

동물원은 누구나 쉽게 방문할 수 있는 장소다. 아마 전 국민의 대다수는 한 번쯤 동물원을 찾았을 것이다. 그러나 두세 번 이상 방문한 사람은 줄고, 10번 이상 가본 사람은 정말 드물 것이다. 100번을 간 사람은 더더욱 찾기 힘들다. 동물원을 일터로 삼는 사람이라면 모를까. 또는 특정 동물을 보기 위해 동물원을 자주 찾는 애호가가 아니면 결코 쉽지 않다.

나는 이런 순진한 생각을 했다. 이 '순진하다'라는 말에는 세상 물정을 모른다는 뜻도 담겨 있다. 영악했다면 동물원 작업을 10년 넘게 하지는 않았을 것이다. 동물원을 주제로 작업한 사진가들이 없는 것은 아니지만, 장기간에 걸쳐 작업한 작가들이 그리 많지 않은 것은 솔직히 동물원에서 뽑아낼 사진이 거기서 거기여서 그런 것은 아닐까? 그런데도 나는 결심했다. 이 작업을 진지하게 완성하려고!

'100번을 가야 한다!'

100이라는 숫자는 단순한 목표치가 아니라 집요함과 책임감을 보여주는 의지의 표현이다. 나는 그것을 스스로와의 약속으로 삼았다. 전 세계에는 수많은 동물원이 있지만, 그 모든 곳을 다 갈 수는 없다. 그것은 끝없는 여정이 될 것이다. 나는 그저 꾸준함이 언젠가 결실을 볼 것이라고 믿었을 뿐이다.

반복이 아닌 지속의 힘

누구나 갈 수 있는 동물원을 소재로 정했기에 나만의 동물원 작업을 완성해야 한다. 그래서 출근하듯 동물원을 찾았다. 날씨가 어떻든, 몸 상태가 어떻든 말이다. 비가 와도, 눈이 와도 갔다. 회식이 끝나고 새벽에 귀가한 다음 날에도 나는 어김없이 서울동물원으로 향했다. 동물원에 갈 수 있는 시간은 주말이다. 쉬는 것도 좋지만, 내 발걸음은 동물원을 향한다. 왜? 그것은 나와의 약속이니까.

100번이라는 숫자는 단순한 반복이 아닌 지속의 밀도와 시간의 축적을 의미한다. 1이 100번 모여야 100이 되고, 10이 10번 모여야 100이 된다. 순간은 흩어지지만, 지속은 쌓인다. 동물원은 방대한 대하소설과 같다. 첫 방문만으로는 그 공간의 구조도, 동물들의 성격도, 계절별 변화도 제대로 알 수 없다. 시간을 들여 천천히 알아가야 한다. 그들의 리듬에 나를 맞추어야 한다. 이렇게 동물원으로의 출근을 이끌었다. 그것은 익숙한 일상에서 벗어나 낯선 대륙에 발을 딛는 것과 같았다. 그 안에 존재하는 이질적인 시간과 감각, 그리고 수많은 침묵과 시선을 마주하는 일이 나를 기다리고 있었다. 그리하여 내 여정은 계속 이어진다.

3

다큐멘터리, 렌즈의 정직함을 믿다

사진에 관한 내 기억은 2001년, 학보사 수습기자 시절로 거슬러 올라간다. 화염병과 짱돌은 없었지만, 그에 못지않게 무거운 카메라 가방을 메고 서울 한복판을 내달렸다. 묵직하게 어깨를 짓누르는 가방의 무게는 곧 사진부의 고됨으로 느껴졌다.

'아! 사진부는 피해야 하는구나.'

나는 주저 없이 사진부는 거르고, 문화부를 택했다. 사진은 늘 신문의 한 면을 채우는 익숙한 매체였지만, 셔터를 누르는 것은 온전히 다른 이의 몫이었다.

2학년이 되어 신문사에 디지털카메라가 보급되었다. 부족한 지면을 채우기 위해 내가 쓴 기사의 사진을 직접 찍어야 하는 상황에 놓였다. 그렇게 내 의지와 무관하게 렌즈와의 인연은 시작되었다. 이것은 그렇게 시작된 내 사진 이야기다.

렌즈의 기원 : 정직함을 믿다

본격적으로 사진을 취미로 삼은 것은 그로부터 1년 뒤, 카메라를 처음 구매한 이후부터다. 130만 화소에 줌과 LCD가 없는 토이 카메라였다. 학보사 시절, 인위적인 연출 없이 현장의 '사실'을 전달하는 보도사진의 힘을 목격했던 나는 자연스레 다큐멘터리 사진의 길로 들어섰다. 라틴어 '다코레(Docere, 가르치다)'와 '다큐멘텀(Documentum, 증거)'에서 유래한 '다큐멘터리(Documentary, 기록)'의 어원처럼 나는 '있는 그대로의 기록'이야말로 진실을 드러내는 가장 정직한 방식이라 믿었다. 사진은 거짓을 말하지 않으며, 렌즈는 세상을 비추는 투명한 창문이라고 말이다.

나의 첫 동물원 작업이 흑백이었던 이유도 여기에 있다. 사진 역사의 초창기 대가들이 남긴 사진처럼 흑백은 피사체의 본질을 드러내는 가장 순수한 방식이라 여겼다. 컬러 사진 속 동물들이 그저 '아름다운 피사체'로만 보일 때, 나는 색이라는 감각적 정보를 의도적으로 지우고 싶었다. 그 화려함을 걷어내고 회색 톤의 세계로 들어가 그들의 형태와 질감 그리고 눈빛에 오롯이 집중함으로써 내 주관으로 재해석한 동물원의 진실을 보여주고자 했다.

침묵의 윤리 : 개입하지 않는다는 원칙

내 동물원 사진 작업은 하나의 대원칙 위에 서 있다.

'개입하지 않는다.'

나는 동물원에서 사진을 찍을 때 항상 이 원칙을 나침반처럼 되뇐다. 동물의 시선을 끌기 위해 소리를 내거나 유리창을 두드리는 행위, 그들의 자연스러운 행동을 방해할 수 있는 행동은 하지 않는다. 내 존재 자체가 그들에게 스트레스일 수 있다는 생각에, 나는 말 없이 옆에 머무는 연습을 하며 그저 '존재하는 자'가 되려 한다.

대부분 관람객은 한 동물사 앞에서 2~3분 남짓 짧게 머물다 떠나지만, 나는 관람객이 모두 사라지고 나와 동물만이 남을 때까지 끈질기게 기다렸다. 이 기다림의 시간은 단순히 좋은 장면을 포착하기 위함이 아니었다. 그것은 내 시선에서 조급함과 선입견이라는 껍데기를 벗겨내고, 동물의 존재 자체에 온전히 집중하는 훈련의 시간이었다. 그 덕분에 나는 그들의 자연스러운 모습을 고스란히 포착할 수 있게 되었다.

동물원에서 '민폐 끼치는 사람'이라는 비난을 한 번도 들은 적 없는 까닭은 내 존재를 요란하게 드러내지 않고 조용히 있는 듯 없는 듯 머물렀기 때문일 것이다. 나의 작은 움직임 하나가 동물의 평온을 깨뜨릴까 염려했다. 관람객들이 무심코 던지는 먹이를 보며 생명에 관한 존중과 작업 윤리를 끊임없이 고민했다. 카메라와 렌즈는 단순히 대상을 담는 도구를 넘어 나와 동물 그리고 인간이 만든 이 공간 사이의 복잡한 관계를 성찰하는 매개체였다. 내 사진이 동물원이라는 인공적인 환경 속 생명체들의 존엄성을 해치지 않으면서도 그들의 현실을 솔직하게 드러내기를 바랐다.

경계에서 바라보다 : 동물원, 천국인가 지옥인가?

"신과 종교에 관해 어처구니없는 소리를 지껄이는
것처럼 사람들은 동물원에 관해서도 헛소리를
많이 한다. 그릇된 정보를 얻은 순진한 이들은
동물이 야생이라야 '행복'하다고 생각한다.
'자유롭기' 때문에. 이런 사람들은 머릿속에
사자나 치타같이 몸집이 크고 잘생긴 육식동물을
떠올린다(영양이나 땅돼지의 삶은 보잘것없다).

사람들은 경건하게 운명을 받아들인 먹잇감을 포식한 후 소화도 시킬 겸 푸른 초원을 거니는 야생동물을 상상한다. 또는 축 늘어져 있다가 살을 빼려고 뛰어다닌다고 생각한다. 이 동물이 당당하면서도 자애롭게 자식을 보살피고, 가족이 나뭇가지에 몸을 걸친 채 행복한 한숨을 지으며 지는 해를 바라보는 장면을 상상하기도 한다."

얀 마텔, 『파이 이야기』(2002) 중에서

인도 뭄바이의 동물원을 배경으로 한 소설 『파이 이야기』(얀 마텔, 2002)에서 동물원은 통제와 자유 사이의 경계선처럼 그려진다. 혹자는 동물을 동물원에 갇힌 불쌍한 존재로 여기며 쉽게 연민하지만, 그것이야말로 지독히 인간중심적인 시선이다. 동물들은 인간의 동정을 구걸하지 않는다. 그들은 주어진 환경 속에서 스스로 생기를 만들고, 먹고, 자고, 움직이며 그들만의 규칙과 질서로 매 순간 치열하게 '살아내고' 있다.

나는 동물원을 단순히 '감금의 공간' 혹은 '보호의 공간'이라는 이분법으로 재단하고 싶지 않았다. 매일 먹이가 제공되고 천적으로부터 안전하기에 천국이라 불리지만, 야생의 자유로움을 박탈당했기에 감옥이라 불리는 곳. 나는 그 양가적인 모순 속에서 한쪽으로 치우치지 않은 채 그들의 현실을 오롯이 담아내고자 했다.

내가 『동물원』 연작을 시작한 2009년만 해도 동물권 논의는 사회적으로 큰 이슈가 아니었다. 그렇지만 당시 접했던 자료들은 주로 동물원의 시스템을 비판하는 내용이 많았다. 나 역시 그 영향을 받지 않을 수 없었다. 그래서인지 동물들이 처한 암울한 단면을 사진으로 보여주어야 한다는 사명감도 있었다. 하지만 나는 어두운 장면만 골라 찍지 않았다. 밥을 먹거나 놀고 하품하며 잠자는 지극히 일상적인 모습들도 부지런히 담았다. 어떤 특정한 대상에 선입견이나 편견을 갖지 않으려는 내 가치관이 작용했기 때문이다. 이런 태도는 내 개인적인 경험과도 맞닿아 있다. 학보사 시절에 학생으로서만 학내 문제를 바라보다가 졸업 후 조교가 되어 대학교 행정의 관점을 경험하며 비로소 양쪽의 시각을 이해하게 된 것처럼 말이다.

동물원 존폐론은 단순히 동물을 가두는 것이 옳은가 그른가를 넘어 복잡한 이해와 가치가 얽힌 논쟁이다. 자연이라는 야생 방사를 요구하는 급진적 입장과, 동물원을 종 보전과 교육의 장으로 삼아야 한다는 의견이 날카롭게 맞선다. 동정심만으로 동물을 무조건 풀어주는 것은 또 다른 폭력이 될 수 있다. 그래서 나는 동물원 존폐론의 갑론을박에서 한 걸음 물러나 사회 운동가나 동물 보호 단체와는 다른 나만의 임무를 찾고자 했다. 내가 할 역할은 사진이라는 매체를 통해 동물원에 관한 복합적인 이야기를 전달하는 것, 즉 '작품'을 통해 질문을 던지는 것이다. 나는 흑백의 어두운 장면과 컬러의 밝은 모습을 대조하여 보임으로써 관람객으로 하여금 동물원이 어떤 공간인지 스스로 되묻게 하려 했다.

면회의 시선 : 렌즈 너머의 나를 보다

5년이 흐르는 동안 나는 서울과 경기도를 비롯하여 전국에 있는 주요 동물원에 다녀왔다. 첫 번째 전시회인 《101번째 동물원》을 열면서 작업 노트에 이렇게 적었다.

"면회하는 심정으로 동물들을 만나고 왔다."

그때는 그 말의 의미를 온전히 이해하지 못했다. 하지만 지나고 나서 생각해 보니 단순한 시적 비유가 아니었다. 군 제대 후 8개월 만에 처음 동물원을 찾았을 때, 나는 철창 안 동물들에게서 어딘가 낯설지 않은 감정을 느꼈다. 자유로운 세상에 살다 군대라는 통제된 조직에 들어갔을 때의 혼란이 되살아났다. 그들의 눈빛에서 나는 바로 어제의 내 모습을 보았다. 갇힘의 고독과 무기력함. 그리고 어쩌면 특별한 날 나를 찾아왔던 '면회'처럼, 누군가 자신을 알아봐 주기를 기다리고 있을지 모른다는 생각. 그 순간 동물들을 만나러 가는 행위는 결국 나 자신을 만나는 일이었다.

그 감정이 내 작업의 정서를 이끌었다. 나는 그들의 대변자가 되길 바랐다. 말을 할 수 없는 그들의 상황을, 그들의 눈빛을, 카메라와 렌즈를 통해 세상에 전하고 싶었다. 사진은 나에게 말보다 더 많은 것을 전달할 수 있는 수단이다. 이것이야말로 내가 추구하는 '보다'의 진정한 의미다.

그래서 동물원으로 향하는 내 발걸음은 언제나 가벼웠으나 돌아오는 발걸음은 늘 무거웠다. 온종일 동물원을 돌아다니며 체력을 소진한 탓도 있지만, 무엇보다 그들을 '면회'하고 오면서 나도 모르게 진이 빠졌던 것이리라.

눈을 보고 말하기

나는 동물 사진에서 가장 중요한 것은 눈이라고 생각한다. 동물들은 말하지 못하기에 그들의 눈에는 더 많은 이야기가 담겨 있다. 동물들도 안다. 자신에게 카메라를 들이대는 그 순간을. 그렇기에 나는 동물들의 본연의 모습을 담으면서도 목소리 없는 말을, 눈빛을 통해 담으려 한다.

나는 그들의 눈을 본다. 공격의 의미로 받아들이지 않

도록 조심스럽게 딴 데를 보다 곁눈질하며 다시 동물들의 눈을 마주한다. 처음에는 나를 살며시 쳐다보지만, 이내 관심이 끊어진다. 그러면 나는 그저 기다린다. 다른 관람객이 오거나 그들이 다시 나에게 눈길을 줄 때까지. 그 눈빛 속에서 동물들이 나에게 무언의 말을 걸어오는 듯한 찰나, 나는 오직 렌즈의 눈으로 꾸밈이나 개입 없이 보는 대로 담아내는 것이야말로 가장 정직하고 강력한 길임을 다시 한번 단언한다.

특히 코끼리 '희망이', 시베리아호랑이 '펜자', 오랑우탄 '보물이', 침팬지 '관순이'처럼 고유한 이름과 서사를 지닌 존재들을 마주할 때는 더욱 그랬다. 그들의 눈빛에서 허락을 구하고, 그들의 시간을 존중하며, 조용히 기다리는 것이 내가 할 수 있는 최선이었다.

다큐멘터리 사진은 나에게 진실을 포착하는 순수한 도구였고, 동물원이라는 모순적 공간 너머에 있는 나 자신을 비추는 거울이었다. 나는 그 정직한 시선 속에 동물원이라는 이중적 공간의 본질이 담길 것이라 확신했다. 이 믿음은 흔들림 없는 내 굳건한 신념이었다.

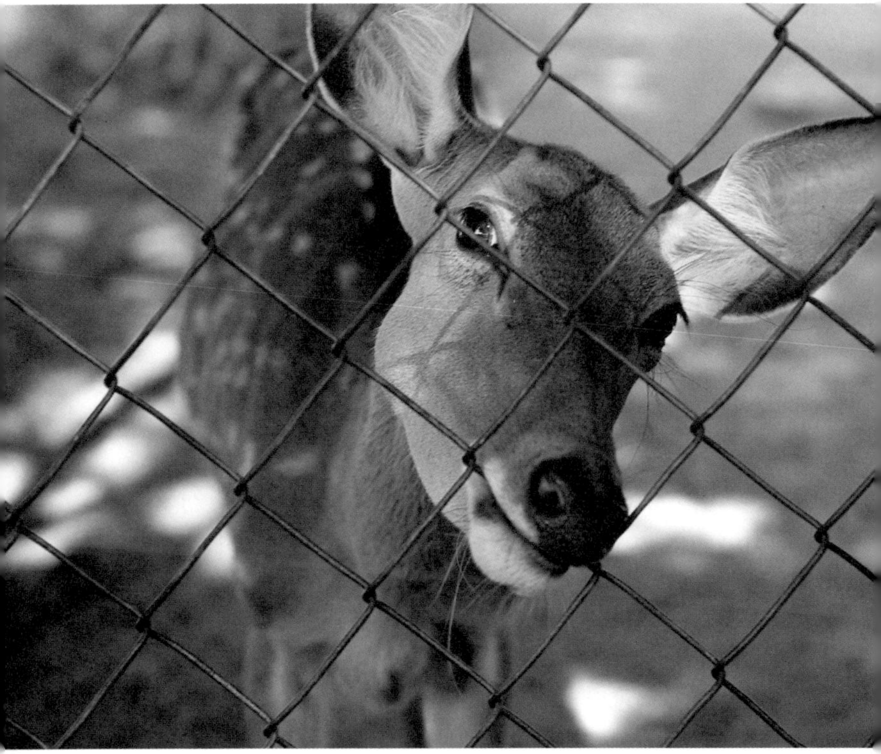

미국의 사진가 다이앤 아버스의
「장난감 수류탄을 든 아이」(1962)를 생각나게 한다.

꽃사슴, 청주동물원, 2009

4

렌즈 뒤의 고백, 닫힌 문이 열어준 깨달음

아무리 괴로운 순간도, 시간이 흐르면 웃으며 말할 수 있게 된다. 지난 일을 떠올리면 그때는 분명 힘겹고 치열했지만, 지금은 담담하게 풀어낼 수 있는 이야기들이 있다. 동물원 사진 작업을 시작하며 '100번의 방문'이라는 목표를 세웠을 때, 나는 이 길 앞에 어떤 고난이 펼쳐질지 미처 예상하지 못했다.

나는 사진을 찍으러 동물원에 갔을 뿐이다. 그곳은 나에게 렌즈 너머의 경이로운 세상만을 보여주지 않았다. 때로는 차갑게 닫힌 문을, 때로는 생계의 냉혹한 현실을 마주하게 했다. 삶을 뒤흔드는 거대한 사건이 아닌 소소하지만, 반복적으로 다가오는 '거절'과 '실패'의 연속. 이 수난의 기록은 어쩌면 사진가로서 내가 가장 많이 성장했던 시간의 목록이자 그 속에서 피어난 작은 성장에 관한 서술이다.

문 앞에서, 우리 앞에서: 물리적 거절과 피사체의 외면

작업 초기, 나는 '동물원에 까인다'라는 말이 무슨 뜻인지 몰랐다. 여기서 말하는 '까인다'라는 표현은 물리적으로 동물원에 입장하지 못하거나 예상치 못한 이유로 촬영이 무산되는 상황을 뜻하는 나만의 은어다. 가장 기억에 남는 사건은 명절 당일 청주동물원을 찾았을 때였다. 설날이었는지 추석이었는지는 정확히 기억나지 않지만, 분명 특별한 날이었다. 산기슭에 자리한 동물원까지 형의 도움으로 30분 넘게 차를 달려 도착했다. 앞에 펼쳐진 것은 굳게 닫힌 정문이었다. 맙소사!

'설마 명절이라고 쉬겠어?'

내 막연한 기대는 그날 차갑게 무너졌다. 허탈함과 함께 밀려온 것은 동행한 형에 관한 미안함이었다. "전화 한 번 해보고 가지 그랬냐?"라는 무심한 그 한마디가 오랫동안 마음에 박혔다.

그날 이후 동물원에 가기 전에는 반드시 운영 여부를 확인하는 습관이 생겼다. 동물원의 시간이 결코 내 것이 아님을 비로소 깨달았기 때문이다. 어떤 날은 공사 중이라 아예 입장이 불가했고, 어떤 날은 전염병으로 인해 특정 구역이 통제되기도 했다. '기록하겠다'라는 내 의지가 현실의 제약 앞에 무력하게 무너지는 순간들은 나에게 뼈아픈 교훈이 되었다.

물론 물리적인 입장 불가보다 더 빈번했던 건 '동물에게 까이는' 일이다. 이것은 말 그대로 동물들이 나를 외면하거나 방사장에 아예 모습을 드러내지 않아 촬영할 수 없는 상황을 뜻한다. 이는 아주 흔한 일이다. 여전히 나에게 익숙한 '기다림'의 일부가 된다. 동물들은 때때로 내 인기척만 느껴도 방사장 안쪽 내실로 황급히 숨어버린다. 어떤 날은 깊은 단잠에 빠져 몇 시간이고 미동조차 하지 않는 동물들도 있다. 나는 그들을 깨울 수도, 부를 수도 없다. 그저 말없이 기다리다 멍하니 서 있던 시간이 쌓여 사진이 된다. 이 모든 거절과 외면은 나에게 대상의 시간을 존중하고, 조급함을 버리는 법을 가르쳐 준다.

책상 앞의 우리 : 직장과 작업 사이의 이중생활

'그렇게 동물원에 자주 가면서,
도대체 생계는 어떻게 유지했어요?'

아마 이 이야기를 읽고 있는 독자라면 한 번쯤 품었을 법한 의문이다. 당연한 물음이다. 나도 사람이기에 돈을 벌어야 했고, 밥벌이는 피할 수 없는 현실이었다. 처음에는 대학 조교로, 이후에는 주 6일 근무의 직장 생활을 병행하며 틈틈이 사진 작업을 이어갔다. 주말 하루 아니 정확히는 '일요일 하루'만이 유일하게 허락된 작업 시간이었다. 두세 달에 한 번밖에 동물원에 가지 못한 시기는 말 그대로 '위기'였다. 직장을 옮기고 새로운 업무에 몰두하느라 동물들을 찾아갈 수 없게 되었다. 철창 안의 그들보다도 오히려 나 자신이 더 단단한 우리에 갇혀 있다고 느꼈다. 책상 앞에 앉아 컴퓨터 모니터와 마감 일정에 얽매인 채 숨 막히는 날들이 이어졌다.

그럼에도 나는 그 시기에도 끈질기게 작업을 이어나갔다. 직장을 쉽게 그만둘 수 없었던 건 단순히 경제적인 이유만은 아니었다. 오직 사진만으로 살아갈 자신이 없었다. 사진이 삶의 중심이자 꿈이지만, 그것이 현실의 밥이 되어줄 거라는 확신은 없었다. 밥벌이가 되지 않는 꿈이 가져다주는 삶의 무게를 꿈에 도전해 본 사람이라면 누구나 알 것이다. 이처럼 꿈과 현실 사이의 균형을 찾아가는 과정에서 나는 꿈보다는 현실에 더 무게를 두었다. 먹고 살아야, 꿈도 지킬 수 있었으니까. 그렇게 현실을 버텨낸 것은, 비루하더라도 끝내 꿈을 안고 살아남고자 했기 때문이다.

세상의 문을 두드리다 : 1X.COM에서의 도전과 인정

작업을 시작한 초기에 나는 누구나 갈 수 있는 공간인 동물원에서 '작가로서' 사진을 찍는다는 건 어떤 의미일지 생각하곤 했다. 단지 귀엽고 선명한 이미지가 아니라, 사진을 통해 어떤 '질문'을 던지고 싶었다. 그러나 그 질문이 늘 세상에 닿는 것은 아니었다.

그래서 외부의 평가가 궁금했다. 내가 바라보는 '좋은 사진'이 과연 타인의 시선에서는 어떠할까? 그러다 알게 된 곳이 스웨덴의 사진 큐레이션 사이트 '1X.COM(http://1x.com, '원엑스닷컴'으로 발음)'이다. 이곳은 사진을 올리기만 하면 자동으로 공개되는 곳이 아니라 내부 전문가들의 엄격한 심사를 거쳐야만 사진이 발행되는, 말하자면 온라인 사진계의 등용문 같은 곳이다.

특히 동물원 사진에 관해서는 매우 까다로운 기준을 적용했다. 1X.COM은 "자연이 아닌 동물원에서 찍은 것이 분명한 동물원 사진은 특별한 점이 없는 한 발행되지 않을 것."이라고 명시했다. 하지만 동시에 "우리(감금된 공간)에 매달려 있는 슬픈 동물의 모습이나 역설적으로 행복해 보이는 동물의 사진은 동물을 감금하는 것이 과연 옳은가에 관한 근본적인 질문을 던진다면 발행될 수 있다."라는 단서를 달았다. 지나고 나서 보니 당시 영어에 서툴렀던 나는

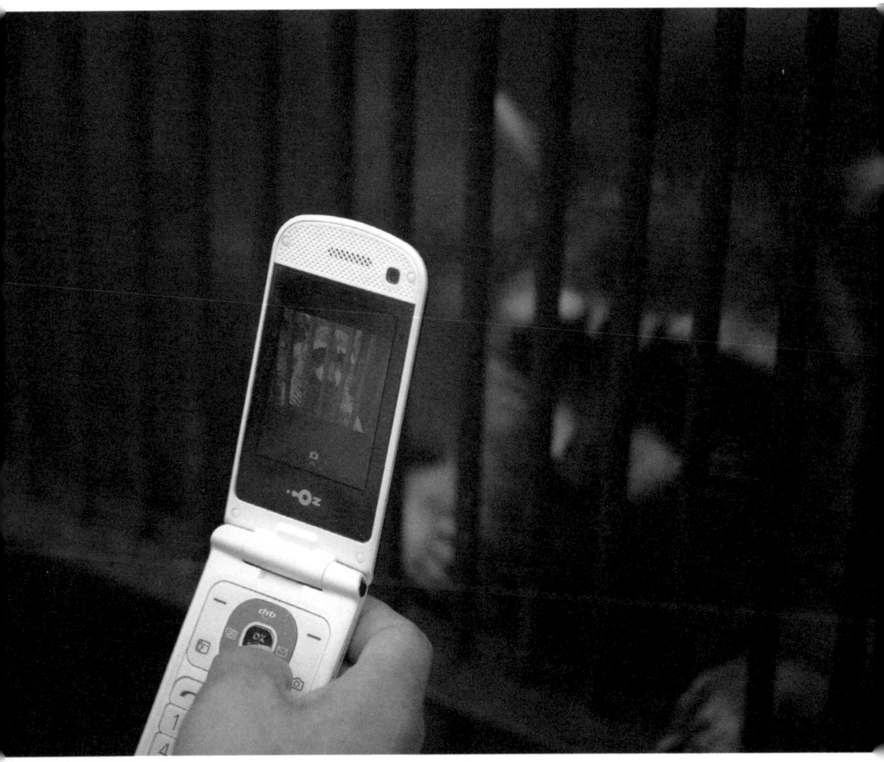

동물들은 카메라로 사진을 찍는
눈앞의 사람들을 보면서 무슨 생각을 할까?

미국 너구리, 서울대공원 동물원, 2009

이 문장의 의미를 오해했다. 동물원 같은 감금된 공간에서 찍은 사진은 아예 발행되지 않는다고 생각했던 것이다. 알고 보니 1X.COM은 단순히 '감금' 그 자체를 문제 삼은 게 아니라 그 공간이 갖는 맥락에 관해 고민하길 바랐던 것이었다. 다시 정리하면 1X.COM에서 사진을 발행하려면 동물원의 '감금'이라는 공간성, 그에 따른 윤리적 쟁점, 그리고 바라보는 시선에 대해 모두 질문을 던져야 한다. 그것은 내 사진이 단순히 동물원을 '보여주는' 것을 넘어 동물원에 관해 '묻는' 역할을 해야 한다는 의미였다.

나는 1X.COM에 사진을 발행하려고 거듭 문을 두드렸으나 수십 번 거절을 당했다. 그때마다 평가자들이 보내준 짧은 문장은 매번 마음을 후벼팠다. "이 사진은 너무 일반적이다(This photo is too common).", "메시지가 약하다(The message is weak)."라는 차가운 평가들이 나를 아프게 했다. 하지만 나는 멈추지 않았다.

2012년 4월 16일, 나는 「The Zoo」라는 한 묶음의 사진을 제출했다. 1X.COM이 새롭게 마련한 '포토 시리즈' 기능은 나에게 마지막 기회처럼 느껴졌다. 이미 올렸던 4장의 사진에 새로운 1장을 더해 총 5장을 올렸다. 이전까지 개별 사진으로는 통과되지 못했던 작업을 시리즈 형식으로 묶어 재도전한 것이다. 당시 월급 130만 원의 인턴 기자 생활을 시작했을 무렵이라서 10만 원(99달러)이 넘는 유료 계정을 결제하는 일은 결코 가벼운 선택이 아니었다. 그래도 도전은 멈출 수 없었다.

한 달 넘는 시간이 초조하게 흘러갔다. 긴 기다림의 시간이 지나갔다. 퍼블리쉬드(Published, 발행됨). 마침내 1X.COM의 홈페이지 메인에 내 사진이 게재된 것이다. 깐깐한 평가자들의 문턱을 넘어선 순간이었다. 세계 각국의 사진가들이 내 작업을 바라보고 감상평을 남겼다.

"감금의 의미를 묻는 시리즈."
"섬세하고도 직설적인 메시지."
"흑백이 주는 깊은 감정의 층위."

이를 통해 내 사진이 단지 이미지가 아니라 하나의 담론이 될 수 있다는 걸 체감했다. 내가 묻는 말에 세상이 응답할 수도 있다는 가능성을 보았다. 이로써 외부의 인정을 통해 스스로 작업에 관한 확신을 얻었다.

무엇보다 1X.COM에서 『동물원』 연작이 발행되면서 깨달은 점은 이 작업을 멈추지 말고 이어가야 한다는 것이었다. 세상을 바꿀지 어떤지는 미지수이지만, 이 작업을 통해 분명히 무슨 일이 생길 것이라고 나는 생각했다.

수난은 단단함이 된다

'끝판왕은 늘 마지막에 등장한다.'

내가 농담처럼 자주 하는 말이다. 하지만 돌이켜보면 이 말엔 내가 겪은 수많은 실패와 도전을 향한 위로가 담겨 있다. 진짜 힘든 일은 언제나 예고 없이 찾아오지만, 그걸 넘기고 나면 더 단단해진다. 나를 거절했던 동물원도, 나를 외면했던 동물도, 아무 말 없이 셔터를 눌러야 했던 수많은 순간도 결국은 나를 만든 시간이었다.

그동안 동물원 작업을 이어올 수 있었던 '내면의 힘'에 관해 묻는다면 그것은 거창한 것이 아니다. 나는 타고나길 꽤 고집스럽고 참을성이 강한 편이다. 그리고 사람이 겪는 고통은 상대적이어서 이전에 겪었던 더 큰 어려움에 비하면 사진 작업에서의 거절은 그저 풀어야 할 문제나 과정의 일부로 느껴졌을 뿐이다.

하지만 더 근본적인 힘은 '이 이야기를 해야만 한다'라는 일종의 소명 의식과 작업 자체에 관한 깊은 확신에서 나왔다. 동물원에 갈 때마다 마주하는 생명의 모습은 나에게 '이들의 시간을, 이들의 존재를 누군가는 기록해야 하지 않는가?' 하는 묵직한 책임감을 안겨주었다. 그 책임감과 확신이 너무나 단단했기에 외부 평가나 인정은 부차적인 문제일 수밖에 없었다. 내 확신은 사진 실력에 관한 자만심이 아니라 담고자 하는 이야기의 무게에 관한 믿음이었다.

그렇기에 '수난'이라는 표현은 조금 과분하게 들린다. 진정한 수난은 외부의 거절이 아니라 자신의 확신이 흔들려 작업을 포기하는 것이 아닐까? 그런 의미에서 몇 번의 거절쯤은 정말 아무것도 아니었다. 오히려 그런 과정들이 없었다면 지금 단단한 결과물도 없었을 것이다. 그저 가야 할 길이었기에 묵묵히 갔을 뿐이다.

그동안의 고군분투는 나에게 '포기'라는 단어는 김장할 때나 쓰는 것임을 가르쳐 준다. 나는 그 시간에 감사하다. 수난은 나를 꺾지 않았고, 오히려 더 성장한 나로 만들었다. 그럼에도 알 수 없는 미래의 고난을 마주할 때 조금은 기대를 품는다. 어떤 고난이 나를 더 크게 만들 것인지 자못 궁금하기 때문이다. 아직 찍지 못한 장면, 물어보지 못한 질문들이 남아 있다. 그래서 내 작업은 계속된다. 더 멀리, 더 깊게.

5

동물원의 시간은 다르게 흐른다

동물원 정문을 통과하는 순간, 우리는 다른 차원으로 이동하는 듯한 느낌을 받는다. 도시의 시곗바늘이 정신없이 돌아가는 바깥세상과 달리 이곳에서는 시간이 완전히 다른 방식으로 흐른다. 자연과 인공의 경계에서 고향을 떠난 동물들이 야생의 숨결을 품고 살아간다.

처음에는 그저 이국적으로 사진이 그럴듯하게 나오는 피사체들을 찾아 찍기에 급급했다. 하지만 10년 넘게 이곳을 반복해 찾으며, 동물원이 생명과 시간이 고유한 방식으로 흐르는 살아 있는 생태계라는 걸 알게 되었다. 그 안에서 나는 '보다'라는 행위의 진정한 의미를 배워갔다.

효율성과 존재, 두 시간의 대비

도시의 시간은 쉴 틈 없이 움직인다. '효율성'이 모든 것의 척도가 된다. 빠를수록, 많이 할수록 좋다고 여겨진다. 그러나 동물원에서는 '존재'가 시간의 척도가 된다. 그저 있는 것만으로도 충분하다.

동물원에 사는 동물들은 아프거나 몸에 이상이 없다면 관람객들에게 보이는 이른바 '전시 동물'로 살아간다. 물론 종 보전이나 연구를 위해 특별히 관리되는 소수의 동물은 비공개 방사장에 머물기도 한다. 하지만 대다수 동물은 사람들에게 보이는 삶을 살아간다. 그렇다고 해서 동물들이 자발적으로 주목받기를 원하거나 전시되는 삶을 택한 것은 아니다. 그들은 동물원에 있기만 하면 할 일을 다 한 것과 다름없다.

해가 뜨고 지는 동안에도 동물들은 늘 같은 자리를 맴돌며 비슷한 행동을 한다. 처음에는 답답했다. 왜 이렇게 변화가 없을까? 왜 매일 똑같은 일상의 반복일까? 그러나 매일 그들을 지켜보며 깨달았다. 느리게 흐르는 시간 속에서 아주 미세한 변화들이 포착된다는 것을.

털갈이 중인 늑대의 거친 등이 조금씩 부드러워진다. 짝짓기 철을 맞은 표범의 눈빛이 미묘하게 달라진다. 새끼가 성장하며 겪는 작은 몸짓들. 노년에 접어든 동물의 힘없는 걸음걸이. 동물원의 시간은 인간의 조급함을 비웃듯 저만의 속도로 유유히 흐른다. 나는 그 느린 흐름 속으로 기꺼이 몸을 던진다. 이곳에서 나는 처음으로 '기다림의 미학'을 배운다.

계절이 바꿔놓은 풍경들

날씨에 따라, 계절에 따라 동물원은 완전히 다른 얼굴을 보여준다.

봄에는 짝짓기 철이 시작되어 평소보다 활발해진 동물들의 움직임에서 생명력이 넘쳐난다. 겨울 동안 움츠렸던 몸은 따스한 햇살을 받으며 활기를 되찾고, 새롭게 돋아난 연둣빛 풀잎을 뜯어 먹는 초식동물들의 모습은 풍요로운 생명의 시작을 알린다. 어미와 새끼가 함께 장난치는 모습은 봄이 주는 새로운 희망을 상징한다.

한여름의 동물원은 나른하다. 사자가 뜨거운 햇살을 피해 그늘에 드러누워 혀를 내민다. 갈기가 뒤엉킨 채 파리 한 마리가 코끝을 맴돈다. 그 모습을 보고 있으면 시간이 정지한 듯하다. 관람객은 더위에 지쳐 발걸음을 재촉하지만, 동물들은 자연의 리듬에 맞추어 최소한의 에너지만을 사용한다. 코끼리는 귀를 천천히 퍼덕인다. 무더위로 달아오른 체온을 식히기 위해서다. 원숭이들은 그늘에서 털을 고른다. 그들만의 교감과 소통이다.

비 오는 날의 동물원은 촉촉한 우울함을 머금는다. 빗방울이 연못에 동심원을 그린다. 나무들이 더 푸르러진다. 동물들은 처마 아래나 동굴 안에서 비를 피하며 평소보다 조용히 시간을 보낸다. 이런 날에는 관람객이 적어 동물원의 숨소리까지 혼자 듣는 듯한 고요가 깃든다.

가을에는 겨울 준비로 먹이에 더 집중한다. 그렇다고 동물들이 겨울잠을 자는 게 아니기에 야생에서처럼 먹이를 비축하진 않는다. 동물들은 여름털을 털갈이하고, 겨울을 나기 위해 더 풍성한 털을 새로 길러낸다. 붉고 노랗게 물든 단풍 아래에서 먹이를 먹는 동물들의 모습은 가을의 정취를 더한다. 가을의 동물원 풍경은 제법 근사하다.

겨울의 동물원은 고요하면서도 소란스럽다. 눈 쌓인 방사장에서 호랑이가 뛰어다니는 모습은 장관이다. 차가운 공기에 입김이 하얗게 피어오르고, 발가락 사이로 눈이 파고든다. 이때 시베리아호랑이는 가장 활발해진다. 한국의 겨울은 고향을 떠올리게 하는 멋진 선물인 셈이다. 반면 열대 동물들은 실내로 들어가 유리창 너머의 서리 낀 바깥 풍경을 바라본다. 이렇듯 계절과 날씨마다 동물들의 행동 패턴이 완전히 달라진다는 것을 체득하며 나는 자연의 리듬을 몸으로 익혀간다.

개체마다 다른 내적 시계

15년 동안 나는 1월 1일, 크리스마스, 12월 31일, 추석, 설날, 어린이날 같은 특별한 날에도 동물원을 방문했다. 아침에도 한낮에도 가리지 않았다. 동물원이 여름에만 특별 개장하는 밤에도 갔다.

아침 일찍 가면 동물들이 가장 활발하다는 것을 안다. 먹이 시간에는 평소와 다른 역동적인 모습을 볼 수 있다. 하지만 더욱 흥미로운 발견은 동물마다 고유의 시간표가 있다는 것이다.

어떤 사자는 오전 10시경에 가장 활발하게 움직인다. 다른 사자는 오후 3시가 되어야 기지개를 켠다. 같은 우리 안의 원숭이들도 개체별로 선호하는 시간대가 다르다. 한 마리는 아침형, 다른 한 마리는 저녁형이다. 심지어 같은 종의 동물이라도 개체별로 고유한 리듬을 지니고 있다. 마치 사람과 같다.

이런 발견은 나에게 개성의 소중함을 새삼 일깨워준다. 인간 사회에서 우리는 종종 획일적인 시간표에 맞추어 살아가지만, 동물들은 자신만의 생체리듬을 고수한다. 그들에게서 배우는 것은 '나만의 시간'을 지켜가는 용기다.

레서판다 '상큼이'·'앵두'와 보낸 15년의 교차점

동물원의 시간은 인간의 역사처럼 '진보'할까, 아니면 영원히 같은 계절을 반복하는 '신화'의 시간일까? 동물원의 시간은 인간의 역사처럼 명확한 '진보'를 보여주기보다는 계절의 반복과 대를 잇는 삶에서 볼 수 있듯이 '신화'적인 순환의 성격이 강하다. 그러나 동시에 예측할 수 없는 죽음과 종의 소멸은 그 순환을 갑작스럽게 단절시키는 비극적인 순간들을 만들어낸다.

그렇다면 15년간 흘러간 내 시간과 그 안에서 대를 이어가거나 멈추어버린 동물들의 시간은 어떻게 교차하고 충돌할까? 이를 살펴보는 것은 흥미로운 일이다. 2009년부터 2024년까지 15년이 넘는 세월이 흐르며 나는 20대 후반의 청년에서 40대 초반의 중년으로 접어들었다. 개인의 삶이라는 선형적인 시간 속에서 내 신체는 노화하고 경험은 축적되며 자연스럽게 진보하는 시간을 겪었다. 하지만 그 시간 속에서 동물원은 무수한 생명이 태어나고 또 사라지는 순환과 단절의 시간이 반복되었다.

2009년에 처음 만났던 레서판다 수컷 '상큼이(2003년생)'와 암컷 '앵두(2004년생)'는 갓 성체로 자라난 동물들이었다. 사람으로 비유하자면 혈기 왕성한 20~30대였다. 일본에서 온 그 둘은 외모가 비슷해 구분하기가 쉽지 않았다.

자세히 살펴보면 앵두는 얼굴에 붉은 털이 선명했고, 상큼이는 노란색과 붉은색이 어우러진 독특한 색깔을 지니고 있었다. 상큼이의 턱 안쪽에는 잘 보이지 않는 작은 흰색 점도 있었다. 둘 다 햇볕에 윤이 나는 붉은 털을 가졌고, 나무를 타는 몸짓이 경쾌했다. 호기심 가득한 눈동자로 세상 모든 것을 신기해하는 모습이 인상적이었다.

그러나 5년, 10년 그리고 15년이라는 시간이 흐르는 동안 그들은 나보다 훨씬 빠르게 노화했다. 내가 20대에서 30대로, 30대에서 40대로 접어드는 동안 그들은 중년을 훌쩍 넘어 노년의 모습으로 변해갔다. 강산이 변한다는 10년이라는 시간은 인간에게도, 동물에게도 절대 짧지 않다.

나는 상큼이와 앵두를 지켜보며 그들의 궤적을 함께했다. 특히 그들이 젊고 활기찬 모습을 잃고, 나이가 들어 다리를 절뚝거리거나 내실에서 깊은 잠에 빠져 있는 노쇠한 모습을 볼 때마다 시간의 비대칭성을 절감했다. 한때 민첩하게 나무 위를 오르내렸던 발톱은 무뎌졌다. 반짝이던 눈빛은 흐려졌다. 결국 그들은 동물원을 떠나 영원한 잠에 들었다. 내가 한창일 무렵, 그들은 이미 노년이 되어 생을 마감했다.

내가 2009년 첫 동물원 방문 때 만난 동물의 절반 이상이 이제는 세상에 없다. 개의 평균 수명이 약 15년, 사람의

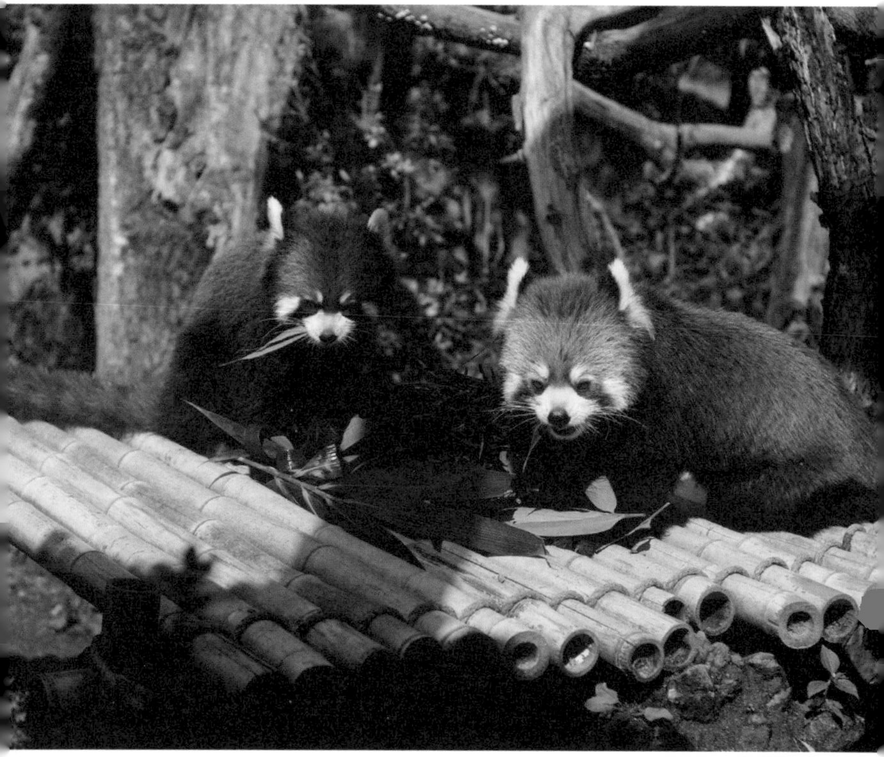

앵두와 상큼이의 5~6살 때의 모습이다.
유년 시절의 앨범처럼 그들도 사진으로 남겨졌다.

레서판다 '앵두'와 '상큼이', 서울대공원 동물원, 2009

평균 수명이 약 80년이라고 가정하면 개들의 시간은 우리보다 5배 이상 빠르게 흐른다. 동물원에 사는 동물들도 마찬가지다. 코끼리나 거북이처럼 장수하는 일부 동물도 있지만, 사자나 호랑이를 비롯한 대다수 포유류는 인간보다 훨씬 짧은 15년 내외의 삶을 산다.

베르그송의 '지속'으로 본 동물원 시간

이즈음에서 우리는 '시간'이라는 철학적 개념을 떠올리게 된다. 프랑스의 철학자 앙리 베르그송(Henri Bergson, 1859~1941)은 기계적 시간과 달리 의식이 체험하는 시간을 '지속(La durée, 라 듀레)'이라는 개념으로 제시했다. 시계 시간은 균등하게 분할되지만, 지속으로서의 시간은 다르다. 기쁠 때는 빨리 가고, 슬플 때는 천천히 간다. 베르그송에게 진짜 시간은 이 '라 듀레'다.

동물원에서 나는 베르그송이 말한 두 시간의 층위를 동시에 경험했다. 시계는 똑같이 흐르고 있지만, 동물들과 함께하는 지속은 고무줄처럼 늘어나고 줄어들었다. 레서판다가 나무 위에서 낮잠을 자는 오후 2시간은 영원처럼 느껴졌다. 반면, 먹이 시간의 역동적인 10분은 순식간에 지나갔다.

동물들의 삶에서 시간은 흘러가지만, 그들의 지속은

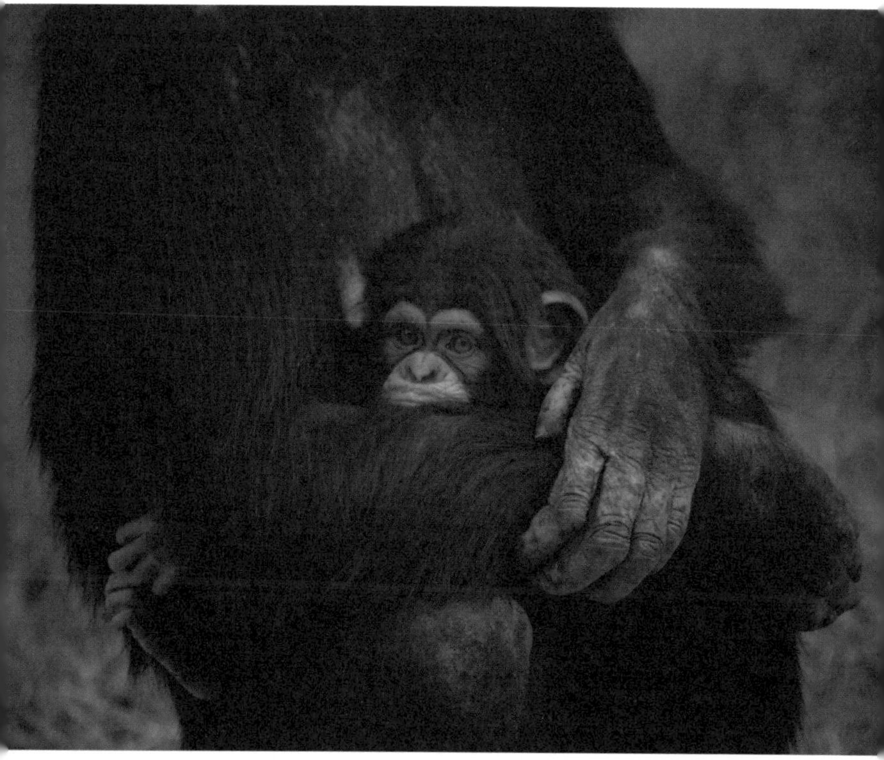

엄마 쥬디 품에 안겨 있는 침팬지 까미.
아기였던 까미는 성체로 훌쩍 자라났다.
만약 까미가 출산한다면 똑같은 장면이 펼쳐질지도 모른다.

침팬지 '까미', 서울대공원 동물원, 2010

정지된 것처럼 보인다. 매일 반복되는 동일한 일과, 변하지 않는 공간, 예측할 수 있는 모든 것들. 하지만 이것이 정말 정체된 시간일까? 아니다. 그들만의 지속이 있다. 계절에 따른 몸의 변화, 나이에 따른 행동의 변화, 개체별 특성의 발현. 이 모든 것이 그들만의 시간 흐름을 만들어낸다.

베르그송의 관점에서 보면 동물원의 시간은 기계적 반복과 생명이 있는 지속이 공존하는 독특한 시공간이다. 표면적으로는 같은 일상의 반복이지만, 그 안에는 무수한 미시적 변화들이 축적된다. 털의 윤기, 눈빛의 깊이, 움직임의 속도. 이 모든 것들이 시간의 흔적을 담고 있다.

스승이 된 동물들

이런 자연의 리듬을 이해하게 되면서 나 자신의 시간 감각도 달라졌다. 서두르지 않고 기다릴 줄 알게 되었다. 최적의 순간이 아니면 담담히 다음을 기약했다. 동물원에서 배운 인내심은 사진 작업뿐만 아니라 일상생활에도 큰 도움이 되었다.

동물원의 시간을 이해한다는 것은 단순히 촬영 타이밍을 맞추는 기술적인 문제가 아니다. 그것은 나와 다른 존재들의 삶의 방식을 존중하고 이해하는 태도다. 내 시간에 그들을 맞추려 하지 않고, 그들의 시간에 내가 맞추어가는 것. 그것이 동물원에서 배운 중요한 교훈 중 하나다.

동물원의 시계는 다르게 흐른다는 내 깊은 깨달음은 내가 좋아하는 말인 "예술가의 시간은 다르게 흐른다."라는 창작 철학과 맞닿아 있다. 시간이 다르게 흐르는 동물원에 가면 나 역시 비로소 내가 하고 싶은 것을 할 수 있는 본연의 모습을 찾고, 자유롭고 열정적으로 작업에 몰입할 수 있다. 그 시간은 단순히 사진을 찍는 것을 넘어 동물원 사진 작업을 통해 내가 보여주고 싶었던 것들을 찾기 위해 탐구하고 창작하는 과정이다.

동물들은 내 스승이다. 그들은 조급함 없이 자신의 시간을 산다. 우리 인간들에게 동물들의 삶은 비효율적으로 보일지 모르지만, 그들은 자신만의 리듬으로 살아간다. 인간이 만든 인공적인 환경에서도 자연의 리듬을 잃지 않으려 한다.

사람에게 사람만의 시간이 있듯이 동물들에게도 고유한 동물들만의 시간이 있다. 동물원에서 동물들을 통해 보고 배운 것은 유한하고 한정된 삶이라는 시간의 의미다.

이제 나는 안다. 진정한 '보다'는 단순히 눈으로 확인하는 것이 아니라 시간을 들여 이해하고 받아들이는 것임을. 동물원의 시간은 여전히 다르게 흐르고, 나는 그 흐름 속에서 동물들의 삶을 배운다.

6

동물원에 태어난 아기 동물들이 전하는 희망

동물원이라는 지극히 친숙하고 일상적인 공간이 내 삶을 관통하는 '존재의 심연'이 된 순간은, 하나의 강렬한 사건이라기보다 어느 순간 불현듯 찾아온 깊은 '깨달음'의 연속이었다.

돌이켜보면 『동물원』 작업은 새로운 생명이 태어나는 순간들과 깊이 맞닿아 있다. 갓 태어난 아기 동물들이 세상에 처음으로 눈을 뜰 때, 동물원은 더 이상 인간이 관리하는 인공적인 공간이 아니다. 그곳은 치열한 '삶의 의지'가 폭발하는 원초적인 공간으로 변모한다.

동물원에서 새로운 생명이 꽃피우는 순간은 그 자체로 한 편의 경이로운 드라마이며, 사람의 삶과 다르지 않은 신성한 순간이다. 세상에 첫발을 내디딘 작은 생명의 숨결이 차갑고 거대한 철책 너머까지 퍼져 나가며 공간 전체를 희망으로 물들인다. 아직 여린 듯하지만, 생명력으로 가득한 동물들을 바라볼 때면 내 안에서는 설명할 수 없는 경이로움과 환희가 차오른다. 카메라와 렌즈 너머로 세상을 담아내는 나에게도 언제나 특별한 의미로 다가온다. 그 순수한 생명력에 이끌려 동물원으로 향하는 발걸음을 도저히 멈출 수가 없다.

오랜 시간 동물원을 기록하며 마음속에 유독 깊이 각인된 네 생명이 있다. 울타리라는 경계를 넘어 지극한 마음으로 교감하며, 나에게 생명의 무게를 가르쳐준 코끼리 '희망이'와 '코리' 그리고 하마 '옥자'와 '여름이'의 이야기다.

코끼리 '희망이' : 삶의 의지를 가르치다

2016년 6월 24일, 서울동물원에서 아기 코끼리가 탄생한다. 수만 킬로미터 떨어진 스리랑카에서 온 엄마 '수겔라(2004년생)'의 산고 끝에 세상에 나온 작은 생명. 공교롭게도 그날은 내 생일이기도 했다. 우리는 같은 날에 태어났다는 우연의 일치만으로도 설명할 수 없는 유대감으로 연결되었다. 그래서인지 희망이는 서울동물원에 가면 가장 눈여겨보고 있는 동물이기도 하다.

희망이는 서울동물원 개원 이래 수컷 '칸토(1981년생)'와 암컷 '키마(1981년생)' 사이에서 1994년 3월 3일 태어난

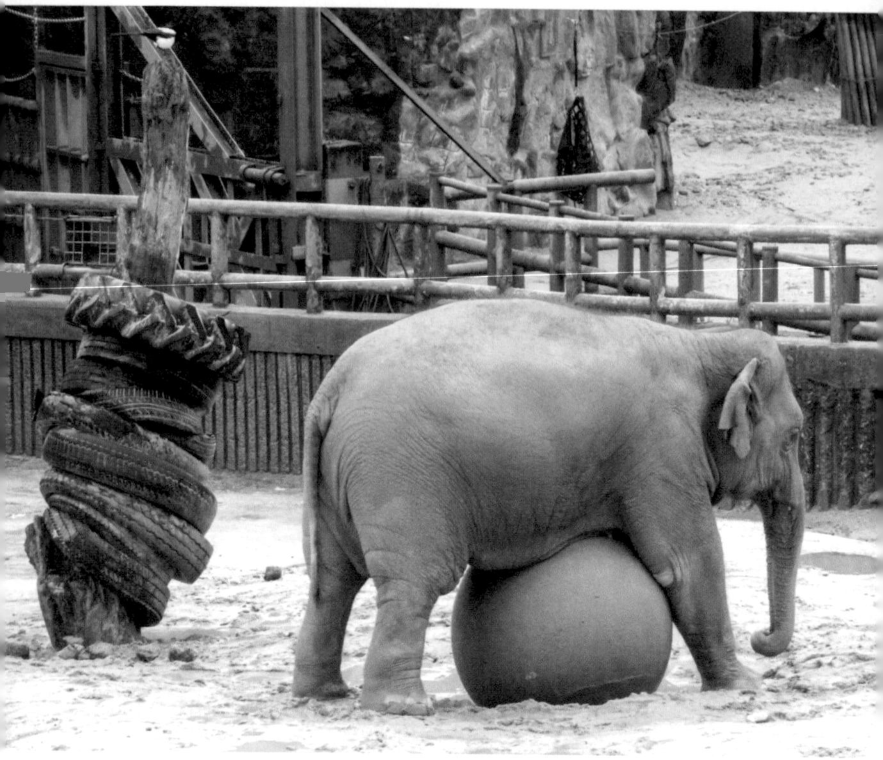

희망이는 나와 같은 날에 태어났다.
생일이 같은 동물에게는 더욱 정감이 간다.
희망이는 1톤이 넘는 무게로 자라났지만, 여전히 장난을 좋아한다.

코끼리 '희망이', 서울대공원 동물원, 2023

수컷 코끼리 '삼돌이' 이후 22년 만에 탄생한 암컷 코끼리다. 잠시 서울동물원에서 첫 번째로 태어난 삼돌이의 근황을 전하자면 그는 1998년 부산 동래동물원으로 전출되었다가 2002년 대전 오월드 개장과 함께 보금자리를 옮긴 뒤 줄곧 같은 곳에 머물고 있다. 삼돌이는 아직 짝을 찾지 못해 혼자 지내고 있다.

코끼리는 지상 최대의 육상 동물로, 코 하나에만 15만 개 이상의 근육이 얽혀 있어 사람 손처럼 섬세하게 사용할 수 있다. 세계에는 아프리카코끼리와 아시아코끼리 2종류가 있으며, 아프리카 종이 더 크고 귀가 넓은 편이다. 한국 동물원에는 귀가 작은 아시아코끼리만 서식한다. 서울동물원에 마지막으로 남아 있던 아프리카코끼리는 '리카(1979년생)'로 2008년 3월 하늘로 갔다.

아시아코끼리는 동남아시아가 고향이다. 한국에 와 여름과 겨울을 나며 100여 년의 세월을 거친 뒤, 비로소 두 번째로 태어난 코끼리가 희망이다. 이 '희망이'라는 이름에는 번식의 어려움을 넘어 새 생명에 거는 동물원의 염원이 깃들어 있다. 동물들도 사람처럼 삶이 안정되고 자식을 낳을 터전이 마련되어야 제 새끼를 낳는다. 불안정한 상황에서는 새끼를 낳지 않는다. 어쩌면 지난 100여 년보다 지금은 더 나아져서 2016년에 희망이가 세상에 나온 것인지도 모른다. 희망이는 그 이름처럼 나에게, 그리고 세상에 살아 있음의 의미를 온몸으로 증명해 보인다. 그리고 실제로 희망이는 그 이름처럼 많은 사람에게 희망을 주는 존재가 되었다.

지인이 전해준 뉴스를 통해 처음 희망이의 존재를 알게 되었다. 대동물관 내실에서 엄마 수겔라 품에 안긴 아기 희망이를 마주한 순간, 왠지 모를 신비로움에 사로잡혔다. 그 생명을 보면서 왠지 모르게 나도 흐뭇한 마음이 들었다.

'너, 나랑 생일이 같구나. 내가 평생 축하해줄게.'

그러던 2017년 6월, 희망이가 첫돌을 맞이하기 직전의 일이다. 그날따라 유난히 더웠던 오후, 희망이는 물가에서 장난을 치다 그만 깊은 물에 빠지고 말았다. 순식간에 벌어진 사건이다. 작은 몸이 허우적거리며 일순간 물속으로 사라졌고, 방사장에는 정적이 흘렀다. 그 광경을 지켜보던 모두가 숨을 죽였다. 바로 그때였다. 함께 있던 이모 키마가 미친 듯이 울부짖으며 물속으로 뛰어들었다. 거대한 코끼리는 필사적으로 코와 몸을 이용하여 희망이를 물 밖으로 밀어 올렸다. 삶과 죽음의 경계에서 펼쳐진 사투는 영원처럼 길게 느껴졌다. 마침내 뭍으로 끌려 나온 희망이가 가쁜

숨을 몰아쉬며 몸을 일으켰다. 이날의 소식은 언론을 통해 널리 전해졌다.

희망이는 죽음의 문턱에서 돌아왔다. 그 사건 이후, 희망이의 눈빛은 어딘가 달라져 있었다. 천진난만함 속에 이전에는 볼 수 없었던 깊이와 강인함이 깃들기 시작했다. 주어진 환경 속에서 나름의 방식으로 삶을 영위하고 변화에 적응하며 생존을 이어가는 희망이의 모습은 나에게 '살아내는 것'의 진정한 의미를 되새기게 했다. 우리는 같은 날 태어났지만, 희망이는 나보다 먼저 삶의 가장 혹독한 통과 의례를 치러낸 셈이다. 그의 존재는 나에게 연민을 넘어선 '삶에 관한 경외감' 그 자체였다.

서울동물원에는 키마, 수겔라 그리고 희망이 등 3마리의 아시아코끼리가 살고 있다. 이들 중 가장 나이가 많은 키마가 무리를 이끄는 대장 역할을 맡고 있다. 그다음이 희망이의 엄마 수겔라다. 마지막으로 몸무게 1톤이 넘게 성장한 희망이가 뒤를 잇는다. 이들과 함께 살던 한국 최고령 코끼리 '사쿠라(1965년생)'는 2024년 2월 13일에 세상을 떠났다.

희망이와의 교감은 내 생일마다 더욱 깊어진다. 나는 그날이 되면 어김없이 희망이의 생일을 축하한다. 훌쩍 자란 몸으로 엄마 곁을 맴돌며 진흙 목욕을 하고, 서툰 코를 들어 사과를 받아먹는 모습을 보며 나는 우리가 각자의 공간에서 얼마나 다른, 그러나 또 얼마나 닮은 시간을 살아내고 있는지 생각한다.

코끼리 '코리' : 사산의 아픔을 딛고 온 가장 귀한 선물

서울어린이대공원의 코끼리 부부 '캄돌이(1990년생으로 추정)'와 '캄순이(1984년생으로 추정)'에게는 가슴 아픈 사연이 있었다. 2010년 캄보디아 정부로부터 기증받은 두 코끼리는 2014년, 그토록 기다리던 첫 아기를 사산하는 슬픔을 겪었다. 첫 새끼를 잃은 부부의 상실감은 얼마나 컸을까. 그 아픔의 시간이 흐른 뒤, 2018년 1월 27일, 기적 같은 선물이 찾아왔다. 캄돌이와 캄순이 사이에서 건강한 수컷 아기 코끼리 '코리'가 태어난 것이다. 이는 1995년 태어난 수컷 '코코' 이후 23년 만에 서울어린이대공원에서 울려 퍼진 아기 코끼리의 울음이다.

서울어린이대공원 동물원 최초의 코끼리는 1975년 동국제강에서 기증한 수컷 '태산이(1974년생)'와 암컷 '태순이(1973년생)'다. 태국에서 온 이들 부부는 1985년부터 1995년까지 4마리의 아기 코끼리를 낳았다. 특히 코코는 1990년대 말 서울어린이대공원의 최고 인기스타로, 태산이와 함께 '태산이-코코 부자'로 불렸다. 1996년 태순이가 병으로 세상을 떠난 이후 아기 코끼리의 대가 끊겼다. 코코는 2002년에 7살의 나이에 심낭염으로 하늘로 갔다. 태산이는 2011년 10월, 38살의 나이로 생을 마감했다. 생명은 태어나고, 떠나간다. 자연의 이치다.

변화를 이끌어 가는 것은 급진적인 사회 변화가 아니라 작고 소중한 가치들이 자라나는 것에 담긴 기대다. 코리 또한 희망이와 같이 또 다른 긍정적인 사례다. 서울 도심 한복판에서 코끼리가 태어난 것이다. 청계산으로 둘러싸인 서울대공원과 달리 서울 광진구에 있는 서울어린이대공원은 공원의 성격을 지니면서도 시내 한가운데 자리하고 있다.

캄순이와 캄돌이가 겪었던 사산의 아픔을 알기에, 새로운 생명의 탄생에 사람들의 기쁨은 더욱 컸다. 서울시설공단은 2018년 어린이날을 맞이하여 아기 코끼리 탄생 백일 기념 잔치와 이름을 선정하기 위해 시민 대상 공모를 했다. 무려 1,380건의 이름이 응모되었다. 아기 코끼리 이름으로 코리, 아코, 조이, 캄보, 캄찍이 등이 경합을 벌였다. 1차 동물원 사육사 투표를 거쳐 2차 어린이위원회, 학부모, 자원봉사자 투표와 마지막 3차 어린이위원회의 최종 토론 끝에 코끼리를 정겹고 귀엽게 줄여 부르는 말인 코리가 최종 선정되었다.

코리는 모두에게 사랑과 기쁨을 주는 존재가 된다. 그는 특히 엄마 캄순이를 따르는 '껌딱지'다. 엄마에게 장난을 치고, 한시도 곁을 떠나지 않으려는 모습은 보는 이들의 얼굴에 절로 미소를 짓게 한다. 희망이도 힘이 넘치지만, 코리는 더 천방지축이다. 카메라 렌즈를 통해 바라보는 코리의 사진은 언제나 장난기가 가득하다.

나는 코리의 천진난만한 몸짓에서 깊은 위로를 받는다. 한 생명이 태어난다는 것은 이전에 존재했던 모든 슬픔과 상실을 치유할 만큼 강력한 힘을 가지고 있음을, 코리는 온몸으로 보여준다. 부모의 아픔을 딛고 태어나 더 큰 사랑 속에서 자라나는 코리의 모습은 절망 끝에서 피어나는 희망의 증거다. 코리가 아프지 말고 이름처럼 모두에게 정겹고 사랑스러운 존재로 무럭무럭 자라주기를 바라는 마음은 비단 나뿐만이 아닐 것이다.

코리는 엄마 캄순이와 함께 아빠 캄돌이가 있는 전주동물원으로 이주하여 가족 전체가 모일 예정이다. 전주동물원은 2019년 기존 마스코트였던 수컷 코끼리 '코돌이(1990년생)'가 세상을 떠난 후 열악한 사육 환경을 지적받았다. 이에 관한 후속 대책으로 2022년 종전보다 5배 넓은 새로운 코끼리사 '초원의 숲'을 완공했다.

캄돌이는 2023년 4월 먼저 전주동물원으로 옮겨져 암

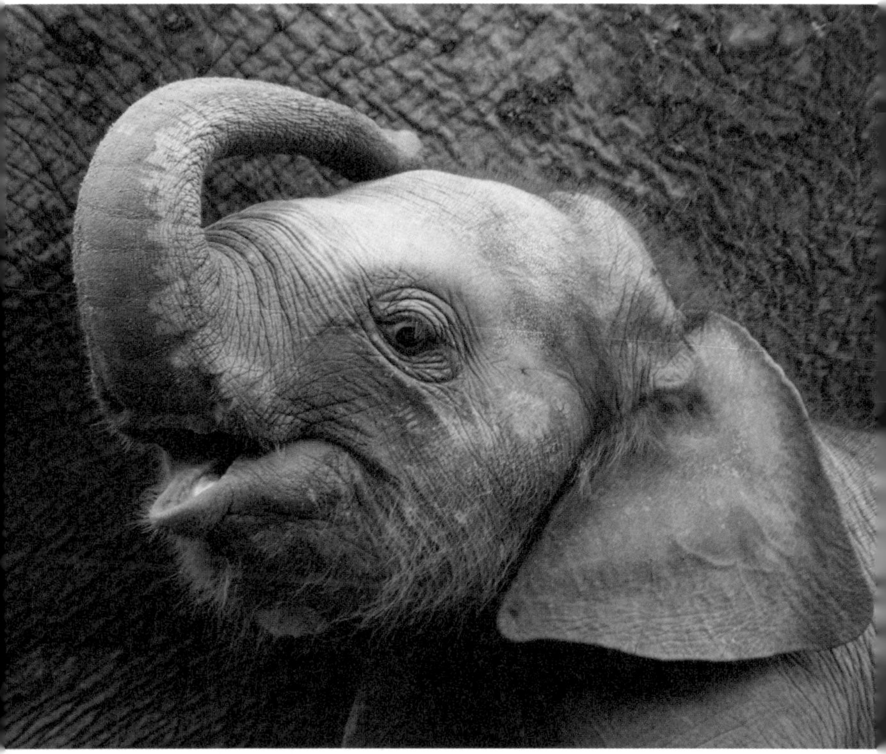

코리는 엄마 캄순이를 졸졸 따라다니는 껌딱지다.
하는 행동을 보면 천방지축이라는 말이 절로 떠오른다.

코끼리 '코리', 서울어린이대공원 동물원, 2018

컷 코끼리 '코순이(1984년생)'와 각자의 공간에서 지내고 있다. 본래 2025년 초 예정된 캄순이와 코리의 이주는 둘이 여전히 끈끈한 모자 관계를 유지하고 있어 연기되었다. 코리가 자연스럽게 독립할 시기가 되면 약 1년간의 운송 케이지 적응 훈련 후 이주를 진행할 예정이다. 최종 합류 시 전주동물원은 총 4마리의 코끼리가 함께 생활하는 동물원이 된다.

하마 '옥자' : 거절의 상처를 넘어서기까지

2017년 5월 27일, 서울대공원에서 9년 만에 아기 하마가 태어난다. 봉준호 감독의 영화 「옥자」(2017)에서 이름을 따서 동명의 '옥자'라는 이름을 얻은 암컷 하마다.

창경원에서 과천으로 터를 옮긴 서울대공원에 처음 들어온 하마는 피그미하마 수컷 '하몽(1983년생)'이다. 그는 1984년경 암컷 한 마리와 함께 도입되어 서울대공원 하마 역사의 시작을 알렸다. 노령으로 실명했음에도 2015년 영국 콜체스터 동물원 태생의 암컷 '나몽(2012년생)'을 새 짝으로 맞았다. 하몽은 2020년 12월, 세상을 떠났다. 나몽이는 혼자서도 잘 지내고 있다.

옥자의 시작은 희망이 만큼 순탄치 않았다. 출산 직후 극도로 예민해진 엄마 '은순이(2008년생)'와 아빠 '금식이

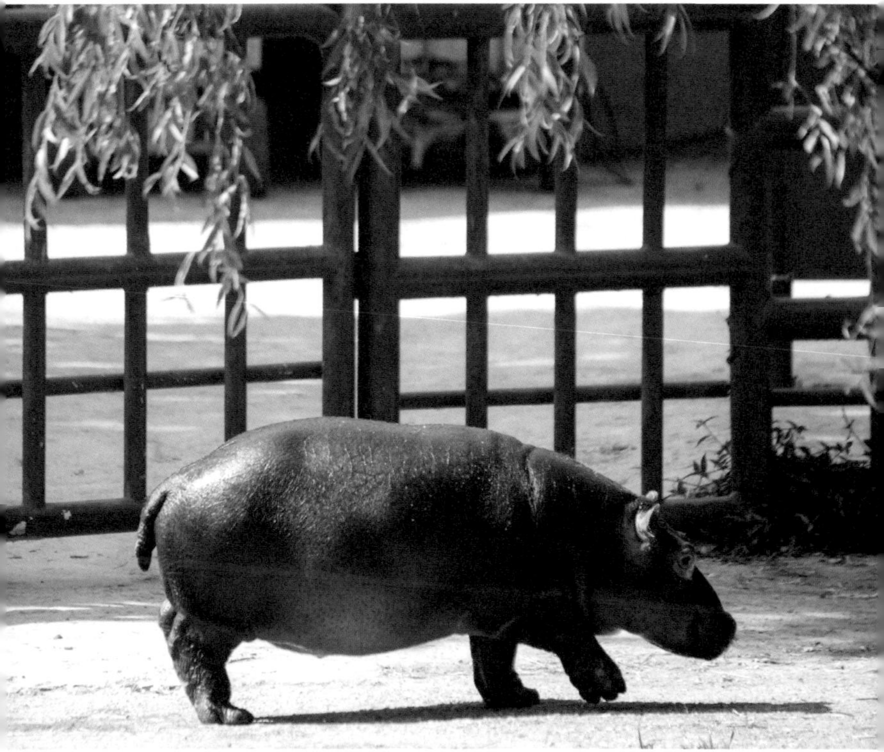

옥자는 어린 시절의 아픔을 이겨내고 건강한 하마로 자라났다.

하마 '옥자', 서울대공원 동물원, 2018

(2007년생)'가 크게 다투는 과정에서 옥자가 다칠 뻔한 아찔한 상황이 벌어졌다. 결국 옥자는 태어나자마자 엄마 품을 떠나 사육사들의 손에 맡겨져야 했다.

동물병원 신세를 져야 했던 옥자는 어미의 보살핌 대신 사육사가 주는 우유를 먹고 자랐다. 엄마의 따스한 체온과 냄새 대신 사람의 손길에 의지하여 연약한 생명을 이어가야 했다. 나는 그 작은 생명이 겪어야 했을 혼란과 외로움을 생각하면 마음이 아렸다. 사육사들은 지극정성이었다. 옥자가 자기 얼굴을 익히고 경계심을 풀도록 매일 눈을 맞추고, 부드러운 목소리로 말을 걸었다고 한다. 그들의 노력은 단순한 사육이 아니라 상처받은 아기 동물의 마음을 치유하는 과정이었다.

몇 달 후, 마침내 옥자를 엄마 은순이의 곁으로 돌려보내는 합사가 시도된다. 사육사의 품에 안겨 방사장으로 들어온 옥자는 낯선 환경에 불안한 듯 연신 주위를 두리번거린다. 은순이는 그런 옥자를 한참 동안 무심하게 바라볼 뿐 다가가지 않는다. 팽팽한 긴장감이 흐른다. 이대로 다시 실패하는 것은 아닐까. 모두가 초조하게 지켜보던 그때, 옥자가 먼저 용기를 내어 엄마에게로 한 걸음 다가간다. 그리고 조심스럽게 냄새를 맡기 시작한다. 은순이는 피하지 않는다. 한참 동안 서로의 냄새를 맡던 모녀는 이내 은순이가 옥자의 몸에 자기 몸을 부드럽게 비비는 것으로 길고 길었던 거절의 시간을 끝낸다. 내가 직접 이 장면을 본 것은 아니지만, 이렇게 옥자는 엄마 은순이와 합사되지 않았을까.

그날 이후, 옥자는 언제 그랬냐는 듯 엄마 곁을 한시도 떠나지 않는 '엄마 바라기'가 된다. 옥자는 할머니 '하순이(1980년생)', 엄마 은순이와 같이 셋이 함께 살고 있다. 2025년 기준 45살로 국내 최고령 하마로 불리는 하순이는 3마리 가운데 덩치가 가장 크다. 부리부리한 눈과 넓적한 얼굴, 왼쪽 앞발에 하얀 반점이 있다. 이보다 조금 덩치가 작은 은순이는 분홍빛 눈두덩과 볼이 특징이고, 양쪽 앞발에 하얀 반점이 있다.

할머니 하순이와 엄마 은순이 그리고 옥자까지 3대가 함께 어우러져 물 위를 헤엄쳐 다니는 모습은 평화롭기 그지없다. 옥자의 이야기는 우리에게 가르쳐준다. 생명은 때로 상처받고 거절당하지만, 사랑과 기다림 속에서 어떻게 그 상처를 회복하고 관계를 다시 맺어나가는지를.

옥자 아빠 금식이는 서울동물원 제2아프리카관에서 건강하게 지내고 있다. 옥자가 있는 왼편 방사장에서 떨어져 생활한다. 하마는 코끼리처럼 모계 중심의 무리 생활을 한다. 야생에서는 새끼를 낳은 어미가 무리로 돌아와 다른 암컷들과 함께 생활한다.

초식동물인 하마는 겉모습과 달리 야행성이다. 야생에서는 낮 동안 물속에서 지내고, 밤이면 뭍으로 올라와 먹이를 먹는다. 낮에 물속에서 쉬고 있는 옥자네 가족을 본다면 조용히 지켜봐 주는 게 좋겠다.

하마 '여름이' : 시련을 넘어 자라난 작은 영혼

아기 하마 '여름이'는 2018년 6월 11일 서울동물원에서 태어난다. 이 암컷 하마는 여름에 태어나서 여름이라는 이름이 지어진다. 아빠는 '하식이(2003년생)', 엄마는 '여우(1988년생)'다.

엄마 여우는 여우처럼 눈치가 빨라 '여우'라는 이름이 붙여졌다. 동물원에서 하마의 성체 생존율은 야생과 비슷하거나 더 높지만, 번식 성공 자체는 여전히 도전 과제다. 다리가 조금 아팠던 여우는 여러 번의 출산 경험이 있다. 여우는 여러 번의 자연 포육 실패 후 아기를 모두 다 잃었다. 여름이의 친언니인 '복순이(2013년생)'는 한 해를 살고 하늘나라로 갔다. 이렇듯 아픈 경험이 있었기에 여름이의 탄생은 사육사와 관람객에게 더욱 특별한 의미를 지닌다.

서울동물원은 여우가 여름이를 잘 키울 수 있도록 아빠 하식이를 분리하고 다양한 영양소 섭취를 위해 신선한 먹이를 제공했다. 또한 여름이가 젖을 잘 먹을 수 있게 수

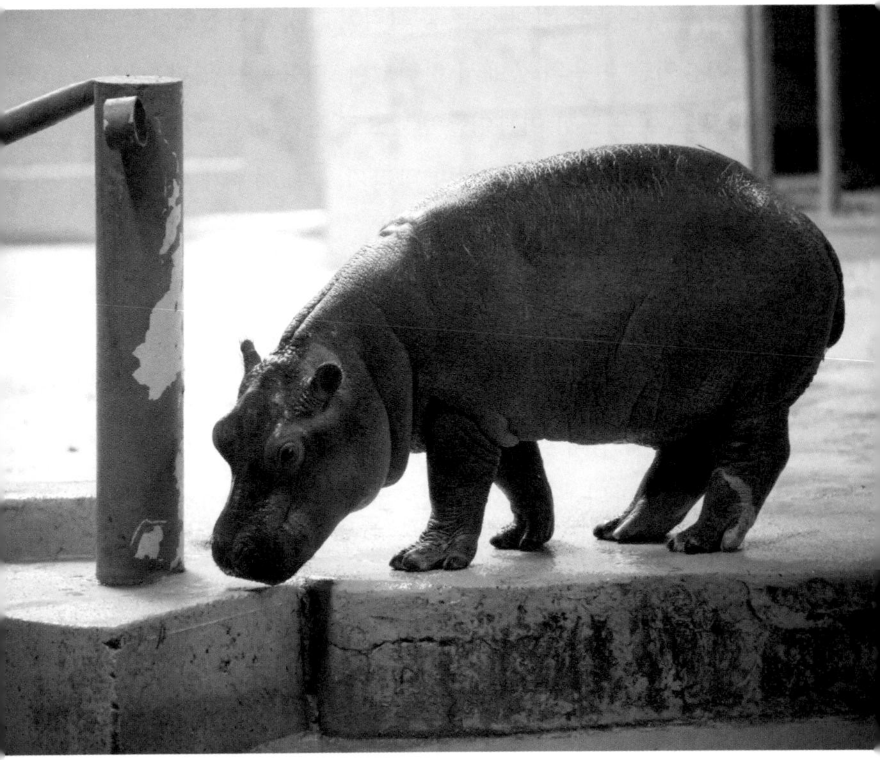

상처는 아물기 마련이다.
여름이는 옥자와 함께 잘 지내고 있다.
발 무늬를 비교하면 둘을 쉽게 구분할 수 있다.

하마 '여름이', 서울대공원 동물원, 2018

영장의 물 높이를 조절해 주는 등 최적의 환경을 만들었다.

여름이는 여우의 품에서 자라났다. 여름이는 엄마를 잘 따르고, 여우 또한 여름이를 밤낮으로 돌봤다. 여름이는 엄마 옆을 꼭 붙어 다니는 엄마 바라기였다. 여우가 어딜 가든 여름이는 옆을 졸졸 따라다녔다.

하지만 행복한 시간은 오래가지 않았다. 안타깝게도 여우는 여름이를 두고 2019년 7월 25일에 32살로 무지개 다리를 건넜다. 관절 이상으로 오랫동안 치료를 받던 중 간 기능 저하까지 겹쳐 젖먹이 여름이를 남기고 하늘로 간 것이다. 아직 엄마의 보살핌이 절실한 시기에 홀로 남겨진 여름이의 사연은 많은 이의 눈시울을 적시게 했다. 그해 11월 1일 서울대공원 제25회 동물위령제에서 담당 사육사는 추모 편지 낭독을 통해 안타까운 심정을 전하기도 했다. 한편, 아빠 하식이는 2021년 개장한 경남 사천 아라마루 아쿠아리움으로 옮겨와 그곳에서 지내고 있다.

여우의 빈자리를 채우기 위해 여름이는 이웃사촌 하마인 하순, 은순, 옥자네로 이사 왔다. 외부 방사장에서 얼굴 익히기를 통해 가까워졌다. 여름이는 한 살 터울인 옥자와 함께 지내는 만큼 동물원 생활에 더 잘 적응했다.

그렇다면, 옥자와 여름이는 어떻게 구분할까? 옥자는 진한 회갈색 피부에 굵은 주름이 많고, 물속에서 차분히 휴식하는 모습이 특징이다. 반면, 여름이는 몸집이 더 통통하고 등과 뒷발에 분홍색 반점이 있어 멀리서도 쉽게 알아볼 수 있다. 옥자는 움직임이 느긋하지만, 여름이는 호기심 많게 활발히 뛰노는 편이다.

여름이는 무더운 여름철이면 수박 같은 특별식을 제공받으며 불볕더위를 이겨내고 있다. 그의 삶은 동물원에서 일어나는 생과 사의 드라마를 온몸으로 보여주며, 생명의 소중함과 동물 간의 유대감을 관람객들에게 전하는 살아 있는 이야기가 된다.

엄마를 일찍 잃었지만 꿋꿋하게 자라나는 여름이의 굳건함은 동물원이라는 장소가 생명이 숨 쉬고 서로 돌보며 살아가는 또 하나의 터전임을 보여준다.

울타리 너머의 교감, 생명의 무게를 배우다

희망이, 옥자, 코리, 여름이는 2016년부터 2018년까지 태어난 동물들이다. 하마는 사람보다 두세 배는 더 크고, 코끼리는 말할 것도 없이 거대하다. 그처럼 육중한 동물들이 야생에서 잔혹한 밀렵과 환경오염으로 서식지가 파괴되면서 생존을 위협받고 있다.

동물원은 '노아의 방주' 역할을 한다. 새로 태어나고 자라는 동물들의 종을 보호하는 공간으로서 동물원은 여전히 유효하다. 동물원이 아니었다면 멸종위기에 처해 사라질지 모르는 동물들을 보호하고, 그들을 직접 볼 수 있는 것은 소중한 기회이기도 하다. 나는 울타리 너머에서 그들의 삶을 기록하며, 단순히 동물과 인간의 관계를 넘어 생명 그 자체의 존엄성을 배운다.

새로운 생명의 시작은 감동적이지만, 한정된 공간에서 시작되는 그들의 운명 앞에서 존재의 무게와 슬픔을 동시에 마주하게 한다. 아기였던 동물들이 자라며 겪는 환희와 위기, 극복의 서사는 인간의 삶과 다르지 않다. 울타리는 그들의 몸만 가둘 뿐 강인한 생명력과 빛나는 존재 의미는 가둘 수 없다.

이런 깨달음은 우리에게 단순한 관찰을 넘어서게 한다. 죽음의 문턱에서 돌아와 삶의 의지를 보여준 희망이, 거절의 상처를 이겨내고 사랑을 되찾은 옥자, 상실의 아픔 끝에 찾아온 선물 코리, 엄마를 잃었지만 씩씩하게 자라고 있는 여름이. 그들이 겪는 부재와 상실, 아픔이 전하는 메시지는 무엇일까? 이를 숙고하는 일이야말로 '보다'의 진정한 의미다.

이는 자연스럽게 내 사진 촬영 방식에도 영향을 미쳤다. 이전까지의 사진이 동물을 대상으로 하는 일방적인 '기록'에 가까웠다면, 그때부터는 그들과 관계 맺기를 시도하는 '교감'의 과정으로 바뀌었다. 물론 이 교감이라는 단어 자체가 지극히 인간 우월주의적 표현일 수 있다는 것을 안다. 그럼에도 나는 카메라를 무기처럼 휘두르는 공격적인 방식이 아니라 그들의 존재를 온전히 존중하며 이해를 구하는 '설득'의 방식을 택했다.

우리는 희망이, 옥자, 코리, 여름이의 건강과 안녕을 진심으로 기원한다. 그들의 삶에 관한 깊은 사색으로 이어지기를 바라는 마음이다.

잠시 멈추어, 보다

이 책의 첫 페이지를 열면 15년 전 동물원의 문을 처음 열고 들어갔던 그날의 제가 함께합니다. 저는 그저 '있는 그대로'를 기록하는 일이 가장 정직하다고 믿었습니다. 단순한 기록이라 생각했던 여정의 시작에는, 어쩌면 제가 미처 깨닫지 못한 어떤 '소명'이 숨겨져 있었는지도 모릅니다. 5년, 10년 그리고 15년이라는 시간을 지나며 제 시선은 어떻게, 얼마나 달라졌을까요?

철학자 쇠렌 키르케고르(Søren Kierkegaard, 1813~1855)가 이 작업에 관해 질문을 던진다면, 아마 이렇게 물었을 것입니다.

> "당신의 15년은 스스로 선택한 '결단'이었습니까
> 아니면 당신을 사로잡은 거부할 수 없는 '소명'이었습니까?
> 이 긴 시간이 질적인 변화의 증거가 아니라면
> 이 프로젝트의 가치는 무너질 수도 있습니다."

이 질문은 지난 15년간의 동물원 작업을 응축하는 의미를 담고 있습니다. 그것은 단순한 사진 촬영이 아닌 하나의 생명이 다른 생명에게 건네는 최소한의 책임이자 제게 주어진 어쩔 수 없는 '사명'이었습니다. 그 부름에 이끌려 동물원을 떠날 수 없었습니다. 이 책은 제 삶의 답을 찾아가는 여정이기도 합니다. 독자 여러분은 어떤가요? 여러분의 삶을 이끄는 '소명'이 있습니까?

다음 장에서는 '동물원'이라는 특수한 공간을 더욱 깊이 탐구하며, 단순히 '보는' 단계를 넘어 '생각하는' 단계로 함께 나아가고자 합니다.

제2부

생각하다 · Think

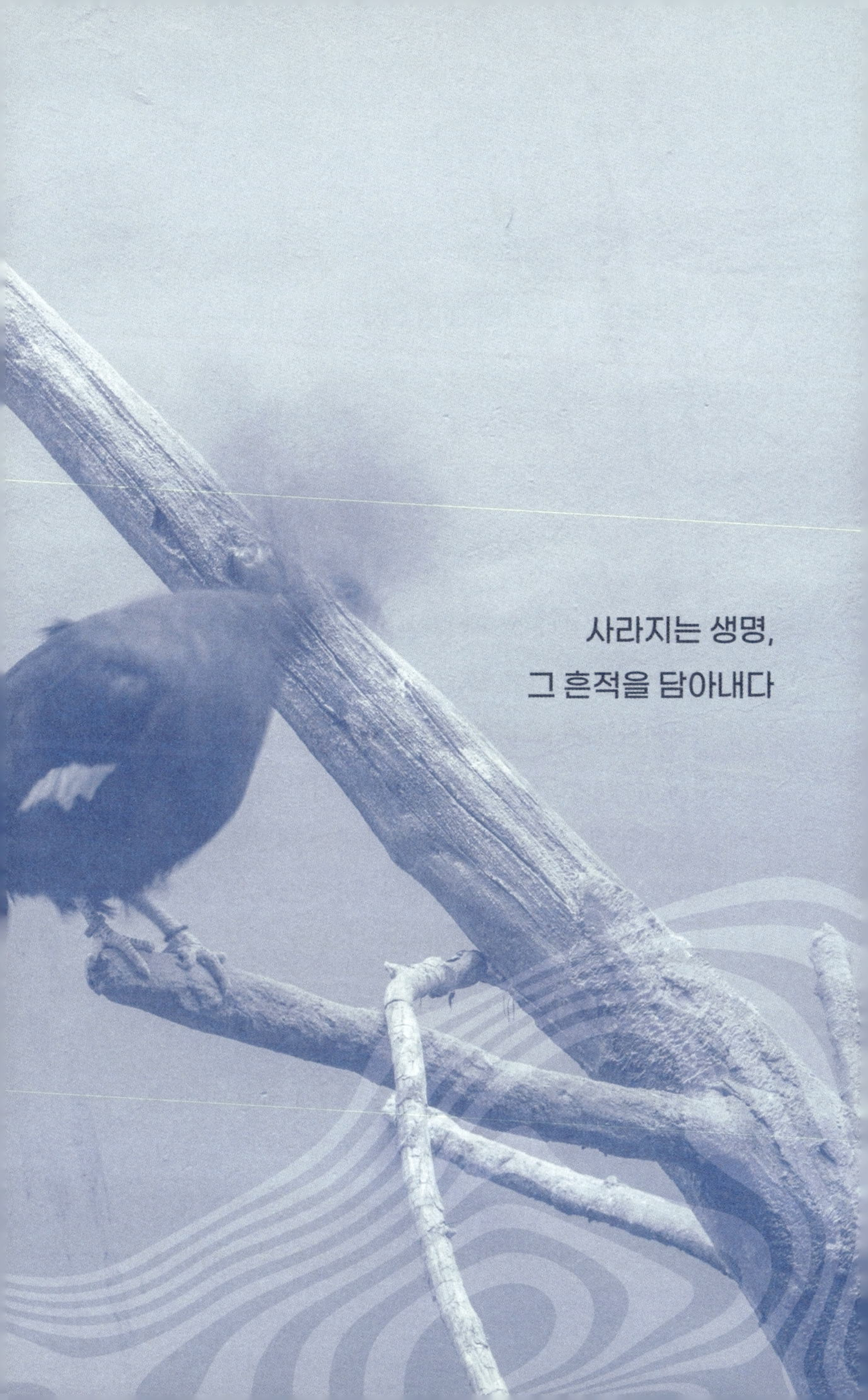

사라지는 생명,

그 흔적을 담아내다

7

혼돈의 시간 그리고 멈추지 않는 기록

전 세계가 코로나-19 바이러스의 혼돈에 휩싸이기 전, 나의 시간은 이미 멈추어 있었다. 많은 사람이 팬데믹으로 일상의 붕괴와 시련을 겪었지만, 나는 이미 나만의 팬데믹을 힘겹게 감내하는 중이었다. 여기서부터는 사회적 재난이라는 거대한 파도 앞에서 한 개인이 자기 내면을 어떻게 마주하고, 그 '정지된 시간'을 사유의 자양분으로 삼았는지에 관한 이야기를 들려주고자 한다.

10년의 기록 그리고 30대 중후반의 위기감

나의 팬데믹은 30대 중후반의 길목에서 예고 없이 찾아왔다. 2009년부터 시작하여 10년을 향해 가던 『동물원』 연작은 내 삶의 중심이었다. 직장 생활과 주말의 창작 활동을 병행하는 삶은 나름의 안정감을 주었다. 이때만 해도 삶에 큰 걱정이나 두려움은 없었다. 하지만 나이의 앞자리가 바뀌어 간다는 사실은 보이지 않는 불안을 수면 위로 떠오르게 했다. 친구들은 결혼하고 가정을 이루며 자신들의 세계를 구축해 나갔지만, 나는 여전히 혼자였다.

그 위기감은 나를 작업에 더 몰아붙이는 동력이 되었다. 누구도 다그치지 않았지만, 나 홀로 조급함에 스스로 채찍질했다. 그리하여 2017년에만 4번의 개인전을 열었다. 그해 10월, 공모에 선정되어 연 전시는 지하 1층의 5평 남짓한 작은 공간이었다. 이전의 카페 갤러리가 아닌 전시만을 위한 예술 전문 갤러리였다. 늘 그랬듯이 심혈을 기울여 준비했다. 아는 사람들을 부를 수 있는 '지인 찬스'는 3년 전인 2014년 첫 전시에 이미 소진된 지 오래. 올 사람들은 알아서 오겠지. 그저 전시장을 잘 지키는 것이 내가 할 수 있는 최선이었다.

주말을 맞아 위층의 시끌벅적한 전시 오프닝과 달리 내 전시장은 파리만 날리지 않을 뿐, 한산했다. 간혹 귀여운 점박이 물범 포스터에 이끌려 내려오는 관람객들을 만나는 반가움 속에서 마음 한편에서는 오기가 싹텄다.

'인맥이나 홍보가 아닌 오직 작품의 힘으로
이 세계에서 살아남겠다.'

그것이 당시 내가 할 수 있는 유일하고도 최선의 다짐이었다. 일주일 남짓한 전시회가 막을 내리고 곧 이어진 또 다른 전시회를 끝으로 2017년은 마무리되었다. 다음 해 5월에 연 전시는 《202번째 동물원》이었다. 첫 전시인 《101번째 동물원》에 101번의 방문을 더한 10년 작업의 이정표 같은 전시였다. 당시 180번 대의 동물원 작업을 마친 상태였기에 전시회 전까지 동물원을 20번 넘게 더 가야 했다. 2018년 1월부터 매 주말 동물원을 찾았지만, 그 틈은 쉽게 메워지지 않았다.

목표 횟수를 채우기 위해 평일에는 회사원으로, 주말에는 사진작가로 쉴 틈 없이 전국의 동물원을 오갔다. 서울과 경기는 물론 부산, 경남, 전주까지 발길이 닿았다. 무리해서였을까. 결국 몸이 축났다. 전시는 무사히 열었지만, 지칠 대로 지쳤다. 이른바 '번아웃'이다. 몸과 마음은 이미 완전히 소진된 상태였다.

제주도에서의 공백, 그리고 새로운 시작

결국 나는 직장을 그만두었다. 그리고 무작정 제주도로 떠났다. 추사 김정희(1786~1856) 선생이 유배 오기도 했던 대정읍에 있는 후배 집에 머물렀다. 전시는 파주에서 계속되고 있었기에 중간에 잠시 올라왔다가 다시 내려가기도 했다. 제주에서는 쉼의 시간을 보내기도 했지만, 가만히 있지 못하는 성격 탓에 새로운 티스토리 블로그를 만들기도 하고, 사진을 찍으러 나가고 다양한 책을 읽기도 하는 등의 여러 활동을 했다. 그 시간은 내 삶의 공백기이자 쉼표였다.

그래도 바다를 마주할 때면 마음이 놓였다. 드넓은 제주 바다를 보며 나는 처음으로 진지하게 물었다. 이제 정말 직장인이 아닌 작가의 길로 나아갈 수 있을까? 동생 테오에게 보낸 빈센트 반 고흐의 편지를 엮은 『영혼의 편지』(2005) 같은 책은 나에게 말을 걸듯 하고 싶은 것을 하라고 등을 떠밀었다.

> "예술가가 되려는 생각은 나쁘지 않다.
> 마음속에 타오르는 불과 영혼을
> 가지고 있다면 그걸 억누를 수는 없지.
> 소망하는 것을 터뜨리기보다는
> 태워버리는 게 낫지 않겠니. 그림을 그리는 일은
> 나에게 구원과 같다. 그림을 그리지 않았다면
> 지금보다 더 불행했을 테니까."

빈센트 반 고흐, 『영혼의 편지』, '네 자신을 즐겨라' 중에서

10년간 『동물원』 작업을 했으니 이제 세상 밖으로 당당히 나서도 괜찮을 것이라는 근거 없는 자신감이 차올랐다. 그동안 모아둔 돈으로 당분간 생계를 유지할 수도 있었다. 아무것도 잘 모르기에 용감했던 것일까. 만약 지금 알고 있는 것을 그때 알았더라면 다른 삶을 살고 있을까.

그렇게 나는 무작정 세상 밖으로 향했다. 내 인생 2막은 30대 후반에 시작되었다. 그런데 아이러니하게도 그 첫 발걸음이 향한 곳은, 모든 것이 시작되었던 서울동물원이었다. 2018년 6월 초, 전시를 마무리하자마자 나는 처음으로 서울대공원 연간 회원증을 끊었다. 이전까지 주말에만 방문했기에 매번 입장권을 샀다. 하지만 이제 평일에도 동물원으로 '출근'하기로 마음먹은 것이다. 그것은 나에게 하나의 선언과도 같은 행위였다. 그해에만 나는 100번 넘게 서울대공원과 서울어린이대공원을 비롯한 동물원들의 문턱을 넘었다.

팬데믹, 새로운 사유의 시작

이런 상황에서 2020년 초, 팬데믹이 온 세상을 덮쳤다. 정부는 바이러스 전염을 줄이기 위해 정책적으로 사회적 거리 두기를 권장하고, 사적인 만남은 줄어들었다. 1980년대 중반 이후 출생 세대가 겪어보지 못한 야간 통행금지가 이러했을까. 식당이나 카페 같은 실내 다중이용 시설은 접근이 제한되었다. 식당에는 4명 이상 모이지 못하게 했다. 영업 중임에도 카페 의자들이 모두 테이블 위로 뒤집혀 있던 모습은 그 시절을 상징하는 초현실적인 장면으로 기억에 남아 있다.

미술관과 박물관 같은 실내 전시 공간은 문을 닫았다. 다행히 동물원은 야외 공간 덕분에 전면 폐쇄는 피했지만, 문 닫힌 실내 전시관은 내 작업에 큰 제약으로 다가왔다. 그전까지 실내 전시관을 편하게 이용했는데 관람이 제한되자 날이 갈수록 갑갑해졌다.

당시 이런 내 심정은 기사로도 공개되었다. 2020년, 서울시가 마련한 신진 미술인 공모 사업에 선정되어 내 사진 중에 「사막여우」(2012)가 서울도서관 외벽 같은 시민들이 지나다니는 일상 공간에 전시되는 기회를 얻은 것이다. 당시 한 신문사와의 인터뷰에서 나는 "미술인뿐 아니라 국민 누구나 힘든 시기를 함께 이겨냈으면 한다."라고 말한 바 있다. 그것은 나 자신에게 건네는 다짐이기도 했다.

팬데믹 시기에 처음 마주한 문 닫힌 동물원의 풍경은 차분하고 고요했다. 늘 수많은 인파의 소음과 움직임으로 가득 찼던 공간에서 인간의 흔적이 사라지자 비로소 그곳을 채우고 있는 동물 본연의 소리와 존재감이 선명하게 드

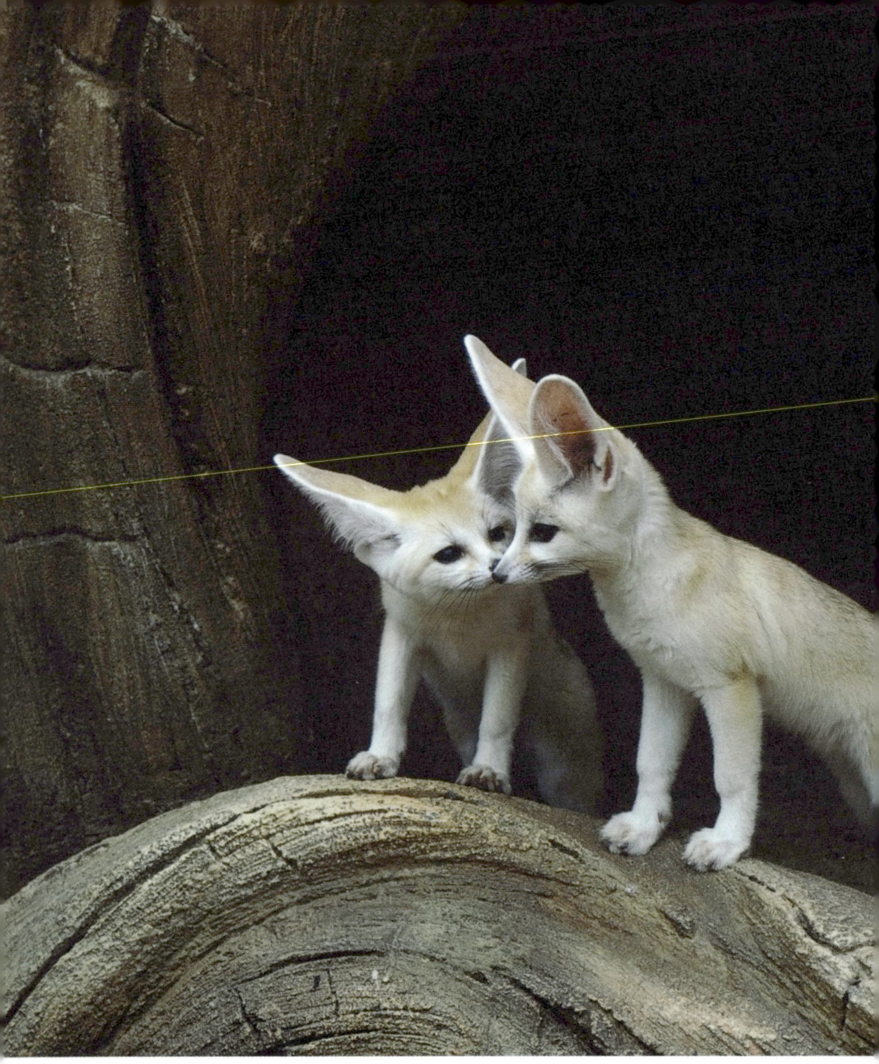

사막여우는 생텍쥐페리의 소설 『어린 왕자』에 등장하는 동물이다.
"소중한 것은 눈에 보이지 않아."
어린 왕자에게 넌지시 건넨 조언처럼,
두 사막여우가 마주한 그 순간은 영원한 사진으로 남았다.

사막여우, 서울대공원 동물원, 2012

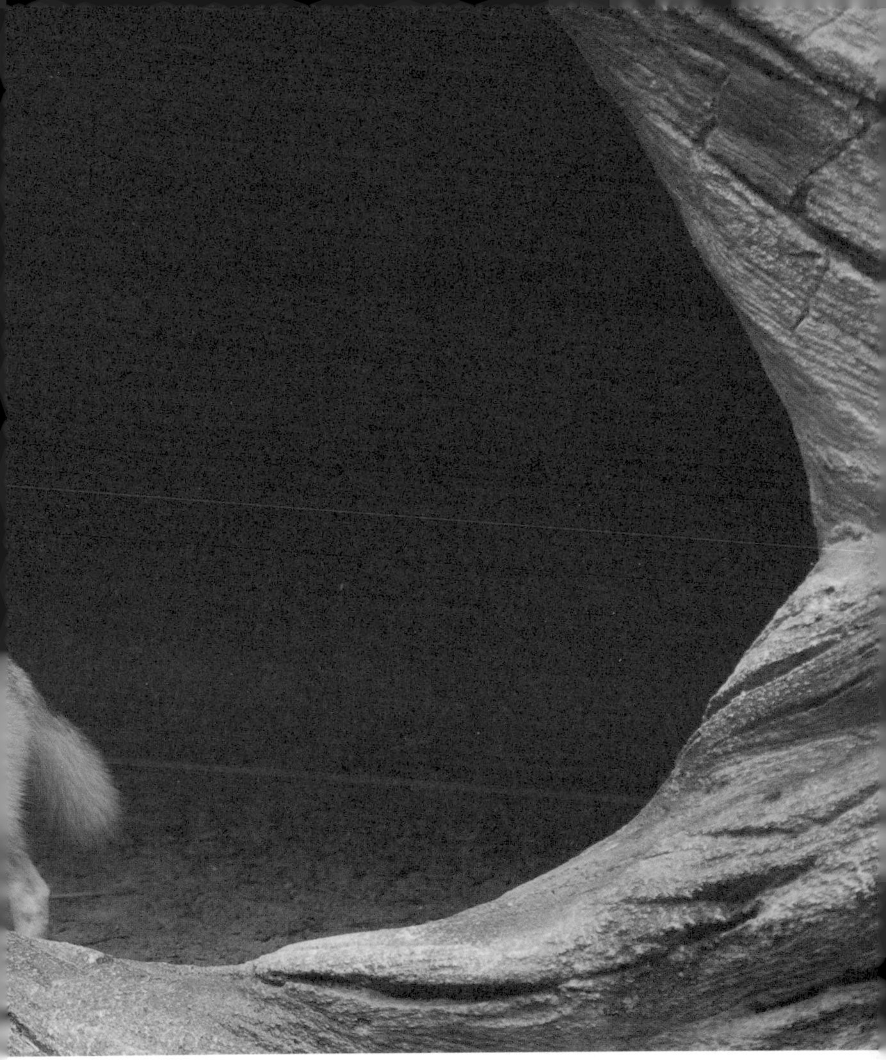

러났다. 아이들의 함성 대신 사슴 같은 초식동물의 낮은 울음소리가, 쉴 새 없이 터지던 카메라 셔터 소리 대신 하이에나 같은 맹수의 발걸음과 나뭇잎이 스치는 떨림이 공기를 채웠다.

팬데믹 초기에 인간의 발길이 끊긴 야생이 경이로운 회복력을 보여주었듯 동물원에도 어떤 '치유'의 시간이 찾아온 것일까. 인간의 시선이라는 방해 요소가 사라진 동물들은 온전히 자기 자신만의 시간을 보내며 평온을 찾았을 것이다. 실제로 일부 동물들은 이전보다 훨씬 여유롭고 안정적인 모습을 보여주기도 했다. 관람객이 사라진 동물원의 진정한 주인공은 오롯이 동물들이었다. 그들도 팬데믹에 적응한 것이다.

이제 나 또한 살아남아야 했다. 아니 살아남고자 했다. 1년의 유효기간이 끝날 때마다 나는 망설임 없이 연간 회원증을 갱신했다. 유료 요금으로는 최소 16만 원이 넘었다. 그렇게 연간 회원증을 들고 나는 동물원으로 출근했다. 2020년, 2021년, 2022년. 내리 3년을 나는 버텼다. 이것 말고는 할 수 있는 게 없었다. 포기할 수 없었다고 할까. 사람들은 살면서 자신이 겪은 가장 힘든 일을 기준으로 어려움의 정도를 판단한다. 몇 해 전부터 일주일에 사나흘은 잠 못 이루는 밤을 보냈기에 이런 심리 상태는 익숙한 친구와도 같았다. 이런 개인적 팬데믹이라는 혹독한 예방주사를 맞았기에 사회적 팬데믹이 새삼 두렵지는 않았다.

그리고 수많은 어려움 속에서 나 역시 살아남았다. 이 경험은 나에게 '강한 자가 살아남는 것이 아니라 살아남는 자가 강하다'는 오랜 격언의 의미를 새삼 되짚어 주었다. 버텨내는 것, 그것이 바로 생존의 가장 위대한 전략이다. 살아남아야 작업도 하고, 작품도 만들어낼 수 있다.

멈춤의 시간이 준 선물

끝나지 않을 것 같던 팬데믹은 2023년 5월, 마침내 공식적으로 종식되었다. 마스크 없는 얼굴이 당연해졌다. 일일 입장객 수 제한을 두고 특정 시간에만 문을 열었던 동물원의 실내 전시관들도 전면 개방되었다. 그렇게 점차 일상이 회복되었다. 비로소 되찾은 해방감은 무엇을 의미할까? 우리가 서로에게서 강제로 거리를 두어야 했던 시간. 아이러니하게도 그 시간을 통해 우리는 서로의 소중함을 다시금 깨닫게 되었다. 이는 사람뿐만 아니라 동물과의 관계에서도 마찬가지였다. 늘 곁에 있을 것으로 생각한 동물들의 귀중함을 느끼게 되었다.

돌이켜보면 만약 코로나-19가 없었다면 우리 사회는 어떻게 되었을까? 아마도 우리는 성장 신화에 취해 계속 자연을 훼손하고, 한정된 자원을 낭비하며, 야생의 영역을 끊임없이 파괴했을 것이다. 전혀 위기감을 느끼지 않았을 것이다. 물론 팬데믹이 가져온 막대한 인명 피해와 재산 손실과 사회 전반에 걸친 상흔을 생각하면 결코 필요한 재난이었다고 말할 수는 없다. 단지 우리는 그 재난을 통해 무언가를 반드시 깨달아야만 한다. '잠시 멈춤'이 없었다면 더 나은 미래를 위한 진보 역시 없을 것이기 때문이다.

팬데믹 때 겪은 외부 환경의 변화는 시선을 안에서 밖으로, 나에게서 사회로 확장하는 결정적 계기가 되었다. 나의 불투명한 미래를 불투명한 사회 현실에 투영했다. 인간의 필요로 조성된 동물원이라는 공간과 그 안의 동물이라는 존재는 이전과는 다른 깊이감으로 다가왔다. 코로나로 인해 펼쳐진 낯선 풍경들은 내 고정관념을 깨고 사유를 확장하는 훈련의 장이 되어주었다.

무엇보다 나는 '기록'을 멈추지 않았다. 부득이하게 동물원 문이 닫혔을 때를 제외하고, 갈 수 있는 한 계속 그곳으로 향했다. 인생의 어떤 진리는 직접 부딪히고 깨져봐야만 알 수 있는 법이다. 경험에 앞서 존재하는 인식의 조건과 구조를 중시하는 철학 사조인 '선험주의' 같은 이성만으로는 알 수 없는 게 있다. 그렇다고 무슨 경험주의만을 강조한 주장은 아니다. 결국엔 고난과 시련도 지나고 나면 성장의 밑거름이 된다는 상투적인 문장을, 나는 온몸으로 체득했다. 진짜 성숙은 아픔을 딛고 일어서는 과정에서 완성되는 것임을.

지금에 와 돌이켜보면 그때 고민하고 잠 못 잤던 시간에 무언가를 했더라면 더 남는 게 있을 것 같기도 하다. 그럼에도 그 혼란의 시간이 없었다면 시련을 이겨낼 자양분을 얻지 못한 게 아니었을까. 그때가 있었기에 지금이 있는 것은 아닐는지. 몇 년 전의 일이 벌써 10년이 지난 것처럼 아득하게 느껴지는 것은 왜일까.

허투루 보낸 시간은 없다. 모든 경험은 다 필요했던 순간이다. 끝끝내 버텨준 나에게, 그 힘든 시기를 함께 이겨낸 수많은 사람에게, 그리고 그 시간을 묵묵히 견뎌낸 동물들에게 깊은 감사를 보낸다.

8

왜 한국 동물원에 북극곰은 없을까?

한때 모 콜라 광고 모델로 등장했던 북극곰은 많은 이에게 친숙하게 다가왔다. 새하얀 털을 가진 북극곰은 우리의 눈길을 사로잡았다. 그래서였을까. 나도 왠지 모르게 북극곰에 이끌렸다. 흰 공작이나 흰 비둘기 같은 조류를 제외하고는 동물원에서 흰털을 가진 동물을 흔히 찾아보기 어렵다. 알비노와 같은 특이한 경우에만 흰색을 띠는 것이 일반적이다. 비록 동물원에서 생활하며 털이 꼬질꼬질하거나 누렇게 변하거나 윤기를 잃기도 했지만. 북극곰은 나에게 특별한 존재였다. 그래서 더욱 정이 갔다. '북극곰'이라는 단어만 들어도 나는 마음 한편이 저려온다.

'왜 한국 동물원에는 북극곰이 없는 걸까?'

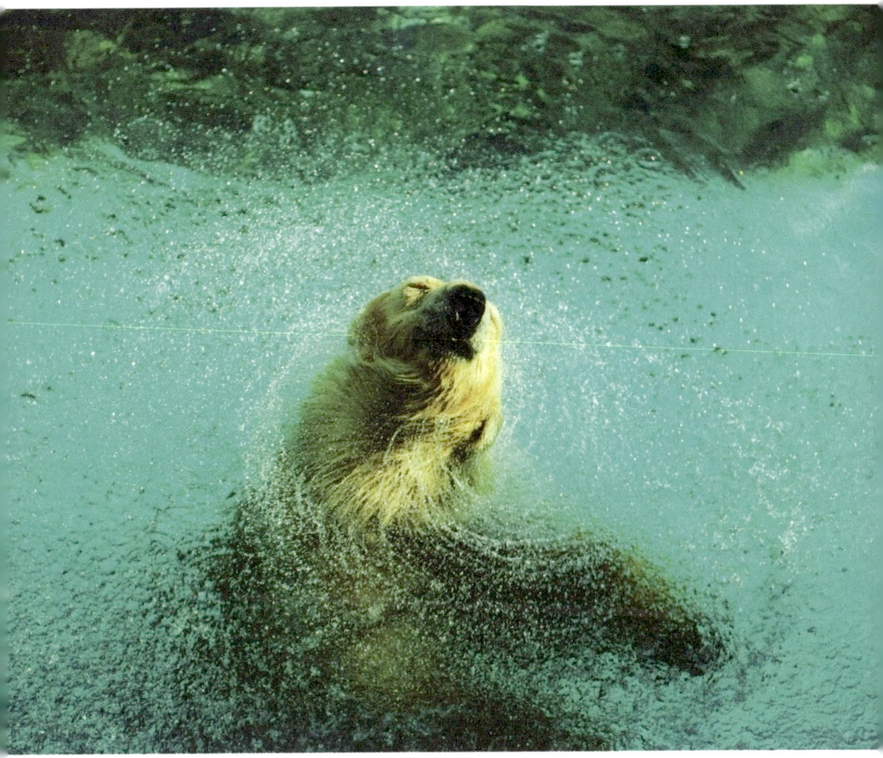

샴푸 광고 모델 뺨 치듯이 썰매가 물을 털어내고 있다.

북극곰 '썰매', 서울어린이대공원 동물원, 2009

2019년 이후 동물원에 가본 사람이라면 누구나 한 번쯤 이런 의문을 품어봤을 것이다. 1980년대부터 1990년대까지 우리나라 동물원에는 약 17마리의 북극곰이 살았다. 그 후 점차 개체수가 감소하기 시작했다. 기억 속에서 서서히 희미해지는 그 풍경을 그러모아 내가 마주했던 북극곰들의 이야기를 꺼내본다.

'썰매'와 '얼음이' : 존재의 흔적과 뒤늦은 슬픔

2017년 8월의 어느 날, 대전 오월드 동물원에서 북극곰 '남극이'가 세상을 떠났다는 소식을 뉴스로 접했다. 남극이는 이미 그해 1월에 생을 마감했다는 내용이 포함되어 있었다. 오랫동안 그 존재를 알고 있었던 나는 안타까운 소식에 놀라움을 금할 수 없었다.

대전에는 암컷 북극곰 남극이와 수컷 북극곰 '북극이'가 살았다. 둘 다 해외 동물원 출신이다. 남극이는 1985년 12월 스페인의 한 동물원에서 태어난다. 북극이도 1980년 스페인의 어느 동물원에서 출생한다. 자료가 자세히 있지 않아 정확히 어느 동물원인지는 알 수 없다. 남극이와 북극이는 2002년 대전으로 왔다. 둘은 '대전 북극곰 부부'로 불리며 인기를 끌었다. 그러나 북극이는 한국에 온 지 3년 만인 2005년 12월에 25살의 나이로 세상을 등졌다. 그리고 남

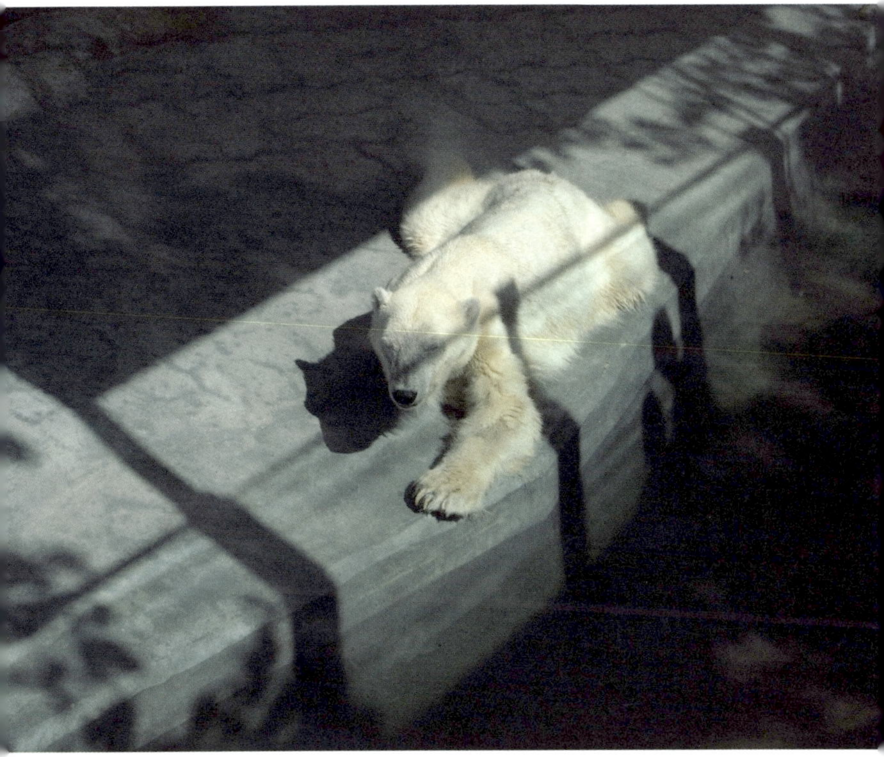

남극이는 대전에서 15년 가까운 세월을 보냈다.

북극곰 '남극이', 대전 오월드 동물원, 2016

극이는 홀로 12년을 더 살다가, 2017년 1월에 32살의 나이로 눈을 감은 것이다.

바로 한 해 전에 대전에 가서 남극이를 보고 온 적이 있다. 무더운 여름이었다. 남극이는 극심한 무더위를 견디기 힘들었는지 실내 공간인 내실에서 긴 시간을 보냈다. 그랬던 남극이가 세상을 떠났다는 소식에 눈앞이 캄캄했다.

그러면서 동시에 국내 동물원에 남아있는 북극곰은 에버랜드에 있는 '통키'가 유일하다는 사실도 함께 알게 되었다. 통키의 존재는 알고 있었다. 가만있자. 그런데 통키가 유일한 북극곰이라고? 그렇다면 내가 자주 봐왔던 서울어린이대공원의 북극곰 '썰매'와 '얼음이'는 어디로 간 것일까? 문득 이런 의문이 떠올랐다.

2009년부터 『동물원』 연작을 해오면서 북극곰들은 나의 사진첩 곳곳에 기록되어 있다. 특히 썰매와 얼음이는 나의 앵글에 자주 잡힌 주인공들이다. 수컷 북극곰 썰매(1984년생)와 암컷 북극곰 얼음이(1995년생)는 경남 마산의 돝섬해상유원지에서 함께 살았다.

2001년 서울어린이대공원이 운영난을 겪던 돝섬해상유원지의 동물들을 인수하면서, 둘은 서울로 올라왔다. 나는 서울어린이대공원에 갈 때마다 썰매와 얼음이를 꼭 사진에 담았다. 그들은 바다동물관의 정중앙에 있는 북극곰

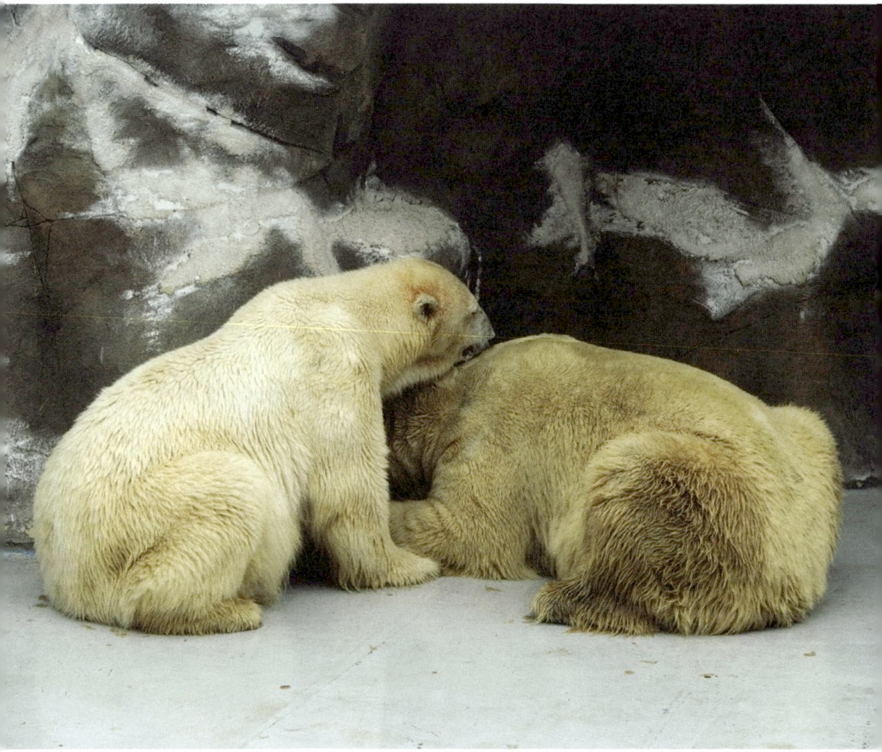

얼음이와 썰매는 나에게 눈물 같은 기억으로 남아 있다.

북극곰 '얼음이'와 '썰매', 서울어린이대공원 동물원, 2011

사에서 마치 서울어린이대공원의 주인공처럼 사람들의 시선을 사로잡았다. 큰 덩치로 물에 텀벙 뛰어들어서 유유히 헤엄치는 모습을 보며 관람객들의 감탄사가 끊이지 않았다. 나도 그 모습을 보면서 연신 셔터를 눌러댔다.

그러나 어느 순간부터 북극곰사에는 한 마리만 보였고, 나중에는 그마저 자취를 감추었다. 그리하여 그들의 안부가 내내 궁금했다. 나는 그저 다른 동물원으로 옮겨졌을 것이라고 순진하게 믿었을 뿐, 알아보지는 않았다. 남극이의 죽음으로 통키가 국내 유일한 북극곰이라는 기사를 접한 뒤에야 비로소 썰매와 얼음이의 소식을 찾아보게 되었다. 그리고 진실과 마주했다. 썰매는 2012년 7월 2일, 얼음이는 2014년 10월에 세상을 떠났다. 그 소식을 접한 순간, 한동안 숨을 쉴 수 없었다. 사진 속에서 해맑게 나를 바라보던 그들의 모습이 떠올라 말을 잇지 못했다.

북극곰의 평균 수명은 야생에서 15~20년, 사육 시 20~25년으로 알려져 있다. 백과사전에는 25~30년으로 나오기도 한다. 썰매는 평균 수명을 넘긴 29살로 생을 마감했지만, 얼음이는 썰매가 죽은 지 불과 2년 뒤에 20살의 나이에 홀로 외로워하다가 하늘로 떠났다. 마치 함께 살던 부부가 한쪽을 잃고 난 뒤 극심한 외로움으로 삶을 이어가기 힘들어하는 모습과 같았다.

'아, 그래서 얼음이가 힘들어했구나.'

나는 그저 한국에서 태어났지만, 본래 북극이 고향이라서 얼음이가 한국의 더운 여름을 견디느라 힘들어한다고만 생각했다. 어수룩한 생각이었다. 그래서 서울어린이대공원에 갈 때마다 북극곰들의 부재에 마음이 아려왔다.

서울대공원의 마지막 북극곰, '삼손'

다른 북극곰들의 근황도 찾아보았다. 서울대공원의 대표적인 북극곰은 수컷 '대한'과 암컷 '민국'이다. 대한이는 노령으로 2007년에 생을 마감했다. 민국이도 추정 나이 30살로 2008년에 세상을 떠났다. 모두 내가 동물원 작업을 시작하기 전의 일이다. 서울대공원 100주년을 빛낸 동물에 대한과 민국이 있어서 그들의 존재는 알고 있었다.

그 후 서울동물원에는 2010년 10월 29일 러시아 레닌그라드 동물원에서 이사온 수컷 '삼손(2009년생)'이 있었다. 삼손은 당시 약 11개월 된 북극곰으로 한국에 왔다. 한 살도 안 된 아기 북극곰이었다.

나는 해양관에서 헤엄치던 삼손을 기억한다. 그는 파란 방사장에서 흰털의 몸으로 존재감을 발산했다. 그렇지만 자신의 운명을 알고 있는 듯 표정이 어두웠던 삼손과의

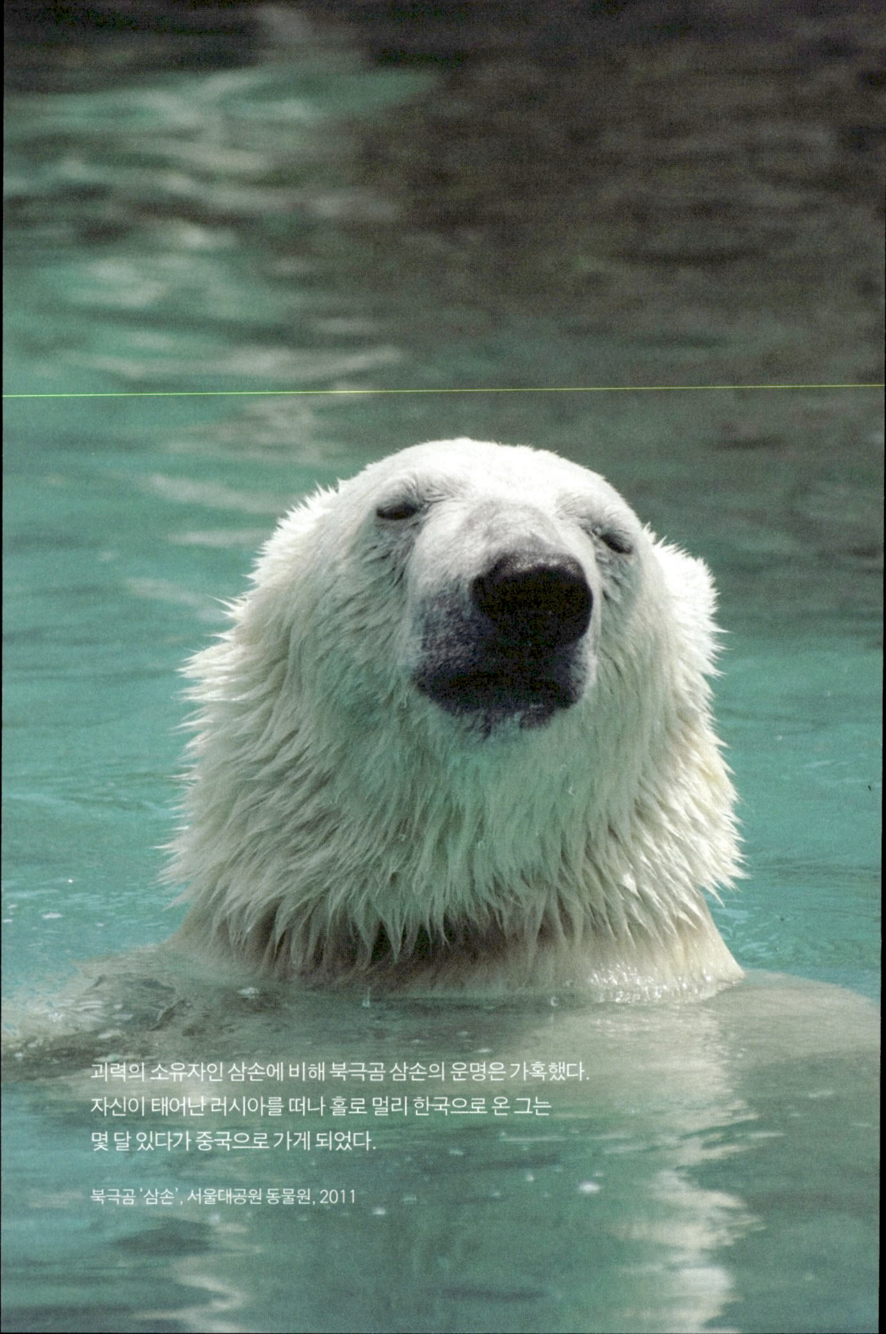

괴력의 소유자인 삼손에 비해 북극곰 삼손의 운명은 가혹했다.
자신이 태어난 러시아를 떠나 홀로 멀리 한국으로 온 그는
몇 달 있다가 중국으로 가게 되었다.

북극곰 '삼손', 서울대공원 동물원, 2011

만남은 길지 않았다. 그는 서울대공원에 잠시 맡겨진 북극곰이었기에 2011년 2월 중국의 어느 동물원으로 돌아가야 했다. 애초 서울대공원은 암수 북극곰 한 쌍을 들여올 계획이었지만, 러시아 레닌그라드 동물원에서 수컷인 삼손만 보낼 수 있다고 통보하면서 계약은 취소되었다.

하지만 그사이 삼손은 이미 한국행 비행기에 올랐다. 그래서 서울대공원은 다음 목적지가 결정될 때까지 임시로 삼손을 위탁 돌봄하기로 했다. 이후 다자 간 계약에 따라 삼손의 거처는 한국을 중간 경유지로 하고, 중국이 최종 목적지가 되었다.

삼손은 서울대공원의 마지막 북극곰이다. 그 후 서울대공원은 북극곰의 거주 환경을 마련하지 않는다. 한때 인터넷을 통해 간간이 삼손의 소식을 전해 들었지만, 이제는 알 수가 없다.

에버랜드 주토피아 동물원의 마지막 북극곰, '통키'

통키는 에버랜드 주토피아 동물원에서 살았던 한국의 마지막 북극곰이다. 통키는 1995년 11월 19일 돌섬해상유원지에서 태어난다. 그의 이름은 1990년대 유행한 만화 「피구왕 통키」에서 따왔다. IMF 때 돌섬해상유원지가 운영에 어려움을 겪으며, 통키는 1997년 동갑내기 암컷 북극곰 '밍키'와 함께 에버랜드로 이사 왔다. 썰매와 얼음이보다 먼저 상경한 것이다. 북극곰은 보통 한 번에 한두 마리의 새끼를 낳기에, 같은 해에 태어난 통키와 밍키, 얼음이는 남매나 자매였을 가능성도 있다. 암컷 북극곰 '설희(1978년생)'는 서울어린이대공원에서 살다가 1998년 에버랜드로 왔다.

통키는 설희, 밍키와 함께 에버랜드에서 지냈다. 그러나 밍키가 19살의 나이로 2013년에 먼저 세상을 떠났다. 이듬해인 2014년에는 설희마저 37살의 나이에 하늘로 갔다. 밍키에 관한 내 기억은 희미하다. 밍키를 보았는지 안 보았는지 가물가물하다. 다만 설희에 관한 기억은 간직하고 있다. 설희가 통키와 함께 있던 모습이 사진으로 고스란히 남아 있어서다. 통키에 비해 유독 몸이 작았던 설희. 아직 덜 자란 곰으로 보일 만큼 체구가 작아 나이 많은 할머니 북극곰이라는 사실을 짐작하기에 어려웠다. 가녀린 몸을 가누는 것조차 힘겨웠겠구나. 설희에 대한 나의 회상이다.

통키는 설희마저 떠나보내고 에버랜드에 홀로 남겨졌다. 그 외로움은 견디기 어려웠을 것이다. 그래도 통키는 꿋꿋이 살았다. 2017년에 남극이마저 세상을 떠나면서 통키는 한국에서 유일한 북극곰이 되었다. 그해 7월, 동물권 단체 케어가 통키가 지내온 열악한 환경을 공개하면서 논란이 크게 일었다. 이후 통키가 사는 공간의 생활 환경 개

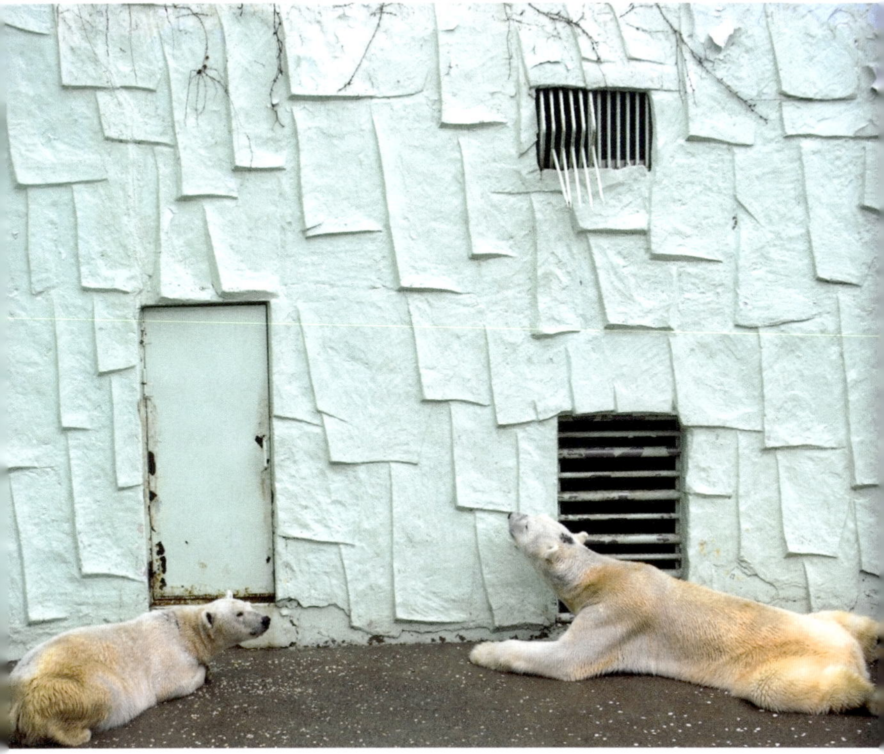

통키는 함께 지냈던 밍키와 설희를
먼저 하늘로 보낸 후, 혼자가 되었다.

북극곰 '설희'와 '통키', 에버랜드 주토피아 동물원, 2013

선과 보호 시설 보강, 수의사 정기 점검 등 구체적 후속 조치 방안이 본격 논의되었다.

2018년이 되자 에버랜드에서 22년의 세월을 보낸 통키는 24살이 되었다. 이는 북극곰 평균 수명에 다다른 나이다. 사람으로 치면 80대가 넘는 고령이다. 통키는 할아버지 북극곰이 된 것이다.

에버랜드는 새로운 친구를 맺어주고 안락한 노후를 지원하기 위해 통키를 2018년 11월 영국 요크셔 야생 동물원으로 보내기로 계획했다. 2009년 4월 문을 연 이 야생 동물원은 4만 제곱미터(약 1만 2,100평)의 북극곰 전용 공간을 보유한 세계적 수준의 생태형 동물원이다. 이곳은 영국 유일의 북극곰 서식지다. 기후 변화 교육과 보전 활동을 통해 대중의 관심과 행동을 촉구한다.

당시 그곳에는 '빅터', '픽셀', '니산', '노비' 등 4마리의 북극곰이 살고 있었다. 통키는 이들과의 만남을 앞두고 있었다. 나는 『동물원』 연작을 하면서 에버랜드 동물원을 2~3년마다 한 번씩 찾았다. 2018년 4월 7일에 198번째 동물원 작업으로 에버랜드에 다녀가 통키를 한 차례 만난 적이 있다. 갑작스러운 꽃샘추위로 정말 추웠던 날이다. 에버랜드는 통키를 배려하여 북극곰사에 가림막을 설치하고 관람을 제한했다. 그곳에서 통키가 건강하길 안부를 빌었다.

2018년 10월 17일, 통키와의 마지막 만남

2018년 11월 영국으로 떠날 통키를 마지막으로 보기 위해 그해 10월 17일 에버랜드 동물원을 다시 찾았다. 267번째 동물원 작업이었다. 『동물원』 연작을 해오면서 결코 잊을 수 없는 썰매와 얼음이 덕분에 통키가 한국을 떠나기 전에는 꼭 봐야만 했다. 10월의 어느 수요일, 주말도 아닌 평일인데 에버랜드에는 사람들이 가득했다. 그야말로 발 디딜 틈도 없을 정도였다. 모두 통키를 보러 온 것일까.

이날 여러 번 북극곰사를 찾아가 통키를 지켜봤다. 통키는 엎드려 있기도 하고, 수영하는 등 평범한 일상을 보냈다. 통키의 모습은 썰매가 떠나고 홀로 남아 서울어린이대공원을 지켰던 얼음이와 어딘가 닮아 보였다.

북극곰사에 있던 사육사에게 통키에 관한 안부를 물어보니 이틀 전에 「TV 동물농장」에서 다녀갔다고 말했다. 나 역시 늦지 않게 통키에 관한 글과 영상으로 그를 소개하려고 계획했다.

에버랜드 동물원이 문을 닫는 오후 6시를 한 시간 앞두고, 나는 북극곰사 앞을 지켰다. 통키가 바다 건너 멀리 영국으로 가기 전에 배웅하기 위해서였다. 내실로 들어가는 문이 열렸는데 그는 들어갈지 말지 망설이는 것처럼 보였다. 그리고 자꾸만 관람객들이 있는 곳을 돌아다봤다. 통키가 할 말이 있는 걸까?

통키는 오후 5시 30분, 내실로 들어갔다. 보통 오후 6시까지 방사장에 있는데 이날은 수영장 물청소를 위해 평소보다 30분 일찍 들어간 것이다.

동물원이 문 닫기 전까지 남은 시간 동안 그곳을 둘러봤다. 북극곰사를 마지막으로 보고 난 후에야 에버랜드를 떠났다. 피로가 몰려왔다. 그렇지만 집으로 가는 버스 안에서도 그대로 쉴 수 없었다. 이날 있었던 일들을 『동물원』 작업 노트로 작성했다. 바로 네이버 블로그에 올렸다. 부제는 '통키와의 마지막 만남'이다. 한국을 떠나기 전, 통키와 마지막으로 만난 날의 의미를 담고 있다.

에버랜드에 다녀온 후 오후 8시가 넘어서 늦은 저녁을 챙겨 먹었다. 사진을 옮기고, 카메라 배터리를 충전하는 등의 정리 작업에만 시간을 다 보냈다. 이날 촬영한 사진과 영상을 정리할 틈도 없었다. 늦은 밤이 되어 잠들었다.

다음날에도 내 발걸음은 동물원으로 이어졌다. 오전에 268번째 동물원 작업으로 서울대공원에 갔다. 그곳을 걸으며 내내 통키를 생각했다. 통키에 관한 글의 초안을 썼는데 이를 어떻게 마감할지 그리고 영상 작업은 어떻게 할지 등으로 말이다. 전날의 피로로 인해 퇴근을 좀 일찍 했다. 촬영을 마치고 집으로 돌아오는 지하철 안에서 『동물

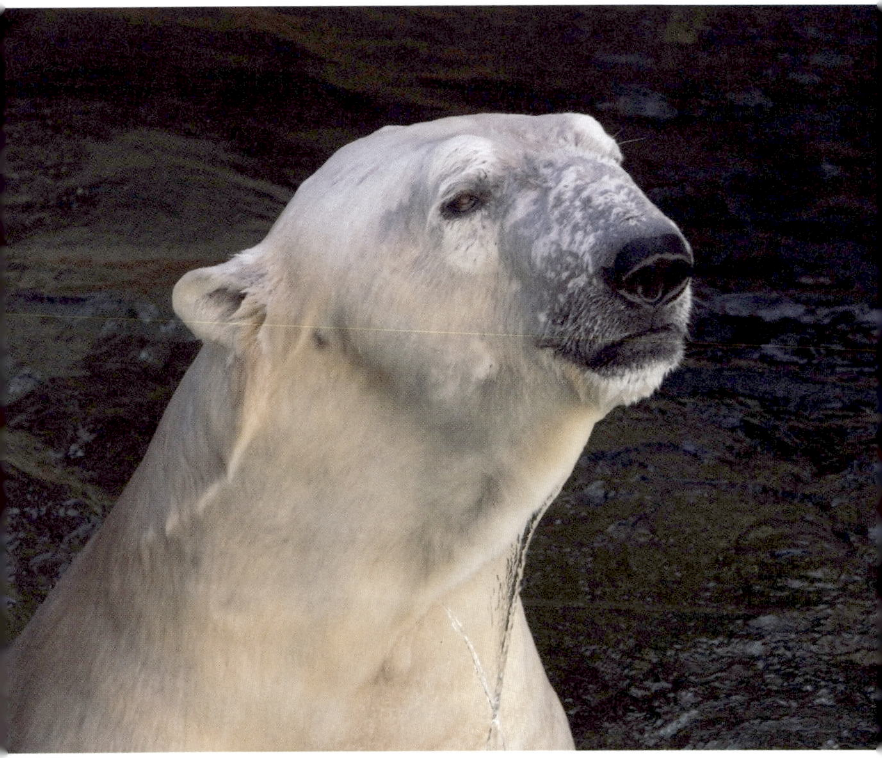

2018년 10월 17일, 내가 통키와 만난 마지막 날의 사진이다.
통키는 이날 무슨 생각을 하고 있었을까.

북극곰 '통키', 에버랜드 주토피아 동물원, 2018

원』 작업 노트를 쓰고 있었다. 후배에게 카카오톡 메시지가 왔다. 쓰던 글을 멈추었다. 오랜만의 연락이다. 무슨 내용일까. 메시지를 확인했다.

그것은 오후 2시 넘어 올라온 통키의 부고 기사였다. 갑작스러운 소식에 당황했다. 작업 노트를 이어 쓸 수가 없었다. 무덤덤하게 집으로 돌아왔다. 집에서 늦은 점심을 챙겨 먹었다. 못다 쓴 작업 노트를 마저 썼다. 그리고 전날 다녀온 에버랜드에서의 사진을 천천히 살펴봤다.

10년간의 동물원 사진 작업 그리고

나는 2018년 7월부터 카카오 브런치에 '나는 동물원 사진가이다'라는 제목의 매거진을 연재했다. 2009년부터 2018년까지 10년을 맞이한 『동물원』 연작의 사진과 글을 한데 모으는 작업이다. 사진 이야기만 하면 너무 심심할 거 같아서 '사연 있는 동물원의 동물들(이하 사동동)'이라는 소소한 기획을 마련했다. 이름을 알고 있는 동물들의 사연을 『동물원』 연작과 같이 소개하는 게 주요 목적이다.

그리고 에버랜드에 가기 전날에는 사동동 20화로 아기 코끼리 '코리'를 소개했다. 사동동 21화로 일찌감치 통키를 소개하려는 계획을 정했다. 그렇기에 에버랜드에 다녀온 것이기도 하다. 공교롭게도 내 『동물원』 연작의 12.5

시리즈는 북극곰을 주제로 한 작업이다. 때마침 이를 소개하는 글을 카카오 브런치에도 올렸다. 다음날 공개될 사동동 21화 통키를 미리 소개하는 듯한 기분이 들어 혼자서 내심 신기해했다.

이런 상황에서 접한 통키의 부고 소식에 나는 말문이 막혔다. 통키는 오후 6시경에 세상을 떠났다고 한다. 그 시각, 나는 북극곰사 인근 의자에 앉아 촬영 장비를 정리하고 있었다.

'통키야, 잘 있어. 영국으로 잘 가렴.'

같은 인사말을 마음속으로 건네고 있었다. 바로 그때, 통키는 마지막 숨을 내쉬며 세상과 이별하고 있었다.

통키의 생애 마지막 날을 힘들게 했던 관람객 중의 한 사람일지도 모른다는 생각에 괜스레 미안한 마음이 들었다. 나는 늘 동물원에서는 조용히 사진을 찍곤 한다. '나이가 많았던 통키에게는 그것마저도 힘들었겠구나'라는 생각이 들었다. 연약한 몸이 버티기에는 너무나 가혹한 시간이었을 것이다.

나는 그날 통키에 관한 글을 담담히 적어 내려갔다. 다음날 사동동 21화로 「북극곰 '통키'를 아셨나요?」라는 제목의 글을 카카오 브런치에 올렸다. 유튜브에도 통키의 영상을 게재했다. 누군가와 한 약속은 아니었지만, 통키를 잊지 말자는 뜻이자 그를 함께 추모하자는 마음에서다.

한국의 마지막 북극곰, 통키. 너는 이곳에서의 삶이 행복했을까? 마지막 가는 길은 평안했을까? 나는 통키가 설희, 밍키와 다시 만나 평안한 길 위에 있기를 빌었다.

부재의 그림자, 공존의 사유

> "사육장은 바닥과 벽이 모두 시멘트로
> 돼 있어 21년간 흙 한 번 밟아보지 못한 채
> 전시 동물의 삶을 살아왔다."
>
> <마산 출생 북극곰 '통키' 영국 간다>,
> 경남도민일보, 박종완 기자, 2018.09.28

이 기사는 사실이다. 통키는 한국에서 태어나 단 한 번도 흙을 밟아보지 못한 채 시멘트 바닥 위에서 생을 마감했다. 그의 죽음은 나에게 더 이상 사진 너머의 진실을 외면해서는 안 된다는 준엄한 경고와 같았다.

통키의 죽음은 한국 동물원만의 문제를 넘어 전 세계적으로 동물을 전시하는 행위 자체에 관해 고찰하게 한다. 특히 기후와 환경이 다른 동물을 관리하는 것에 관한 국제적 규범과 이웃 나라의 사례를 살펴보는 것은 우리가 나아갈 길을 가늠하는 데 필수다.

북극곰은 본래 극지에서 살아야 할 야생동물이다. 북극곰은 현재 국제적으로 CITES(Convention on International Trade in Endangered Species of Wild Fauna and Flora, 사이테스 협약) 부속서 II(2등급)에 등재되어 있어 상업적 거래가 엄격히 제한되며, 인간 중심의 전시나 장거리 이동 역시 규제되고 있다.

그러나 이웃 나라인 중국과 일본은 여전히 북극곰을 사육하고 있다.

> "하얼빈 폴라랜드 테마파크의 일부인 '폴라 베어 호텔'은 모든 21개 객실에서 24시간 북극곰을 관찰할 수 있다고 홍보하며 금요일에 문을 열었다. 중국 관영 매체의 사진과 영상에는 인공 얼음과 작은 물웅덩이가 있는 실내 사육장에서 2마리의 북극곰을 바라보는 사람들이 담겼다."
>
> <중국 북극곰 호텔, 예약 만실…비판도>, 로이터, 앤드류 갤브레이스(Andrew Galbraith) 기자, 2021.03.13

중국은 광활한 대륙 곳곳에서 하얼빈 폴라랜드 테마

파크 등 여러 대형 동물원과 북극 테마 수족관이 운영되고 있다. 여기서는 북극곰이 우리 안에 갇혀 사육당하고 있다. 특히 하얼빈 폴라 베어 호텔은 모든 객실에서 24시간 북극곰을 관찰할 수 있도록 설계되었다. 이곳은 개장 직후 인공 얼음과 작은 물웅덩이 등 협소하고 옹색한 실내 사육 환경을 두고 외신과 동물권 단체들의 강한 비판을 받았다. 이후에도 일부 동물 보전·동물 복지 단체들은 이 시설의 사육 여건을 문제로 지적해 왔다.

반면, 일본은 과거 여러 동물원에서 북극곰을 사육해 왔으나 최근 동물 복지 기준 향상 및 노령으로 인한 사망으로 개체 수가 줄어들었다. 현재는 홋카이도 아사히야마 동물원, 요코하마 핫케이지마 시 파라다이스, 히가시야마 동식물원, 오비히로 동물원 등 일부 시설에서 생태 기반의 전시를 중심으로 북극곰을 기르고 있다. 특히 아사히야마 동물원은 1997년 '폴라 베어 아쿠아틱 파크(Polar Bear Aquatic Park)'를 도입한 이후 생태적 사육 환경을 강화하며 자자(JAZA, Japan Association of Zoos and Aquariums, 일본동물원수족관협회) 인증을 받은 대표적인 사례다.

중국이나 일본과는 다르게 한국의 동물원에서는 더 이상 북극곰을 볼 수 없게 되었다. 북극의 생태와는 너무 다른 기후, 좁은 사육 환경 그리고 높아진 윤리 기준이 마침내 그들의 부재를 결정했다. 우리는 썰매와 얼음이, 남극이 그리고 통키의 고통을 대가로 이 당연한 사실을 너무 늦게 깨달았다.

아직도 여전히 북극곰을 전시하는 일본과 중국의 동물원을 바라보며 중요한 생각에 닿게 된다. 한국에 살던 북극곰들이 남긴 빈자리는 단순한 사라짐이 아니다. 그 부재는 우리에게 묻고 있다. 그들을 어떻게 기억할 것인지, 그리고 앞으로 동물들을 어떤 시선으로 바라볼 것인지를.

단지 동물원 안의 풍경을 넘어 생명에 관한 우리의 태도와 시선을 돌아보아야 할 때가 아닐까. 지금 머릿속에 떠오르는 생각의 파편들은 더 나은 관계를 향해 나아가는 첫 걸음일지 모른다.

어디선가 더 넓은 얼음 위를 자유롭게 걷고 있을 썰매와 얼음이와 남극이 그리고 통키. 그 이름들을 조용히 마음속에서 불러보며, 늦은 깨달음 앞에 잠시 멈추어 선다.

비두리TV : 〈북극곰 '통키'의 마지막 하루 Part 1〉, 2018.10.17, 유튜브

9

동물 유튜브 채널 운영으로 배운 것

『동물원』 연작 10년 차이던 2018년, 전국에 유튜브 붐이 일었다. 너도나도 영상에 뛰어들던 그 시절, 매일 동물원으로 출근하며 때마침 고화질 영상 촬영이 가능한 카메라를 장만한 참이었다. 나도 자연스레 유튜브에 동물들의 모습을 기록하기 시작했다. 이전에는 오직 사진만을 위해 셔터를 눌러왔던 내가 영상의 세계에 뛰어들어 대중과 직접 소통하며 얻은 '현실적 깨달음'과 '생각의 전환점'에 관해 말해보려 한다. 나의 사유가 머리로만 존재하는 것이 아니라 어떻게 실제 경험과 부딪히고 단단해졌는지를 드러내기 위함이다.

초보 영상 촬영의 좌충우돌 그리고 깨달음

사진 촬영을 위한 삼각대는 이미 가지고 있었다. 여기에다 다리가 1개인 모노포드도 생겼다. 영상 촬영을 위해 큰돈 들이지 않고, 우선 기존 장비로 시작했다. 모노포드는 바닥에 고정이 되지 않아 손으로 붙잡고 있어야 했다. 그것을 동물사 울타리 옆에 지지하듯 고정하려 했지만, 제대로 자리 잡히지 않아 카메라가 쓰러지는 일도 있었다. 아이고! 탄식이 절로 터져 나왔다.

사실 영상 촬영을 만만하게 생각했다. '손으로 그냥 카메라를 들고 찍으면 되는 것 아닌가?' 하고 말이다. 하지만 처음부터 쉬운 일은 없다. 영상 촬영은 사진과는 완전히 다른 세계였다. 동물들이 바로 우리 앞에 근접해 있을 때는 소형 카메라를 손으로 들고 찍는 '손각대' 촬영이 얼마든지 가능했다. 하지만 멀리 있는 동물들을 2킬로그램에 달하는 망원렌즈로 담으니 영상은 심하게 흔들렸다. 손각대는 무리라는 것을 깨달았다. 결국 안정적인 촬영을 위해서는 삼각대가 필수가 되었다. 기본 카메라 2대에 삼각대까지 챙겼다. 나중에는 바닥에 고정할 수 있는 모노포드까지 사서 삼각대와 모노포드를 함께 들고 다니기도 했다. 장비는 점점 늘어났다. 영상 촬영 시에는 안정적이지만, 동물원을 걸어 이동할 때면 그 무게는 고역이 따로 없었다. 그러자 동물원을 오가는 발걸음도 점점 무거워졌다.

하지만 그 무게만큼 값진 변화가 찾아왔다. 안정적인 장비는 단순히 좋은 영상을 만드는 도구를 넘어 대상을 더 깊이 관찰하고 인내하는 시간을 가능하게 했다. 이는 사진 작업에서 놓쳤던 '기다림'의 미학을 영상 작업을 통해 다시 한번 깨닫게 했다.

영상 촬영으로 달라진 시선 : 존재를 마주하다

사진 찍을 때의 나는 '결정적 순간'을 포착하기 위해 늘 긴장된 상태였다. 동물들이 잠잘 때만 빼고는 '대기모드' 상태로 다음 찰나를 학수고대했다. 한 동물 우리 앞에 5~10분 남짓 머물며 극적인 장면을 기다리다 자리를 옮기는 것이 내 방식이었다. 그러나 영상은 달랐다. 최소 20분, 길게는 1시간까지 한 장소에 머물며 촬영했다. 그러면서 다른 카메라로는 사진 촬영을 위한 셔터를 눌렀다.

하나의 대상을 하염없이 들여다보는 시간. 그 시간 속에서 나는 비로소 동물을 생명 대 생명으로 마주하게 되었다. 찰나의 피사체로만 있던 동물들이 지루해하고, 하품하고, 꾸벅꾸벅 조는 평온한 일상을 보내는 '존재'로 다가왔다. 이렇듯 영상 촬영은 동물을 소재로 삼는 것을 넘어 인간과 같은 생명체로 사유하게 만드는 첫걸음이 되었다.

댓글 창의 스승들 : 집단지성이 열어준 세계

동물원에 다녀온 뒤, 촬영한 영상은 틈틈이 편집하여 유튜브 채널에 올렸다. 초기 채널명은 '동물원 티브이(ZOO TV)'였지만, 나중에는 내 필명을 앞세운 '비두리TV'로 변경했다.

유튜브 채널을 운영하며 얻은 또 하나의 선물은 바로 '구독자'라는 이름의 스승들이다. 나는 코끼리 '희망이', 하마 '옥자'처럼 이름이 알려진 동물들의 영상을 꾸준히 올렸다. 그러자 특정 동물을 사랑하는 애호가들이 채널로 모여들기 시작했다. 그들은 미처 알지 못했던 동물들의 소식과 이야기를 전해주는 정보원이자, 안내자였다. 인터넷 검색이나 심지어 동물원에서도 볼 수 없는 정보들이 그들에게서 쏟아졌다. 물론 네이버 블로그에 『동물원』 작업 노트를 올릴 때마다 댓글로도 정보가 달리긴 했지만, 그보다 고급 정보가 더 많았다고 할까.

최고 인기 동물인 호랑이가 대표적인 예다. 이전까지 나에게 모든 호랑이는 그저 같은 호랑이일 뿐이었다. 하지만 구독자들은 댓글을 통해 호랑이마다 얼굴 생김새, 줄무늬, 체격이 모두 다르다는 사실을 알려주었다. 나는 그들의 조언을 바탕으로 각 호랑이의 특징이 있는 화면을 저장하여 이름별로 폴더를 만들고, 이름을 기억했다. 그리하여 비로소 각각의 호랑이들을 구분하게 되었다. 개별 호랑이의 이름을 붙여 영상을 올리자 구독자들의 반응은 이전보다 훨씬 더 다채로워졌다.

나아가 동물들의 소통 방식에 관해서도 댓글을 통해 배우게 되었다. 예를 들어 호랑이가 입을 다문 채 코로 공기를 빠르게 내뿜으며 '푸르르' 하는 소리를 내는 영상을 올렸다. 그러자 구독자들이 '프루스텐(Prusten)'이라고 알려주었다. 이 소리는 영어권에선 '처핑(Chuffing)'이라고 부른다. 짧고 낮은 음역의 부드러운 비위협적 호흡음이다. 때로는 머리를 살짝 까닥거리거나 주둥이 주변이 미세하게 떨리는 것처럼 보이기도 한다. 호랑이뿐 아니라 재규어, 표범도 사용하는 이 인사법은 흔히 동료와 사육사에게 인사하거나 새끼를 달랠 때 들을 수 있다.

댓글을 통해 비로소 알게 된 이 사실은 내가 목격한 소리가 단순한 소리가 아닌 친근한 인사였음을 깨닫게 해주었다. 이로써 동물의 복합적인 의사소통 방식을 좀 더 깊이 이해할 수 있었다.

사람은 말을 통해 소통한다. 동물들 역시 몸짓과 소리로 복잡한 의사를 표현한다. 머리로는 알고 있었으나 현장에서는 놓쳤던 교감의 순간들이, 구독자라는 집단지성의 도움으로 의미를 찾게 된 것이다. 이를 통해 인간 중심적 사고에서 벗어나 비인간 존재의 세계를 이해하려는 노력이 얼마나 중요한지 깨달았다. 이는 단순한 관찰을 넘어 생명체 간의 상호 관계로 나아가는 배움의 과정이었다.

나는 유튜브 채널 운영에 무언가 재미를 느껴 사진보다 오히려 영상 촬영을 위해 동물원을 찾기도 했다. 댓글 읽는 맛이 있었다. 사실 그동안 네이버 블로그를 10년 넘게 운영해 왔지만, 이렇다 할 만 댓글은 거의 달리지 않았다. 그래서 유튜브를 운영하면서 생겨난 반응들에 소소한 재미를 넘어서는 일종의 사명감이 생겨난 것이다.

'좋아요'의 두 얼굴

채널이 성장하며 구독자가 500명을 넘어서자, 나는 미디어의 영향력과 책임이라는 무거운 질문과 마주하게 되었다. 가장 큰 딜레마는 '조회수'였다. 호랑이 영상은 기본 조회수가 세 자릿수를 넘고 댓글도 최소 서너 개는 달리지만, 다른 동물 영상은 조회수가 두 자릿수에 머물고 무플인 경우가 허다했다.

이런 현상은 우리 사회도 마찬가지다. 모든 책이나 영화를 누구나 다 똑같이 선호할 수는 없다. 이는 동물에도 적용된다. 대중은 특히 동물원의 동물 중에서 크고, 강하고, 아름다운 특정 동물에게 열광한다. 하지만 그 외의 수

많은 생명에는 관심이 높지 않다.

채널의 성장을 위해서는 인기 있는 호랑이 영상에 집중하는 것이 유리한 전략이다. 실제로 나 또한 한동안 다른 동물들의 영상을 올렸으나 미미한 반응에 지쳐 업로드 빈도를 줄였다. 대신에 호랑이 위주로 영상을 올렸다. 내 채널에 호랑이 영상이 다소 많은 까닭이다.

다만 나는 예능적 재미를 위해 동물을 희화화하거나 자극적으로 소비하고 싶지 않았다. 다큐멘터리적인 시선으로 사진을 찍어 왔던 터라 영상을 통해 추구하고자 했던 것도 동물 그대로의 모습이었다. 결국 조회수라는 달콤한 유혹과 창작자로서의 소명 사이에서 끊임없이 갈등해야 했다. 이 경험을 통해 미디어가 동물을 다루는 방식이 그들의 존재 가치를 어떻게 왜곡하거나 강화할 수 있는지 그 관계의 무게를 생생하게 배울 수 있었다.

유튜브 수익이 알려준 진짜 가치

2018년부터 2022년까지 꾸준히 채널을 운영해 왔다. 2023년에는 몇몇 영상을 올리다 2024년부터는 개인적으로 크고 작은 일들이 생기면서 채널 운영을 잠시 멈추었다. 하지만 기존 영상들은 그대로 두고 있다. 사진 작업과는 또 다른 차원의 배움이 그 안에 담겨 있기 때문이다.

일부 독자들은 궁금해할 것 같다. 그래서 유튜브로 돈은 얼마나 벌었는지 말이다. 그렇다면 말해주겠다. 나의 총 수익은 정확히 '0원'이다. 눈이 휘둥그레졌을 독자들도 있을 것 같다. 구독자 1,000명, 연간 시청 시간 4,000시간이라는 수익화 조건을 단 하나도 만족시키지 못했기 때문이다. 혹시나 내 유튜브 채널의 광고를 모두 시청하거나 클릭했던 구독자가 있다면 구글을 위해 좋은 일 해준 것으로 생각해주길 바란다.

물론 처음에는 '가계에 보탬이 될까?' 하는 소박한 기대로 유튜브를 시작했던 것도 사실이다. 하지만 어느 순간부터 그 목표는 희미해졌다. 대신 그 자리에는 돈으로 환산할 수 없는 훨씬 큰 가치들이 채워졌다. 10년 넘게 반복된 작업에서 오는 무기력을 씻어내고, 새로운 활력을 불어넣는 계기가 되었다. 또한, 사진만으로는 결코 알 수 없는 동물들의 생생한 삶의 결을 느끼게 해준 통로였다.

그래서 나는 유튜브 채널 운영을 통해 금전적 이득은 전혀 없지만, 그보다 훨씬 더 값진 것를 배울 수 있었다고 공언한다. 단순히 동물들을 '있는 그대로 보는 것'을 넘어 동물들이 '생명이 있는 존재'라는 것을 깊이 사유하게 된 것이다.

만약 내가 유튜브에 뛰어들지 않았다면 어땠을까? 여

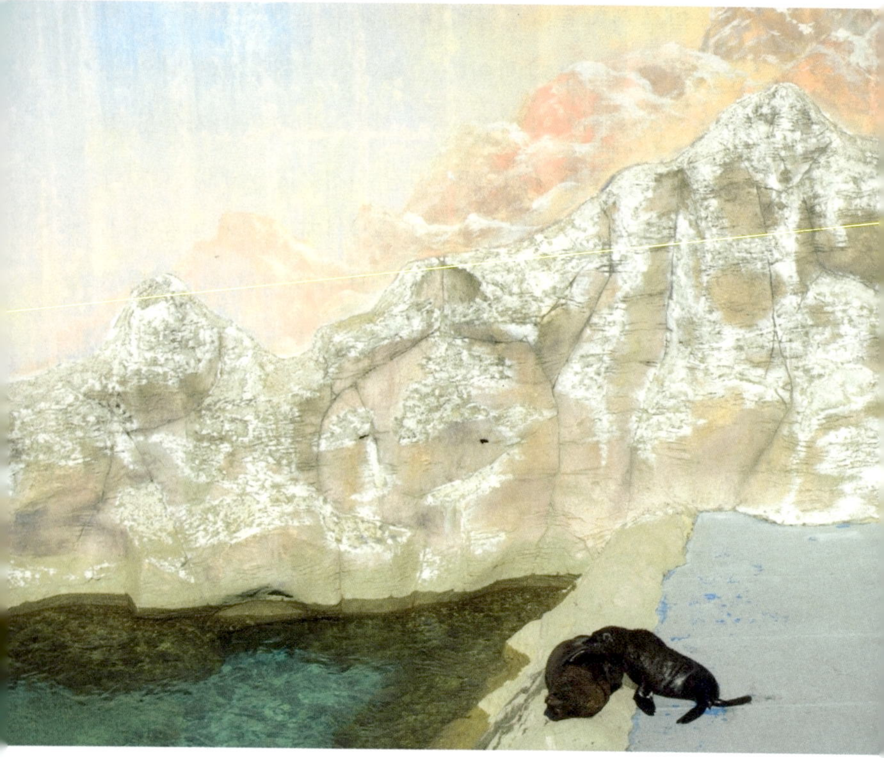

유튜브 운영을 하기 위한 영상 촬영은 결과적으로,
나에게 더 깊이 있는 시선을 만들어 준 계기가 되었다.

남아메리카 물개, 서울어린이대공원 동물원, 2019

전히 사진을 찍고 있겠지만, 지금처럼 동물과 세상을 깊이 이해하지는 못했을 것이다. 구독자들이 늘고 채널 조회수가 늘수록 느껴지는 '성장의 묘미'도 빼놓을 수 없다.

비두리TV : 〈시베리아 호랑이 '도', '미호'(암컷)의 식사 시간〉, 2018. 10. 11, 유튜브

10

장노출 : 흐려진 풍경 속 더 선명해지는 존재

나는 오랫동안 다큐멘터리 사진의 정직함을 믿었다. 자연스러운 모습을 담아낸 사진을 통해 관람객들이 행복으로 가득한 동물들의 '천국'과, 고통으로 얼룩진 동물들의 '지옥'을 오가며 자신만의 동물원을 떠올리도록 유도했다. 그래서 동물원 연작을 시작한 10년 동안, 보이는 그대로의 동물원을 담기 위해 다큐멘터리 기법으로 작업했다.

그러면서도 그 시기까지 동물원 속 동물들은 그저 동물 그 자체였다. 코끼리 '코리'나 하마 '여름이' 같은 이름 있는 일부를 제외하고는 그저 '피사체'였다. 피사체는 카메라에 담기기 위한 대상, 움직이지 않는 오브제, 수동적인 이미지의 대상을 의미한다. 개별적인 생명보다는 하나의 형상에 가깝다. 솔직히 고백하자면 피사체라는 단어 자체가 지닌 물리적 무게를 깊이 생각하지 못했던 시기였다.

다큐멘터리 시선에 균열이 가다

그러다 2017년에서야 알게 된 북극곰 '썰매'와 '얼음이'의 부고 소식은 내 마음에 커다란 소용돌이를 불러일으켰다. 이미 세상을 떠난 뒤 한참이 지나서야 알게 되었다는 사실 때문만은 아니었다.

'동물원의 동물들이 우리에서 보이지 않으면
다른 동물원으로 간 거구나.'

이렇게 안일하게 생각했던 과거의 나 자신 때문이었다. 동물들을 그저 사진의 대상으로만 여기며 사진을 잘 찍는 데에만 신경 썼을 뿐 동물들에 관해 자세히 알려는 노력은 하지 않았다는 자책감이 컸다.

갑자기 사라진 북극곰의 빈 우리에는 이전 주인의 흔적조차 남지 않은 채 새로 단장된 전시 공간이 되어 있었다. 큰바다사자 '코만도(1998년생)'가 그 공간을 물려받아 살았다. 아주 일부의 관객들만이 말하곤 했다.

"이곳에 북극곰들이 있었어."

북극곰의 공백을 모르는 관람객들의 시선에서 '사실'

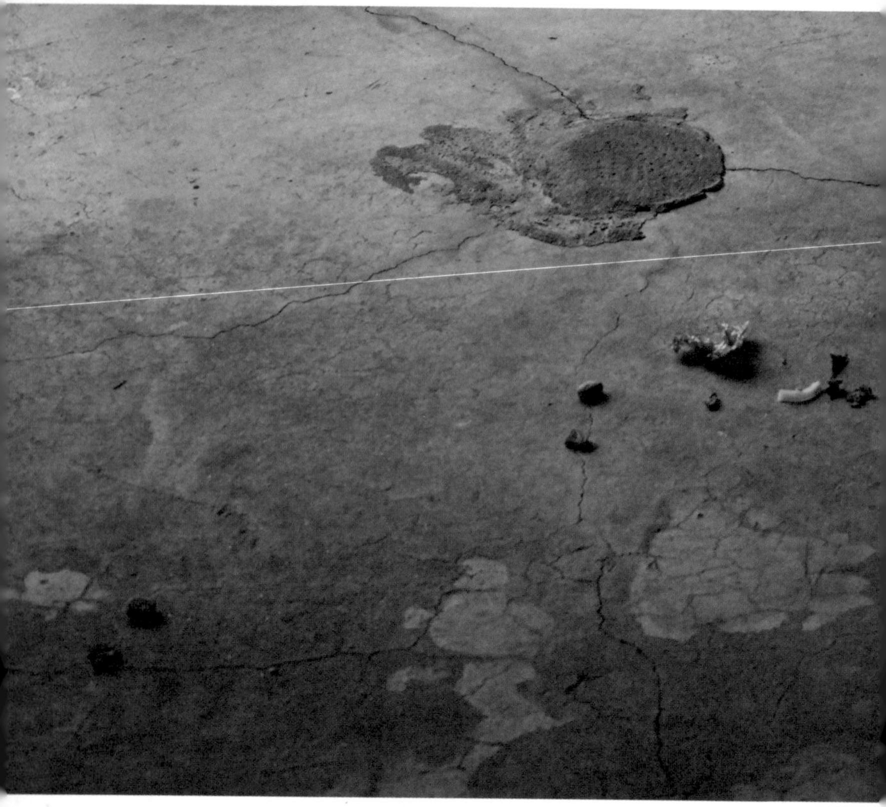

사진 가운데의 그림자가 사바나 원숭이의 잔상이다.
동물들은 죽고 나면 사라진다.
희미한 모습은 유한한 생명을 은유적으로 담고 있다.

사바나 원숭이, 서울대공원 동물원, 2022

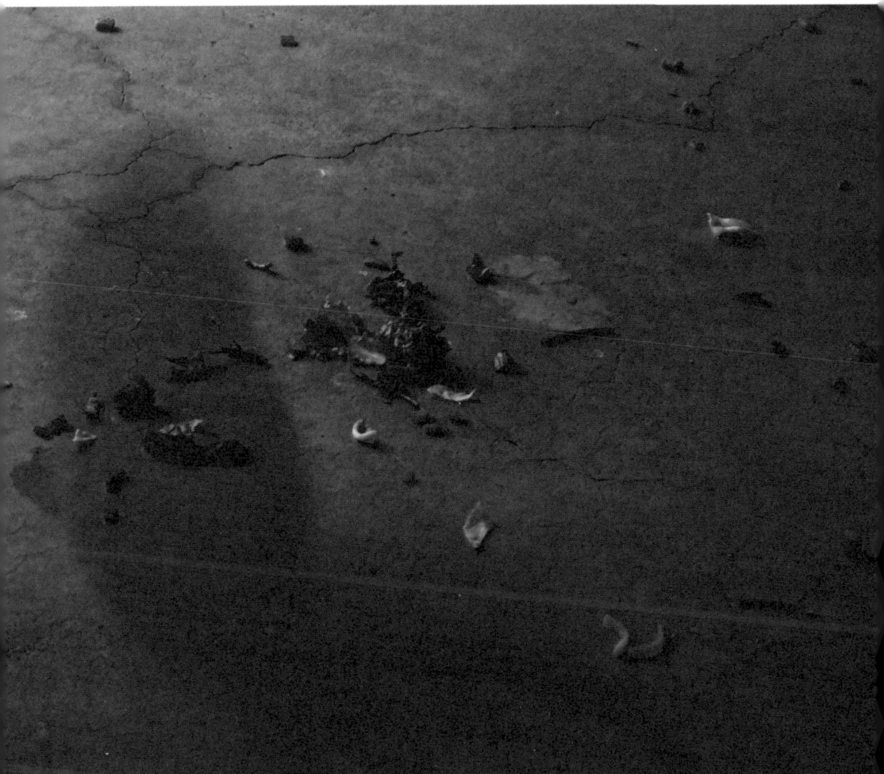

만을 포착하던 다큐멘터리 사진이 더는 말을 잇지 못하는 순간을 경험했다. 썰매와 얼음이의 죽음은 나에게 동물들의 삶에 대한 이해를 더욱 채찍질했다. 동물권에 관한 감수성이 부족했던 유년 시절이었지만, 『동물원』 작업을 지속하면서 점차 동물권에 관한 인식이 깊어진 점도 있다.

2018년에는 동물원에 더 많이 가게 되면서 하나둘씩 동물들의 이름을 머릿속에 새기게 되었다. 발걸음이 이어질수록 저마다의 사연이 있다는 것을 알게 되었다. 관찰은 관계로 이어졌고, 거리는 점차 좁혀졌다.

하지만 내 노력과는 상관없이 유한한 생명체는 생을 마감하기 마련이다. 그해 유독 이름 있는 동물들이 세상을 떠났다. 그래서인지 그들의 죽음이 더 선명하게 눈에 들어왔다. 서울대공원의 가장 큰 코끼리였던 '칸토'가 2018년 6월 2일에 세상을 떠났다. 두 달이 지난 2018년 8월 5일, 희망이의 아빠 '가자바(2004년생)'가 하늘로 갔다. 나는 가자바가 죽기 3일 전에 만났기에 갑작스러운 소식에 한동안 멍하니 있었다. 나에게는 무라카미 하루키의 소설 『노르웨이의 숲』(1989)처럼 '상실의 연속'이었다.

2018년까지 『동물원』 연작을 10년 넘게 해왔지만, 나의 존재 또한 미비하기에 그들의 죽음에 관한 기록을 내보이는 것밖에는 해줄 것이 없는 현실에 무력함을 느꼈다.

나는 동물원을 더 나은 공간으로 바꾸겠다는 야심 찬 포부로 『동물원』 연작을 진행했다. 하지만 10년을 작업하고도 정작 내가 한 것들은 아무것도 없다는 사실, 죽어가는 동물들이 계속 있음에도 아무것도 할 수 없다는 현실 때문에 마음이 더욱 무거웠다. 생을 마감한 '남극이', '통키' 같은 북극곰들은 나에게 사진으로 남아 있다. 어쩌면 내가 렌즈 안에 담아낸 이름 모를 수많은 동물도 이미 하늘나라로 갔을 것이다. 감상에 휩싸이지 않으려고 했지만, 이 생각들을 감정적으로 되뇌었다.

동물원에 수십 번을 가다 보면 자연스럽게 눈길이 가고 기억 속에 각인되는 동물들이 계속 생겨난다. 그런 동물들의 죽음을 접하게 되면 마치 지인의 죽음처럼 느껴져 눈물을 흘리곤 했다. 영원의 안식처에서 세상을 떠난 동물원의 동물들이 모두 행복하기를 빌었다.

시간이 흐르며 나는 점점 더 많은 '사라진 동물' 혹은 '사라져 가는 생명'과 마주하게 되었다. 이름이 있는 동물들의 사연을 네이버 블로그와 카카오 브런치에 연재하기 시작했다. 한 사람에게라도 그들의 이름을 전하고 싶어서였다. 그러자 시간이 지날수록 동물원은 더 이상 이미지의 수집 공간이 아니게 되었다. 그 시점부터 동물들은 피사체가 아니라 실체였고, 기록이 아니라 교감이었다.

이제껏 이어온 다큐멘터리 기법은 시간이 흐를수록 그 믿음에 깊은 균열이 생겨났다. 아무리 정직하게 카메라를 들어도, 내 눈앞에서 사라져 가는 생명의 고통, 그리고 끝내 부재하게 되는 그들의 흔적을 온전히 사진에 담아낼 수 없다는 것에 헛헛했다. '있는 그대로'를 강조하는 다큐멘터리 기법으로는 죽음과 사라짐이라는 본질적 질문에 답할 수 없었다. 그 무능감 앞에서 나는 스스로에게 되물었다. 10년간 이어왔던 다큐멘터리 기법을 내려놓는 데는 결심이 필요했기 때문이다.

장노출, 존재의 흔적을 기록하는 철학적 시도

2019년 한 해 동안 나는 깊은 숙고를 시작했다. 다큐멘터리 방식을 더는 지속할 수 없었다. 변해야 했다. 달라져야 했다. 이런 깊은 고민 끝에, 나는 사진의 언어를 바꾸기로 결심했다.

나는 이 변화를 탐구하던 중에 앞선 2017년쯤에 접하게 된 김아타 사진작가의 『온에어 프로젝트(On Air)』에 깊은 감명을 받은 적이 있는 걸 떠올렸다. 김아타의 사진 철학은 "존재하는 것은 모두 사라진다."라는 한 문장으로 요약할 수 있다. 그는 뉴욕, 파리, 베를린, 베이징 등 도심 한복판에서 대형 카메라를 한 곳에 세워두고 8시간 동안 장노출로 사진을 찍었다. 8시간은 프랑스의 사진가 조제프 니세포르 니엡스(Joseph Nicéphore Niépce, 1765~1833)가 「라 그라에서의 조망」(1826)이라는 최초의 사진을 완성하는 데 걸렸던 시간과 맞닿아 있다. 당시엔 필름 감광판의 한계로 인해 사진을 찍는 데까지 8시간이나 소요된 것이다.

김아타는 이 장노출 작업을 통해 빠르게 움직이는 것들은 빠르게 사라지고, 느리게 움직이는 것들은 희미하게 남아 존재의 의미를 되짚었다. 그의 통찰은 깊은 울림을 주었으나 당시 내 작업에는 적용할 마음이 없었다. 다른 작가의 기법이나 철학을 내 사진에 아무런 의미나 고찰 없이 그대로 적용하는 건 창조가 아닌 모방이니까.

그러다 동물들의 부재를 몸과 마음으로 직접 겪으며, 장노출은 새로운 시각언어로 나에게 필연적으로 다가왔다. 장노출은 1초 이상으로 셔터 속도를 열어놓고 사진을 찍는 방식이다. 카메라를 삼각대 위에 설치하여 멈추어 있는 사물은 선명하게 나오고, 움직이는 사물은 그 움직임이 흐릿하게 기록된다. 나는 그저 소멸하는 동물들의 이야기를 전하기 위해 가장 적합한 도구를 찾은 것이다. 이 기법은 단순한 기술적 수단을 넘어 시간을 응축하고 눈에 보이지 않는 존재의 흔적과 그들의 사라짐을 시각화하는 철학적 행위다.

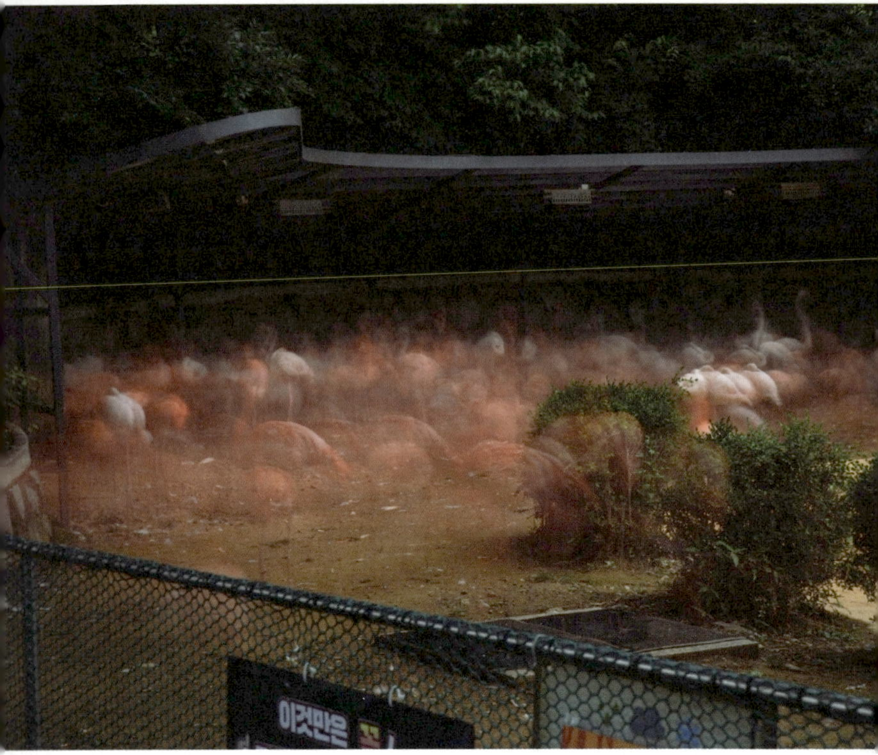

홍학은 서울대공원 동물원 정문으로 입장하면
제일 먼저 만날 수 있는 동물이다. 수십 마리가 모여 생활하는
홍학들의 존재를 더욱 잘 드러내기 위해 장노출 기법에다
여러 사진을 합치는 다중노출까지 더해 촬영했다.

홍학, 서울대공원 동물원, 2021

2020년부터 나는 장노출 기법을 사용하기 시작했다. 공교롭게도 그해는 코로나-19로 인한 사회적 거리 두기가 시행되었다. 그때 동물들과의 거리가 멀어지면서 도리어 장노출 기법이 나에게 운명적으로 다가온 점도 있다.

장노출 기법을 통해 형상은 흐릿해지거나 여러 겹으로 중첩된다. 이는 동물의 반복적인 행동이나 한 자리를 맴도는 시간의 궤적을 하나의 이미지 안에 압축하여 보여준다. 관람객은 이 흔들리는 잔상을 통해 한 생명이 그 공간에서 살아내는 시간의 더께를 생각하게 된다.

나는 한 장의 사진 안에 긴 시간을 담아냄으로써, 동물들의 삶과 죽음, 그리고 그들이 남긴 부재의 경계를 사유하고자 했다. 장노출은 나에게 존재했음을 증명하고, 사라짐의 의미를 탐구하는 새로운 언어를 선물했다.

장노출을 통한 생명의 존엄성 : 유령의 미학과 푼크툼

나는 10년에 다다른 『동물원』 연작에서 생명 존엄성을 핵심 주제로 정했다. 동물원에서 죽거나 사라진 동물들을 왜 사진으로 보여주어야 하는가? 나는 그들의 부재 자체가 존엄성을 역설적으로 이야기한다고 믿었다.

누군가 살았던 공간에는 사람뿐만이 아니라 동물이라 하더라도 그 흔적이 부재의 편린(片鱗)으로 남기 마련이다. 선명하게 모든 것을 담아내는 다큐멘터리 방식에서 표현할 수 없던 것들은 장노출이라는 흐릿한 잔상 덕에 시각화가 비로소 가능해졌다.

눈에 보이는 그대로를 강조하는 전통적인 다큐멘터리 방식은 이미지가 지나치게 아름답거나 대상 동물만의 모습이 너무 두드러져 그 너머의 메시지를 전달하는 데는 한계가 있다. 단지 있는 그대로 찍는 다큐멘터리 기법만으로는 기린은 기린이고, 사자는 사자이고, 호랑이는 호랑이일 뿐이다. 그 자체의 아름다움이나 특징은 잘 드러나지만, 그 생명이 지닌 본질을 담아내기는 어렵다.

하지만 장노출 기법에서는 동물이 호랑이인지 사자인지 기린인지 알 수 없을 정도로 흐려, 그저 사라져 가는 동물들의 모습이 '흔적'이자 '상처'처럼 희미하게 나타난다. 대신 그 안에는 '존재가 남긴 잔영'과 '시간의 감각'이 고스란히 녹아 있다. 나는 이것이야말로 동물원에서 경험한 상실과 부재에 가장 근접하게 표현할 방법이라고 생각했다.

다큐멘터리 사진의 선명함은 종종 생각을 제한한다. 반대로 장노출의 모호함은 오히려 상상력의 문을 연다. 이 흐릿함은 역설적으로 사진을 보는 이에게 더 많은 것을 사유하도록 이끈다. 나는 일찍이 동물원 작업을 시작할 때 프랑스의 문학 이론가이자 기호학자인 롤랑 바르트(Roland

Barthes, 1915~1980)의 『카메라 루시다』(1980)에 스치듯이 나오는 문장에 이끌렸다.

> "결국 사진은 두려움을 주거나
> 상처 입히거나 격분시킬 때가 아니라
> 생각하게 할 때 파괴적인 힘을 갖는다."
>
> 롤랑 바르트, 『카메라 루시다』(1980) 중에서

이 문장은 『동물원』 연작을 시작하기 전부터 사진에 대한 나의 고민을 관통하는 하나의 신념이다. 내 장노출 사진은 바로 이 '생각하게 하는 힘'을 지닌다. 진정한 생각, 특히 깊은 울림을 주는 숙고는 기존에 보고 듣던 식상한 방식으로는 얻을 수 없다. 전혀 듣지도 보지도 못한 것을 접할 때 비로소 인식의 변화와 새로운 사유가 일어난다. 바로 그것이 장노출을 선택한 이유이자, 내 사진이 '사실' 너머의 '유령', 즉 '사라짐이 남긴 진실'을 담아내려는 시도를 한 연유다.

롤랑 바르트는 『카메라 루시다』라는 책에서 스투디움(Studium)과 푼크툼(Punctum)이라는 개념을 소개했다. 스투디움이 보편적이고 문화적인 흥미를 유발하는 것이라면, 푼크툼은 관람자의 감정을 예리하게 꿰뚫고 상처를 남기는 '찌름'과 같다. 쉽게 말해 스투디움이 '공유된 문화적 관심'을 유발하는 이미지의 전체라면, 푼크툼은 보는 이의 감정과 기억을 예기치 않게 찌르는 이미지의 조각이다.

장노출 사진에서 흐릿하게 그려지는 대상은 독자의 마음에 푼크툼을 남긴다. 선명한 다큐멘터리 사진이 '여기이 동물이 있다'라는 스투디움을 보여준다면, 흐릿한 장노출 사진은 '이 동물이 한때 이곳에 있었고, 이제는 사라져 간다'라는 시간적 흐름과 부재의 생각을 전달한다. 생명체들이 남긴 흔적은 사라진 후에야 비로소 희미해진 풍경 속에서 더 선명해진다. 내 사진을 보는 이의 마음에 강렬한 푼크툼이 남기를 바란다.

동물들의 죽음은 나에게 생명이 유한하다는 명백한 사실을 온몸으로 깨닫게 한다. 하지만 이 깨달음은 좌절이 아닌 '유한한 생명을 어떻게 무한한 가치로 확장할 수 있을까?'라는 새로운 질문을 피워낸다. 내가 존재하는 시간이 사라지더라도 사진과 이야기가 남아 다른 이에게 기억될 수 있다면, 그것이 바로 유한한 삶을 통해 이룰 수 있는 무한함임을 자각한다.

모든 생명은 태어나고 언젠가 죽음을 맞이한다. 사람도 예외가 아니다. 죽음을 피하려 애쓰지 않아도 가만히 있어도 찾아오는 것이기에 새삼스러운 것은 없다. 하지만 다시 만날 수 없다는 사실이 우리를 겸허하게 한다. 생명이 있다는 것은 필연적으로 부재와 마주함을 의미한다. 나는 장노출 사진으로 동물들의 죽음과 그 부재를 위로한다.

11

갇힘 속에서 피어나는 존재의 의미

동물원으로 향하는 우리의 발걸음에는 대개 설렘과 기대가 가득하다. 화려한 깃털의 공작새, 위풍당당한 맹수, 우스꽝스러운 몸짓의 유인원을 찾아 우리의 시선은 분주히 움직인다. 아이들은 환호하고 어른들은 그 순간을 사진으로 기록한다. 축제 같은 시간이 지나면 동물원은 '즐거웠던 한나절의 추억'으로 기억의 서랍에 담긴다.

하지만 그 떠들썩한 풍경 한편, 우리의 시선이 오래 머물지 않는 개체들이 있다. 언제 가도 그 자리에 거의 변하지 않는 모습으로 서 있는 동물원의 '터줏대감'들. 그들은 동물원의 살아 있는 풍경이자 멈추어진 시간의 상징이다.

서울어린이대공원의 미니말 수컷 '가가(2002년생)'와 암컷 '나나(2006년생)'가 바로 그런 대상이다. 이들은 동물원의 '얼굴'이지만, 화려한 스타라기보다는 묵묵히 자리를

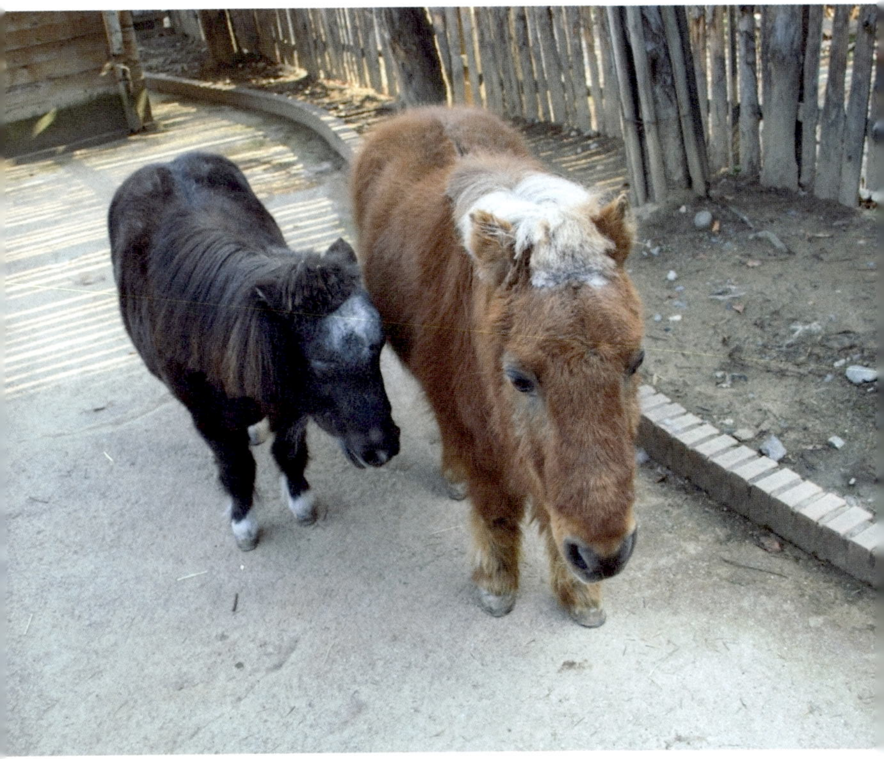

검은 말은 나나, 갈색 말은 가가다.
둘 다 앞머리를 단정하게 이발한 직후에 촬영했다.
가까이 있으면 대상이 더 크게 나오는 원근법에 비해서도
가가가 나나에 비해 덩치가 2배는 더 크게 나왔다.
실제로는 약간 더 크긴 하다.

미니말 '나나'와 '가가', 서울어린이대공원 동물원, 2022

지키는 무대 장치에 가깝다. 처음 동물원을 드나들 때, 그들은 내 눈에 전혀 들어오지 않았다. 분명히 있지만, 나에게는 없는 것과 같았다. 하지만 동물원에 오가는 횟수가 쌓일수록 그들의 고요한 존재감이 비로소 시야에 맺히기 시작했다. 보통 말보다 작고 어딘가 연약해 보이는 동물. 어느 날에는 앞머리를 단정하게 이발한 적도 있다. 수평으로 일치하는 그 모습이 주는 미적 감각이란.

그들은 내가 동물원 작업을 시작했을 때부터 2025년까지 15년 넘게 동물원을 한결같이 지키고 있다. 어쩌면 자신의 자리를 알고 묵묵히 세월을 감당하는 우리네 부모님들을 보는 것 같다. 헌신과 성실함이란 이런 모습일까. 나는 이들의 삶을 통해 단순히 동물을 '보는' 것을 넘어 그들의 존재를 생각하고자 한다.

순환하는 영원과 갇힌 지속

서울어린이대공원 한편에 자리한 꼬마동물마을. 그곳에 미니말 가가와 나나가 산다. 가가는 느긋하고 대담한 갈색 말이고, 나나는 소심하면서도 호기심 많은 검은 말이다. 이들은 화려한 볼거리를 제공하지 않는다. 사자처럼 포효하지도, 원숭이처럼 재주를 부리지도 않는다. 대부분의 시간 동안 그들은 가만히 서서 짚을 씹거나 꼬리를 흔들어 파리를 쫓는다. 아니면 누워서 서로의 몸에 머리를 기댄 채 꾸벅꾸벅 졸 뿐이다. 미래를 향한 가능성을 향해 자신을 던지며 자신을 만들어가는 인간과는 달리 그들에게 시간은 변화와 성장의 가능성이 박탈된 '시간 없는 시간'이다.

본래 가가와 나나는 좁은 공간에서 지냈다. 옆에는 자넨(Saanen Goat)이라고 불리는 유럽 염소들이 2~3배 넓은 방사장에서 살았다. 그러던 어느 날 염소들이 사라졌다. 그 공간은 모두 가가와 나나의 차지가 되었다. 염소들은 어디로 간 것일까? 다른 동물원이나 목장으로 떠났을까? 그들의 부재는 오히려 미니말들의 실체를 선명하게 드러낸다. 현존은 때로 부재를 통해 더욱 또렷하게 드러나는 법이다. 염소들이 사라진 공간은 역설적으로 그들이 존재했다는 사실을, 그리고 지금 가가와 나나가 그 자리를 채우고 있다는 현실을 더욱 선명하게 부각한다.

갇힌 삶을 새롭게 바라보기

가가와 나나의 삶은 '갇힘'이라는 조건을 직설적으로 보여준다. 물리적인 울타리는 그들의 행동반경을 명확히 제한한다. 그들은 태어나 드넓은 초원을 단 한 번도 달려본 적이 없을 것이다. 지평선을 향해 질주하는 야생의 본능은 삶에서 거세되었다. 포식자의 위협과 굶주림으로부터 '보

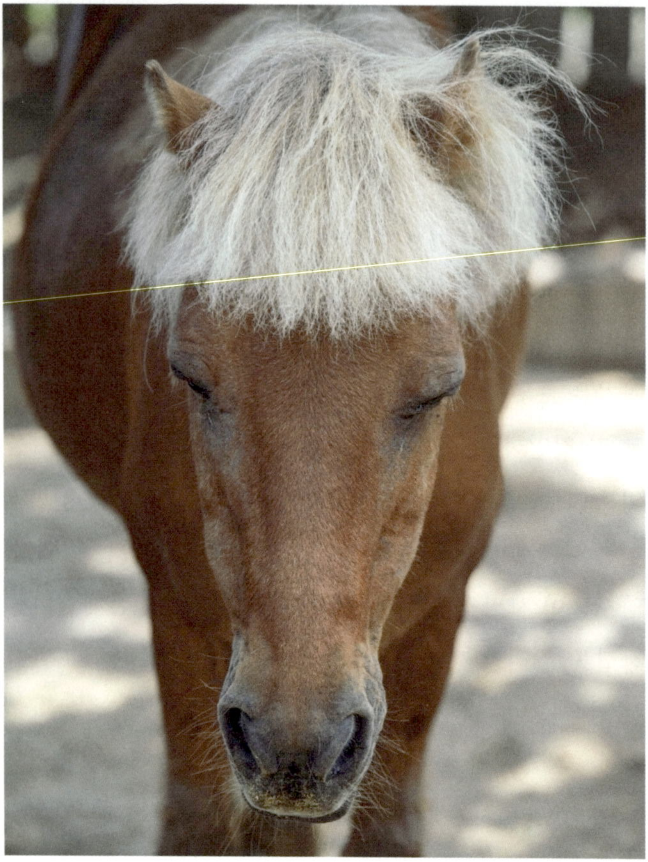

가가는 그저 동물원에 존재하는 것만으로도
자신의 역할을 한다.

미니말 '가가', 서울어린이대공원 동물원, 2021

호'받는다는 명목 아래, 그들은 '안전한 감옥'에 산다.

이 '갇힘'은 단순한 물리적 차원을 넘어 존재론적 차원으로 확장된다. 철학에서 존재론적 차원은 대상의 '존재 방식'과 '본질'을 근본적으로 탐구하는 관점으로 피상적인 관찰을 넘어 '왜 존재하는가?, 어떻게 존재하는가?'라는 질문을 던진다. 예컨대 '사람은 왜 살아 있는가?'라는 물음이 이에 해당한다.

그런데 동물원의 말들은 매일 같은 시간에 주어지는 먹이와 정해진 동선 외에는 허락되지 않는 공간 속에서 살아간다. 이처럼 존재의 근본적 조건을 묻는 존재론적 차원에서 살펴보면 그들은 본래 지닌 야생성과 '말다움'을 박탈당한 채, 말이지만 온전한 의미의 '말'로 존재할 기회를 잃은 상태다. 여기서 한 철학자의 유명한 명제가 떠오른다.

> "실존이 본질에 앞선다."
>
> 장 폴 사르트르(Jean-Paul Sartre, 1905~1980)

인간은 먼저 세상에 던져진 뒤, 자신의 선택과 행위를 통해 자신을 증명하고 자신의 '본질'을 만들어간다는 의미다. 하지만 가가와 나나의 경우는 그 명제를 통째로 뒤집는다. 그들에게는 '동물원용 소형 말'이라는 본질이 먼저 주어지고 그 본질의 틀 안에 실존이 갇혀버렸다.

그럼에도 가가와 나나는 미세한 차이를 통해 자신만의 존재 방식을 창조한다. 가가의 느긋함, 나나의 소심함. 이런 개성은 획일적인 사육 환경 속에서도 피어나는 생명의 고유성을 보여준다. 그리고 이 지점에서 그들의 존재는 우리 자신의 삶을 비추는 거울이 된다. 우리 역시 사회라는 거대한 울타리 안에서 안정적인 직업이나 직장, 예측할 수 있는 일상이라는 '안전한 감옥'에 안주하며 얼마나 많은 욕망을 억누르는가? 가가와 나나의 정지된 시간은 변화와 성장을 강요하는 사회 속에서 정작 우리 또한 얼마나 단조로운 궤도를 돌고 있는지를 역설적으로 드러낸다.

'해야 함'에서 '그저 있음'으로

그렇다면 가가와 나나의 삶은 무의미한가? 그렇지 않다. 그들은 '무엇을 하는가(Doing)?'가 아닌 '어떻게 있는가(Being)?'로 자신의 존재를 증명한다. 현대 사회에서 존재의 가치는 생산성과 효율성으로 측정되지만, 가가와 나나는 그 논리를 벗어나 있다. 그들은 경제적 가치를 창출하지 않지만, 분명히 '존재'한다. 묵묵히 서서 시간을 견뎌내는 그들의 모습은, 실체 그 자체가 지니는 무게와 존엄성을 성찰하게 한다.

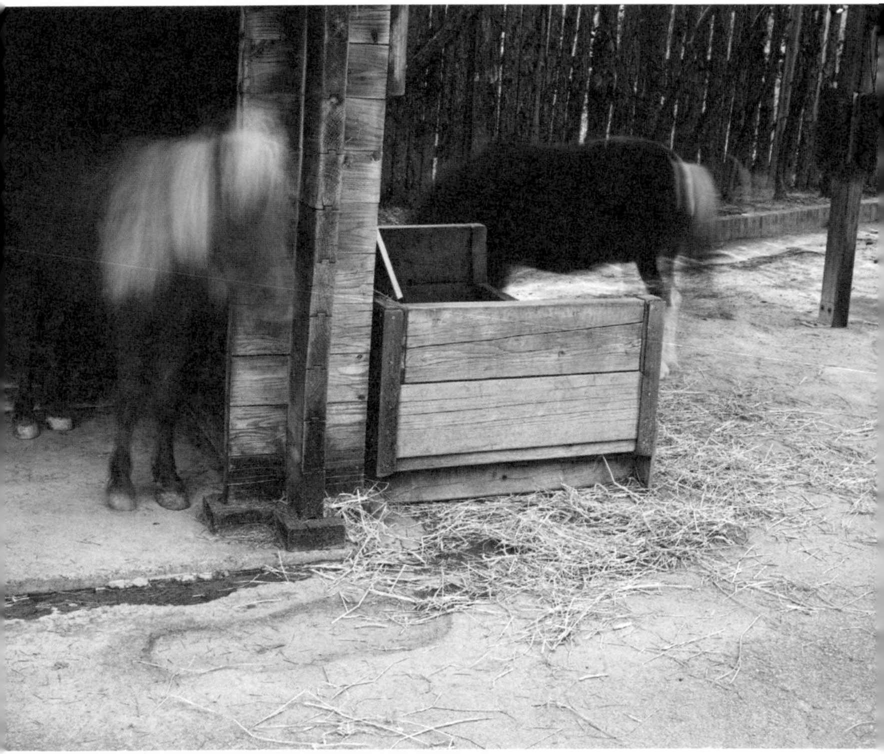

미니말들의 흔들림을 장노출 기법으로 촬영하여 사라지는 것처럼 표현했다. 있는 그대로 담아내는 것에 그치지 않고, 사진을 통해 생각하게 만들고자 함이다.

미니말 '가가'와 '나나', 서울어린이대공원 동물원, 2020

그들의 '있음'은 화려하지 않지만 진실하다. 관람객의 시선에 아랑곳하지 않고 자신의 리듬대로 숨 쉬고, 먹고, 잠잔다. 매일 가가는 우리 구석에서 짚을 신중하게 골라 입에 물고, 나나는 사육사가 내민 먹이를 조심스레 살핀다. 이 짧은 망설임과 선택의 리듬 속에 반복되는 일상에서도 자신만의 방식으로 삶을 창조해 나가는 의지가 담겨 있다.

그 꾸밈없는 존재의 방식은 끊임없이 자신을 증명해야 하는 우리에게 깊은 울림을 준다. 어쩌면 삶의 의미는 거창한 성취가 아니라, 묵묵히 자신의 자리를 지키고 시간을 살아내는 그 과정 자체에 있는 것은 아닐까? 어떤 철학자는 타자의 '얼굴'이 우리에게 무조건적인 책임을 요구하는 윤리적 명령이라 했다. 가가와 나나의 얼굴 또한 우리에게 말을 건다. 그들의 조용한 현존은, 존재 자체의 존엄성과 불가침성에 관해 생각하게 만드는 살아 있는 지혜다.

바라보는 대상과 보이는 대상

우리는 동물을 '본다'라고 생각한다. 유리 벽과 울타리 저편에서 그들을 관찰하고 평가한다. 우리는 주체이고, 그들은 대상이다. 하지만 정말 그러할까?

오랜 시간 동물들을 지켜보면 문득 시선의 주객이 전복되는 섬광의 순간과 마주한다. 무심하고 텅 빈 듯한 그 눈동자가 우리를 꿰뚫어 보는 듯한 찰나. 어쩌면 진짜 관찰 당하는 것은 사람일지도 모른다. 타인의 시선 앞에 설 때 우리는 자신을 하나의 대상으로 느끼곤 한다. 가가와 나나의 시선이 주는 울림도 바로 여기에 있다.

그들의 눈에 비친 우리는 어떤 모습일까? 끊임없이 나타났다가 사라지는 무수한 얼굴의 행렬. 가가와 나나의 시선 앞에서, 우리는 비로소 자신의 존재를 의식하게 된다. 우리는 왜 여기에 와서 동물들을 보고 있는가? 우리는 이들의 삶에서 무엇을 얻으려 하는가? 동물들의 고요한 응시는 도리어 우리에게 실존적 질문을 되묻게 한다. 이 시선의 교차 속에서 우리는 비로소 상대를 대상화하는 시선에서 벗어나 한 생명과 다른 한 생명이 온전히 만나는 '관계'의 가능성을 엿보게 된다.

갇힌 존재가 열어주는 사유의 지평

가가와 나나는 세월의 흐름을 온몸으로 보여준다. 예전에 비해 윤기 있던 털은 거칠어지고, 빵빵했던 체격은 이제 다소 살이 빠지고 뼈대가 드러난다. 그래서 우리는 겹쳐진 시간의 무게를 실감한다. 시간은 그들의 몸에 고스란히 축적되어 하나의 조각이 된다. 그들의 주름진 얼굴과 느려진 걸음은 시간이라는 추상적 개념이 존재에 어떻게 새겨지는지를 보여준다. 죽음을 향해 가는 유한한 생명체이기에 그들의 고요한 현재는 더욱 절실한 무게를 지닌다.

가가와 나나는 동물원의 단순한 터줏대감이 아니다. 그들은 온몸으로 '삶'과 '죽음', '자유'와 '구속', '시간'과 '비시간성'에 관한 심오한 질문을 던지는 살아 있는 화두다. 그들의 갇힌 삶은 한계 속에서도 자신만의 방식으로 존재를 증명하고, 생명의 존엄성을 올곧이 지켜낸다.

이제 동물원을 나서는 우리의 발걸음은 이전과 같을 수 없다. 그들의 눈빛 속에서 우리 자신의 모습을 봤기 때문이다. 동물원의 얼굴들은 결국 우리 자신의 얼굴이었다.

가가와 나나가 온몸으로 보여주는 진실은 명확하다. 존재 자체가 진리이고, 삶 자체가 의미라는 것을. 그들의 갇힌 삶은 역설적으로 우리에게 진정한 자유와 현존의 의미에 관한 가장 깊은 통찰을 열어준다. 우리는 모두 각자의 울타리 안에서 살아간다. 그 울타리를 인식하고 성찰할 때 비로소 진정한 자유의 가능성에 다가갈 수 있다.

미니말들은 말하지 않는다. 다만 늙어가는 몸과 깊어지는 눈빛으로 우리 곁에 머무는 하나의 풍경일 뿐이다. 사람과 동물이 아닌 '생명'이라는 공통된 존재로 서로를 비추는 고요하면서도 집요한 거울 같은 장면으로.

그리고 이 모든 사유의 끝자락에서, 2025년 7월 무렵 우리 곁을 떠난 미니말 가가를 기린다. 가가의 빈자리는 그가 남긴 삶의 흔적과 깊은 눈빛의 가치를 다시금 되새기게 하며, 이곳에 머물렀던 모든 존재가 우리에게 전한 메시지가 영원히 이어질 것임을 상기시킨다.

12

다산의 상징 뒤에 가려진 고독한 서사시

한국인들에게 호랑이는 동물 이상의 존재다. 그것은 민족의 혼(魂)이자 역사의 온갖 풍파 속에서도 꺾이지 않는 기상의 상징이다. 그래서 우리 마음속에 깊이 자리하는 동물이자, 가장 사랑하는 동물이기도 하다. 우리는 까마득한 옛날, 한반도를 호령하던 그 맹수의 포효를 그리워하며 사라진 존재를 신화 속에서 만난다. 그러던 어느 날, 그 거대한 상징의 무게를 온몸에 지고 살아 있는 호랑이가 우리 곁으로 온다. 바로 시베리아호랑이, '펜자'의 등장이다.

사람들은 그에게서 단순한 동물이 아닌 민족의 염원과 종(種) 보전의 희망을 보았다. 펜자의 삶은 화려한 상징 뒤에 가려진 한 생명의 고독과 숙명, 그리고 끊임없는 생존의 드라마를 고스란히 보여주는 한 편의 서사시와 같다. 그의 이야기는 바로 그 상징과 실존의 틈새에서 시작된다.

상징의 도착, 한 생명의 시작

2011년 5월 21일, 한-러 수교 20주년을 기념하여 러시아 정부가 한국에 기증한 시베리아호랑이 한 쌍이 대한민국 땅을 밟는다. 이는 한국 동물원 호랑이 역사의 새로운 장이 시작된 날이자, 단순한 외교적 선물을 넘어선 '생명'의 도착을 알리는 순간이다. 푸틴 러시아 대통령(당시 총리)이 이명박 전 대통령에게 보낸 이 특별한 동물은 바로 펜자 그리고 '로스토프'다.

2010년 7월 7일, 러시아 펜자 시(市)에 있는 펜자(Penza) 동물원에서 태어난 이 암컷 호랑이는 자신의 출생지 이름을 그대로 물려받는다. 당시 생후 10개월의 어린 호랑이 펜자는 호기심과 경계심이 뒤섞인 눈빛으로 낯선 땅을 밟았다. 약 한 달간의 검역과 적응 기간을 거쳐 2011년 6월 23일, 마침내 일반에 공개되었다. 코끼리 '희망이'가 태어나기 5년하고도 하루 전이다.

펜자의 혈통은 그 상징의 무게를 더한다. 그의 어머니 '콘스탄스(2006년생)'는 자매인 '스파르타(2006년생)'와 함께 야생에서 죽어가던 중 구조되어 동물원으로 들어온 호랑이다. 펜자의 아빠는 동물원에서 태어난 '이사토르(2003년생)'다. 그는 이렇게 야생의 강인한 유전자를 직접 물려받은, 유전적으로 매우 중요한 순수혈통이다.

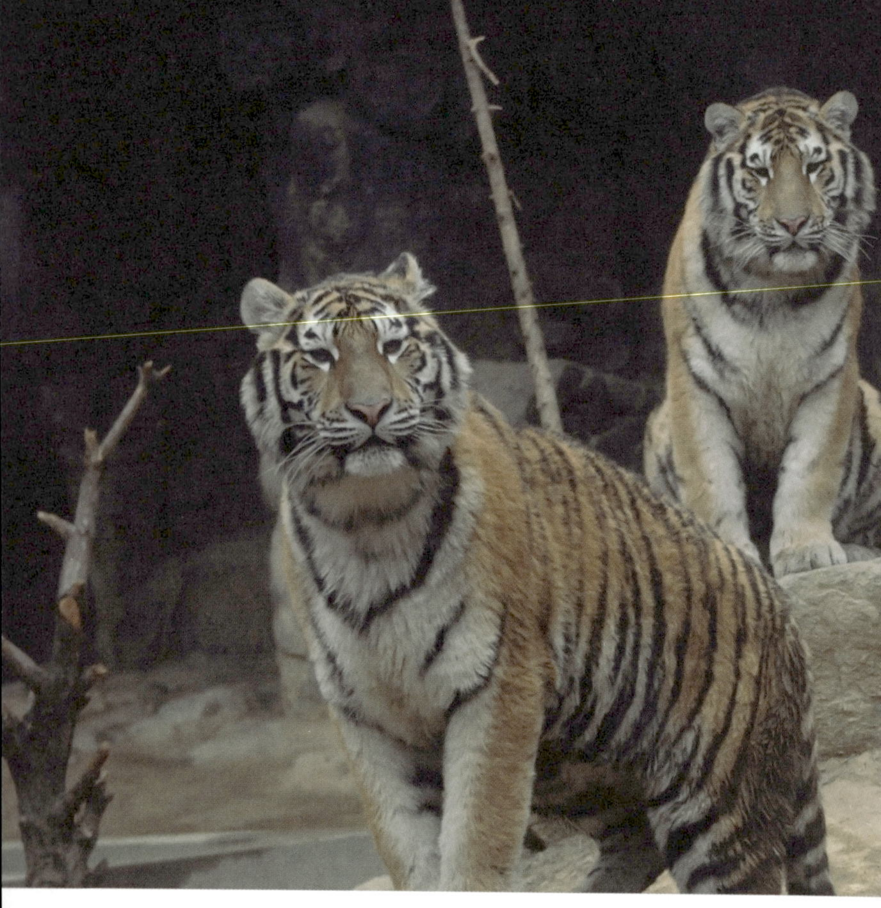

펜자(맨 오른편)가 자신의 딸 도와 아들 한과 함께 호랑이사 제1방사장에서 지내는 모습이다. 도와 한은 함께 국립백두대간수목원에 살고 있다.

시베리아호랑이 '도', '한', '펜자', 서울대공원 동물원, 2015

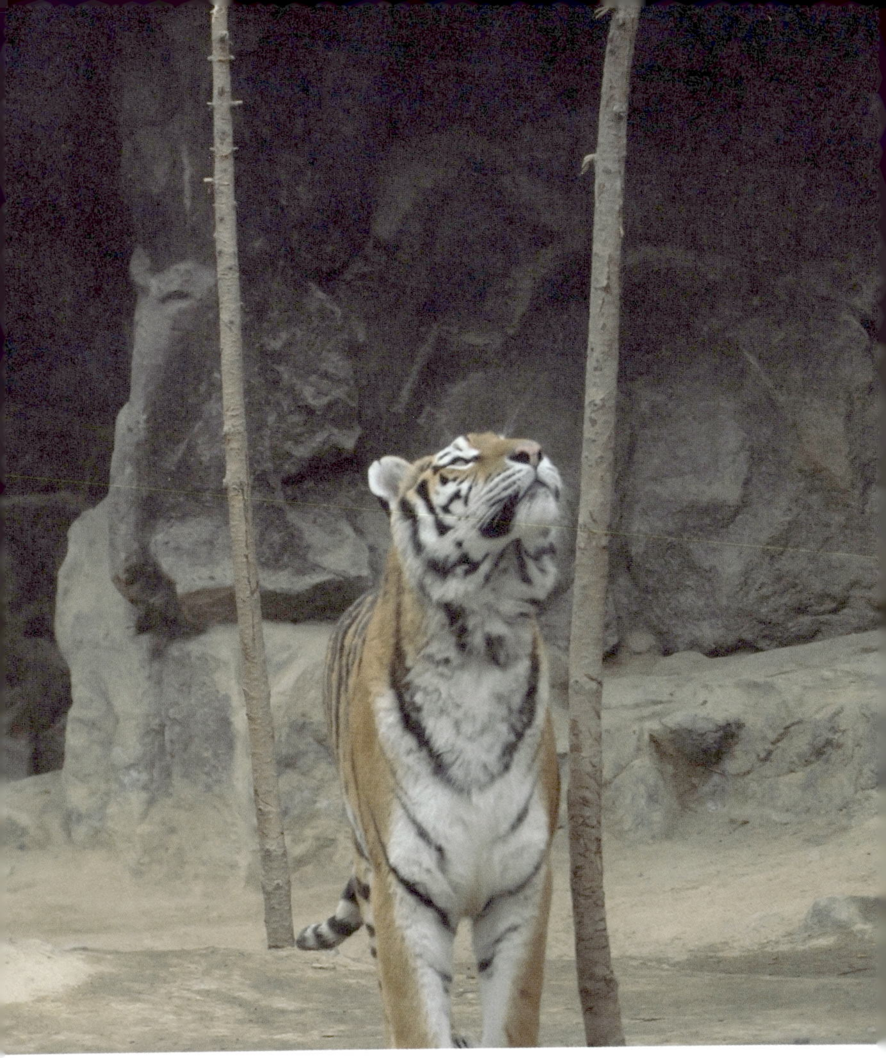

대모의 숙명 '로스토프'와 '조셉'이라는 두 파트너

펜자에게 주어진 첫 번째이자 가장 큰 숙명은 바로 '대모(大母)'라는 이름에 있다. 이 칭호는 단순히 새끼를 많이 낳았다는 사실을 넘어 멸종위기종의 '순수혈통 보전'이라는 인류의 막중한 임무를 함축한다. 그의 번식은 국가적 관심사다. 그 성공 여부는 동물원의 가장 큰 과제다. 그리고 펜자는 임무를 경이로울 만큼 훌륭하게 수행한다.

펜자의 삶은 두 파트너, 로스토프와 '조셉'과의 관계 속에서 더욱 입체적으로 완성된다. 첫 번째 동반자는 펜자와 함께 한국 땅을 밟은 로스토프다. 펜자의 첫 남편이자 열 자녀의 아버지인 로스토프는 러시아 로스토프나도누(Rostov-on-Don, 줄여서 Rostov라고 부름) 동물원에서 2010년 7월 28일에 태어난다. 엄마 '프리마(2003년생)'와 아빠 '아르템(2003년생)'을 닮은 로스토프는 크고 매력적인 눈과 옅은 털색이 특징이다. 특히 프리마와 아르템 역시 펜자의 어미 콘스탄스처럼 야생에서 구조되어 동물원으로 오게 되었다. 그래서 로스토프 또한 야생 직계 순수혈통으로 분류되어 높은 보전 가치를 지닌다.

펜자와 로스토프는 함께 낯선 땅에서 서로를 의지하며 적응한다. 그들의 첫 번째 사랑의 결실은 2013년 6월 6일 태어난 삼 남매다. 서울동물원은 이들에게 착하고 건

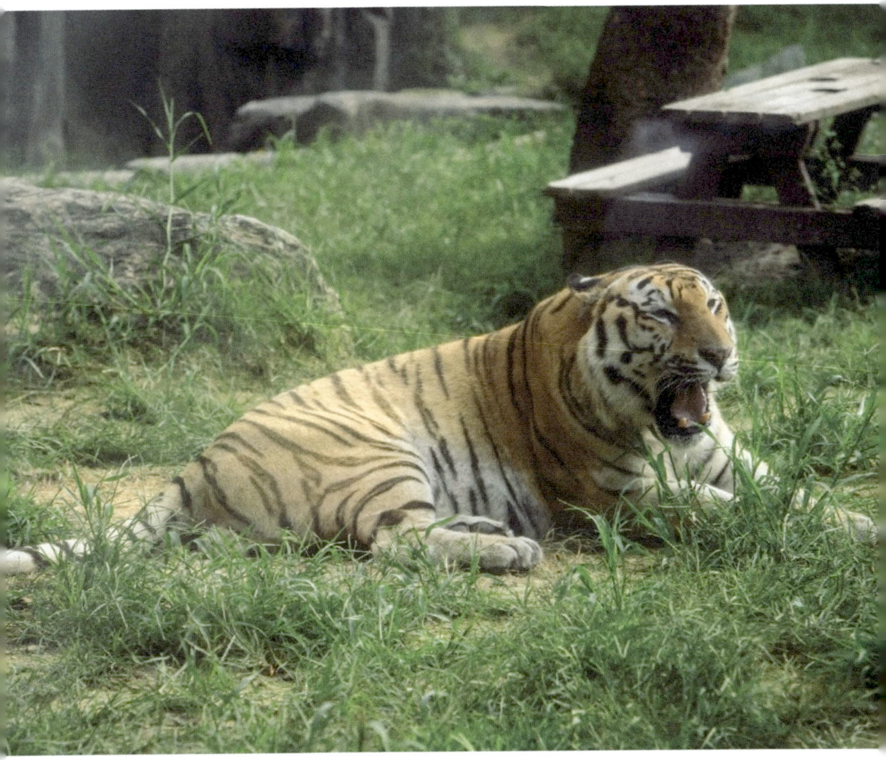

로스토프는 펜자의 첫 번째 남편이다.
둘은 함께 러시아에서 한국으로 왔다.
펜자는 로스토프와 함께 10마리의 자녀를 낳았다.

시베리아호랑이 '로스토프', 서울대공원 동물원, 2021

강하며 아름답게 자라라는 의미로 수컷에게는 '선호(善虎)'와 '수호(壽虎)', 암컷에게는 '미호(美虎)'라는 이름을 지어 주었다.

천재 양육자의 성장통 : 첫 출산의 미숙함과 사랑

지금은 '천재 양육자'로 불리는 펜자이지만, 첫 번째 출산 때는 다소 서툴렀다. 그 자신이 생후 한 살이 되기 전에 어미 곁을 떠나면서 육아 경험이 부족했기 때문이다. 그래서 선호, 수호, 미호 등 아기 호랑이 3마리는 어미 펜자의 보살핌을 받지 못하고 아기동물 인공포육장에서 자라야 했다.

나는 이때 동물원에 가서 아기였던 삼 남매를 본 적이 있다. 아기 호랑이들은 꼬물꼬물하는 몸짓과 귀여움으로 사람들의 마음을 사로잡았다. 특히 침팬지 '관순이'와 아기동물 인공포육장 동기로 함께 치고받으며 자라는 모습은 이종(異種) 간의 특별한 유대를 보여주며 많은 화제가 되었다. 야생에서는 상상도 할 수 없는, 동물원이라는 공간이 만들어낸 기묘하고도 사랑스러운 풍경이다.

로스토프와 펜자는 첫 출산의 놀라움이 채 가시지 않은 불과 4개월 후인 2013년 10월 29일, '한(韓)', '반(半)', '도(島)' 삼 남매를 다시 품에 안는다. 대한민국을 상징하는 '한반도'라는 이름을 받은 호랑이들의 탄생이다. 시베리아호랑이의 임신 기간은 일반적으로 98~113일, 평균 103~106일로 약 16주 정도 소요된다. 태어날 때 눈을 감고 있는 새끼들은 생후 6~12일이 지나야 눈을 뜬다. 약 6개월간 어미의 젖을 먹다가 독립까지 18~24개월이 걸리기 때문에 일반적으로는 이 간격을 두고 호랑이는 다시 임신한다. 하지만 펜자와 로스토프는 경이로운 번식력을 보여주며 출산과 동시에 재임신에 성공한 셈이다.

연이은 경사에 펜자와 로스토프는 그해 10월 서울동물원의 '이달의 자랑스러운 동물'로 선정되었다. 그들의 교배는 단순한 현상을 넘어 한반도 호랑이의 미래를 책임지는 상징적인 사건이 된 것이다.

펜자는 두 번째 출산부터 비로소 능숙한 어미의 모습을 보여주기 시작한다. 초보 양육 실패를 딛고서 펜자는 새끼들에게 한없이 자상하고 헌신적인 어미가 된다. 새끼들의 대소변을 핥아주고, 거친 혀로 온몸을 꼼꼼히 그루밍한다. 귀찮게 매달리는 새끼들의 장난을 너그러이 받아주는 모습은 자식 사랑 그 자체다. 하지만 사냥법을 가르치거나 서열을 교육할 때는 누구보다 엄격한 스승이 된다.

동물원에서도 펜자에 관한 지원과 관심을 아끼지 않는다. 펜자는 출산 후에는 24시간 CCTV 관찰을 받으며 혹시 모를 일에 대비하여 세심한 보호를 받았다. 먹이양도 하루 3~4킬로그램에서 5~6킬로그램으로 늘려 충분한 영양을 섭취했다. 이 같은 배려 덕분에 펜자는 안정적으로 회복한 데다 새끼와 함께 건강하게 지낼 수 있었다.

두 번째 파트너, 조셉 : 멋진 외모 그리고 인간의 개입

펜자의 두 번째 파트너는 '대한민국에서 가장 잘생긴 호랑이'라는 별명을 지닌 조셉이다. 그는 2011년 2월 28일 독일 에버스발데 동물원(Eberswalde Zoo)에서 태어났다. 그 후 체코 즐린 동물원(Zlín Zoo)을 거쳐 2017년 5월 서울대공원으로 왔다. 서울동물원에서 가장 키가 크고 덩치가 웅장한 그는 훤칠한 외모로 관람객들에게 큰 인기를 얻었다.

나 역시 그 위용에 감탄하며 '잘생긴 호랑이'로 인정한 바 있다. 겨울철에는 털이 다소 거칠고 꼬질꼬질해지는 계절 변화를 드러내면서도 그는 여전히 도도하고 위엄 있는 자태를 유지한다.

조셉은 수컷 호랑이임에도 특이하게도 체코 즐린 동물원에서 암컷 '탄자'와의 사이에서 낳은 5마리의 자녀 양육에 적극적으로 참여했다. 이는 보기 드문 특성으로, 조셉의 온화하고 안정적인 성격을 보여준다.

조셉과 펜자의 합사는 종 보전이라는 인간의 목표가

한 동물의 삶에 어떻게 개입하는지를 극적으로 보여주는 일화다. 둘의 만남은 조셉이 서울대공원에 도착한 후부터 2018년 1월까지 약 8개월간의 준비 기간을 거쳐야 했을 만큼 순탄치 않았다. 첫 번째 합사 시도는 2017년 12월 4일에 이루어졌지만 성공하지 못했다. 조셉이 펜자의 구애를 외면하자 사육사들은 첫 남편 로스토프를 이용한 '질투 작전'을 펼쳤다고 전해진다. 펜자와 로스토프의 다정한 모습을 조셉에게 보여주어 경쟁 심리를 자극한 것이다. 이런 인간의 치밀한 개입의 결과는 어떻게 되었을까?

이 아슬아슬한 인위적인 삼각관계는 마침내 결실을 맺는다. 2018년 5월 2일, 펜자는 두 번째 남편 조셉과의 사이에서 '한라(漢拏)', '백두(白頭)', '태백(太白)', '금강(金剛)' 등 사 남매를 잇달아 낳는다. 한반도의 주요 명산 이름을 딴 이 호랑이들의 동시 출산은 세계적으로도 희귀한 사례로 기록된다. 호랑이는 보통 한 배에 2~3마리의 새끼를 낳기 때문이다. 펜자는 조셉과의 관계 속에서 새로운 가족을 만들고, 또 다른 생명의 연대를 이어간다.

펜자가 사 남매와 함께 서울동물원 호랑이사 제2방사장에 있던 모습은 내 뇌리에 아직도 선하다. 엄마 품에서 뒹굴고 장난치던 아기 호랑이들과 그들을 온화하게 바라보던 펜자의 모습은 그 자체로 평화로운 한 폭의 그림이었

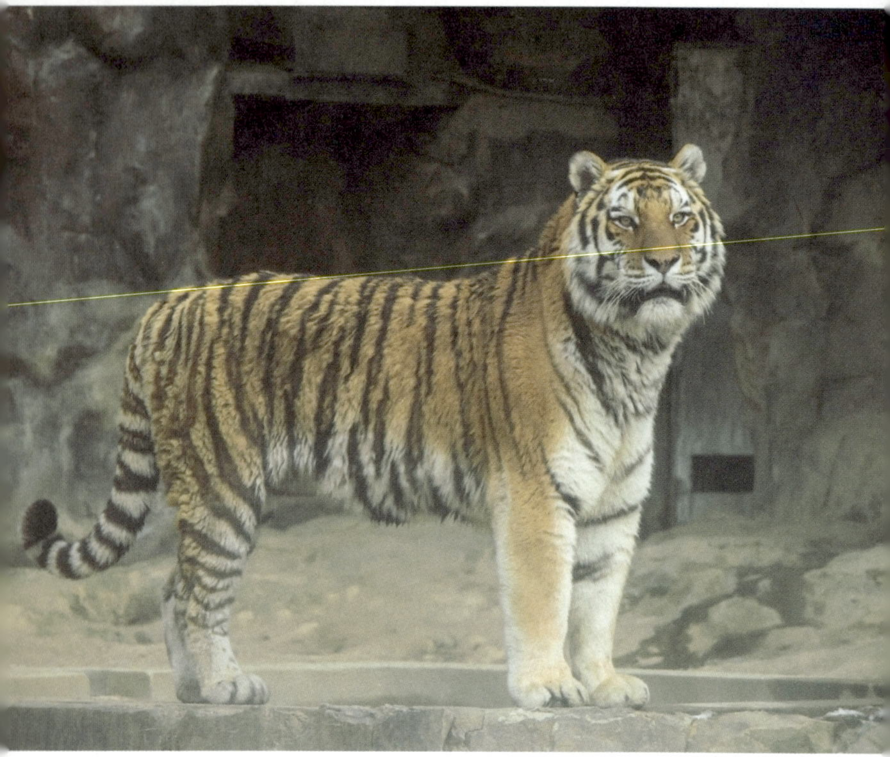

'잘생긴 호랑이'라는 별명을 가진 조셉은
펜자의 두번째 남편이다. 비록 겨울철에는
털이 꼬질꼬질해질 때도 있었지만, 얼굴에서는 빛이 났다.

시베리아호랑이 '조셉', 서울대공원 동물원, 2022

다. 펜자는 아가들의 재롱과 애교를 모두 받아주었다. 한여름부터 이듬해 2019년까지 5마리의 호랑이는 함께 지냈다. 아기 호랑이들이 점점 자라면서 근친교배를 막기 위해 암수가 분리되었다. 펜자는 두 딸인 한라, 금강이와 제2방사장에 남았다. 아들인 백두, 태백이는 바로 옆에 있는 제3방사장으로 옮겨졌다.

그 후로도 펜자의 시간은 계속 흘렀다. 2022년 4월 23일, 9년 만에 로스토프와 재회하여 세 자매 '해랑(海浪)', '파랑(波浪)', '사랑'을 낳았다. 그리고 2025년 6월 6일 그들은 암컷 호랑이 1마리를 또 낳았다. 보훈, 해온, 설호, 미루, 다온, 새미 등 여섯 이름 중에서 최종 이름은 시민들의 손을 거쳐 '설호'로 정해졌다. 펜자와 로스토프의 관계는 오랜 시간을 함께한 부부처럼 무심한 듯하면서도 깊은 유대감을 느끼게 한다. 이렇게 펜자는 총 14마리의 어미가 되었다. 명실상부한 '다산의 여왕'으로 등극한 것이다. 그는 그렇게 대모의 숙명을 온전히 살아냈다.

위대한 어머니의 그림자 : 상실과 고독의 숙명

다산의 영광 뒤에는 상실의 그림자가 드리운다. 펜자는 생명을 낳는 위대한 어머니이지만, 동시에 그 생명을 떠나보내는 아픔을 감내해야 하는 숙명을 지닌다. 펜자는

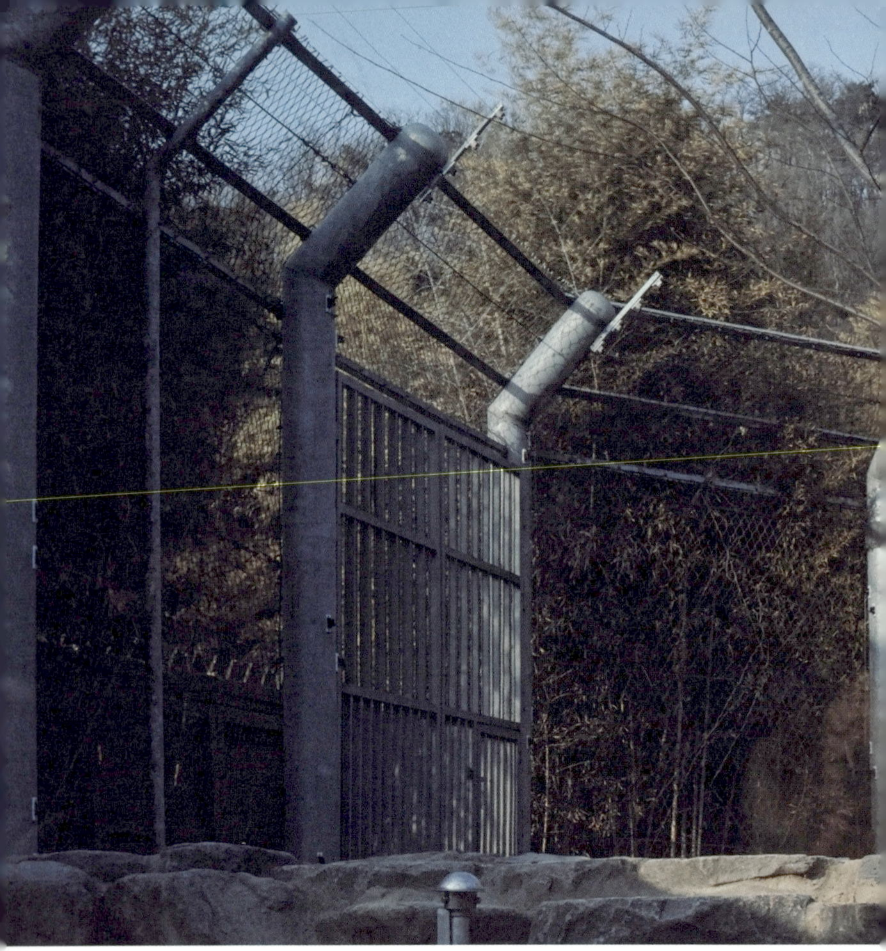

시베리아호랑이 태백이를 장노출 기법으로 촬영했다.
방사장을 가로지르며 이동하는 그의 모습이
마치 형체가 사라지는 것처럼 나타났다.
2024년 급성 간담도계 질환으로 호랑이별로 간 태백이,
렌즈에 닿은 그 흔적은 희미하게 남아 있다.

시베리아호랑이 '태백', 서울대공원 동물원, 2023

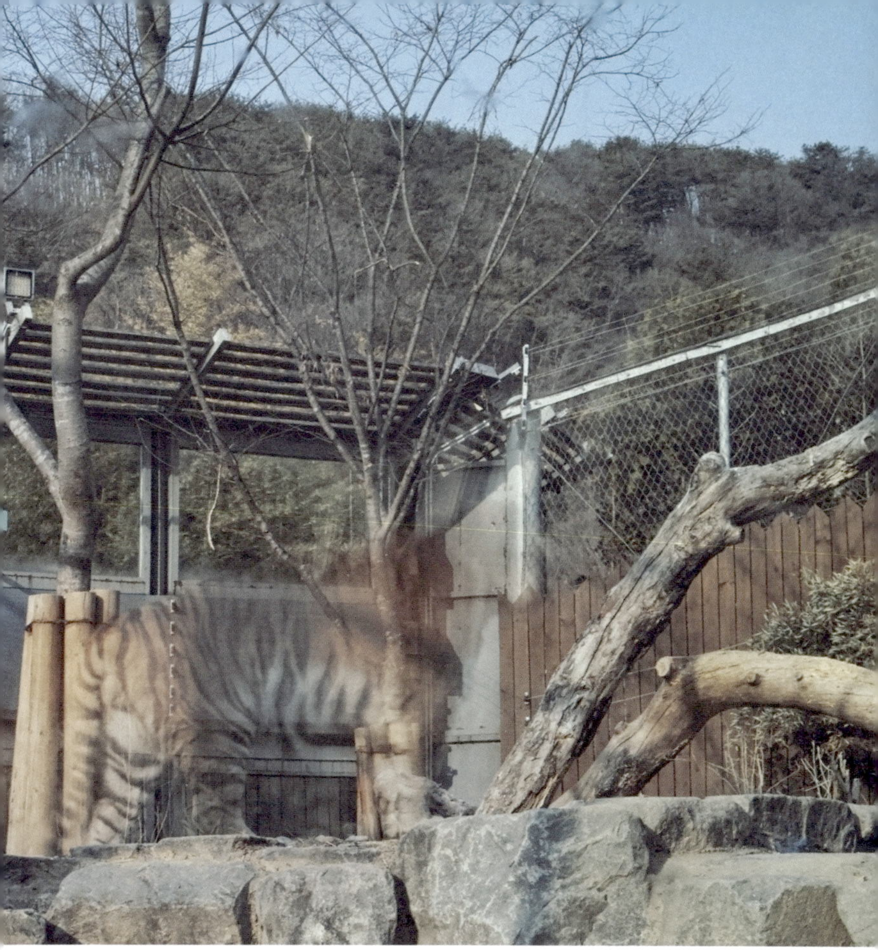

4마리의 자식과 두 번째 남편 조셉을 먼저 떠나보내는 비극을 경험했다. 자식 중에 아들 '반'이 병으로 일찍 세상을 떠났다.

2023년에는 더 큰 슬픔이 연이어 찾아왔다. 그해 5월 돌을 갓 지낸 파랑이가 생후 1년 만에 전염성이 강하고 치사율이 높은 고양이범백혈구감소증으로 세상을 떠났다. 당시 펜자와 다른 자녀들도 같은 증상을 보여 호랑이사는 한동안 폐쇄되었다. 나 역시 굳게 닫힌 문 앞에서 그들의 회복을 간절히 빌었다. 펜자와 해랑이, 사랑이는 다행히 회복했다. 하지만 그로부터 불과 석 달 뒤인 8월 아들 수호가 10살의 나이로 열사병과 심장질환으로 갑작스럽게 곁을 떠났다. 이는 수호를 아는 이들에게 큰 충격을 안겨주었다.

펜자의 슬픔은 다음 해에도 멈추지 않았다. 2024년 5월에 6살 아들 태백이 급성 간담도계 질환으로 인해 하늘로 떠났다. 그해 11월 25일 그의 아버지인 조셉마저 13살의 나이에 같은 질병으로 연이어 세상을 등졌다. 조셉은 소변 색깔 변화 등 건강 이상 징후를 나타냈지만, 치료에도 불구하고 상태가 악화했다. 나는 그들이 떠났다는 소식을 들을 때마다 동물원을 찾아 추모했다. 멀리 있어서 가지 못할 때는 마음속으로 깊이 애도했다.

자식을 잃은 어미이자 남편을 잃은 존재. 대모라는 이

름 뒤에 가려진 한 생명이 감당해야 했던 비극의 무게는 어떠했을까? 유튜브에는 이들의 죽음을 추모하는 영상이 다수 있으며, 댓글에는 슬픔을 함께 나누는 사람들의 애도 글이 이어졌다. 나는 펜자가 가족들을 잃을 때마다 어떤 감정을 느낄지 감히 짐작할 수 없다. 하지만 그의 눈빛에서 때로 깊은 슬픔의 그림자를 읽는다. 그것은 인간이 겪는 상실의 아픔과 다르지 않은 생명 본연의 비극이다. 자녀가 많을수록 더 많이 겪을 수밖에 없는 다산의 슬픔이다.

유리 벽 안의 실존 : 상징 너머의 '펜자'를 만나다

내가 펜자를 통해 마주한 것은 '대모'의 위엄이나 '용맹한 호랑이'의 신화가 아니라 그저 한 생명체일 따름이다. 나는 펜자의 삶을 기록하며 그가 지닌 '상징'의 무게와 '실존'하는 생명의 틈을 끊임없이 마주한다. 한국인에게 호랑이는 용맹하고 자유로운 야생의 포효를 상징하지만, 펜자는 동물원이라는 제한된 공간에서 살아간다.

내 사진 작업은 이 간극을 탐구하는 과정이다. 펜자의 아름다운 외모와 위엄 있는 자태를 담아내는 동시에 그 이면에 숨겨진 동물원 동물의 현실, 즉 제한된 공간과 반복되는 일상의 무게를 함께 담아내려 노력한다. 펜자의 감정을 조심스럽게 헤아린다. 이는 내 시선이 단순히 대상을 기

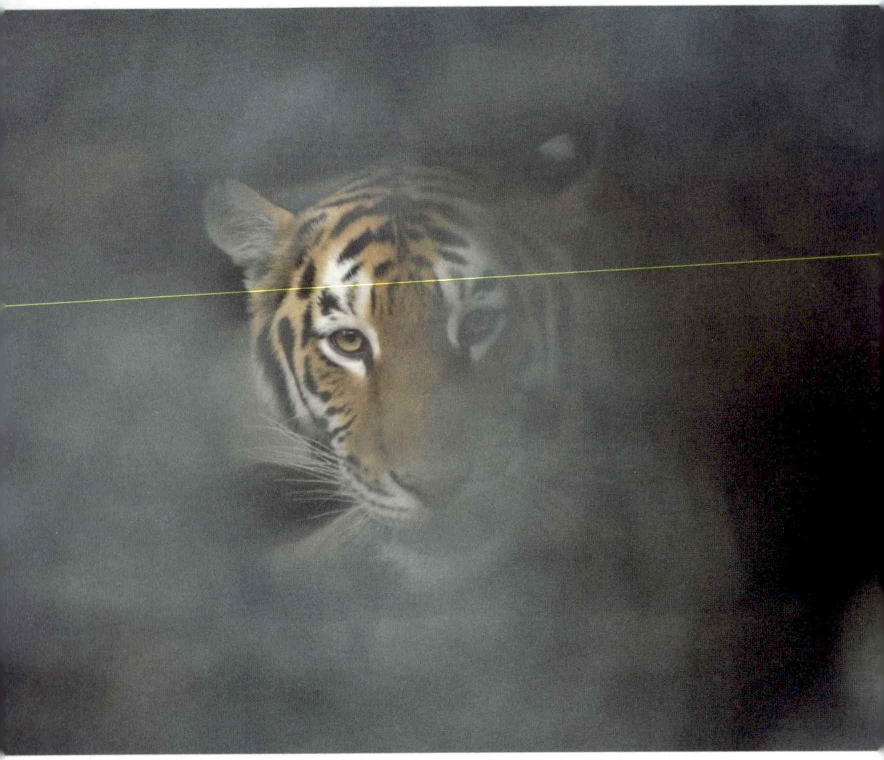

내가 10년 넘게 로스토프로 알고 있었던 이 사진의 주인공은 펜자였다.
그의 눈빛에서 차분하면서도 쓸쓸함이 느껴지는 것은 왜일까.

시베리아호랑이 '펜자', 서울대공원 동물원, 2014

록하는 것을 넘어 상징 너머의 '실존하는 생명'을 생각하고 그들의 내면과 소통하려는 시도다. 펜자는 단순한 번식의 도구가 아니다. 그는 숨 쉬고, 느끼고, 교감하며, 상실의 아픔을 겪고, 삶의 의미를 찾아가는 하나의 완전한 존재다.

삼 남매 한, 반, 도 출산 6개월 후인 2014년 5월, 방사장에 머물던 펜자의 사진을 나는 여전히 기억한다. 고백하자면 이 사진 속 주인공이 로스토프라고만 10년쯤 믿고 있었다. 2023년 6월에 마련한 나의 개인전《동물들의 공간, 동물원》을 찾아온 호랑이 전문 유튜버이자 애호가인 신비주의 님과 호영 님을 통해 펜자인 걸 알게 되었다. 그 사실에 깜짝 놀랐다. 어찌 보면 애잔하고 고독하게 담긴「시베리아호랑이 '펜자'」(2014) 사진이 펜자의 본래 모습을 담고 있던 건 아니었을까.

이런 관찰의 한계는 깊은 성찰의 계기가 된다. 펜자의 삶은 인간의 기대와 염원이 투영된 상징이 아니라 매일 반복되는 일상에서 기쁨과 슬픔, 고통과 적응을 겪어내는 구체적인 현실이다. 펜자의 주황빛 눈동자에서 나는 때로 깊은 호수처럼 고요한 쓸쓸함을 읽는다. 펜자는 동물원에서 살아가는 삶에서 어떤 행복과 희망을 느낄까? 나는 유리창 너머로 조심스럽게 말을 건넨다.

"펜자야, 오늘은 어떤 하루였니?"

펜자는 낮은 울음소리로 답한다.

"어흥~."

종 보전의 책임 : 펜자가 던지는 메시지

2025년, 펜자는 호랑이의 평균 수명인 15살을 맞았다. 나이가 들며 활동량은 줄었지만, 여전히 건강하게 생활한다. 펜자는 짙고 붉은 털색, 나이가 믿기지 않는 동그란 얼굴형과 맑은 눈으로 서울대공원의 대표 동물로 많은 사랑을 받는다. 그는 '설대 여왕'이라는 별명처럼 서울대공원 맹수사의 기둥으로 자신의 시간을 살아내고 있다.

펜자는 세계동물원수족관협회(World Association of Zoos and Aquariums, WAZA)가 관리하는 국제 호랑이 혈통서에 정식 등록된 순수혈통 시베리아호랑이다. 시베리아호랑이는 전 세계적으로 약 800~820마리가 야생에서 서식하고 동물원에 사는 개체 수는 500마리도 채 되지 않는 멸종위기종이다. 펜자와 그의 자녀들은 종 보전에 매우 중요한 역할을 한다. 특히 한국에서는 이미 야생 호랑이가 멸종했기에 그들의 존재는 더욱 각별하다. 이들의 묵묵한 존재 자체가 바로 살아 있는 교훈이다.

펜자의 삶은 우리가 동물원을 통해 얻는 지식과 감동을 넘어 생명 그 자체의 존엄성과 인류의 보전 책임을 깊이 성찰하게 만든다. 그의 존재는 사라져 가는 멸종위기종의 아름다움과 그 아름다움을 지키기 위한 우리의 노력이 얼마나 절실한지를 끊임없이 일깨운다.

그는 '푸틴의 선물'이나 '한-러 우호의 상징'이라는 거대한 이름표를 떼어내고, 그저 '펜자'라는 이름으로 불리는 한 생명으로 우리 앞에 앉아 있다. 펜자는 오늘도 서울대공원 동물원 호랑이사 야외 방사장에서 고고한 자태로 존재를 증명하며, 한국 호랑이들의 살아 있는 희망이 된다.

잠시 멈추어, 생각하다

동물원은 야생과 문명, 자유와 감금이 공존하는 가장 역설적인 공간입니다. 우리는 이곳에서 생명에 관한 통찰을 얻기도 하지만 동시에 우리가 가진 편견과 모순을 마주하기도 합니다. 저는 단순히 눈에 보이는 것을 넘어 보이지 않는 감정과 시간을 포착하기 위해 '장노출'이라는 방식을 택했습니다.

미술 평론가인 존 버거(John Berger, 1926~2017)였다면 이렇게 물을지도 모릅니다.

> "동물원은 인간과 동물의 역사적 관계가
> 단절된 후, 동물이 우리 삶에서 사라졌음을
> 증명하는 살아 있는 비문(碑文)입니다.
> 작가님이 동물의 형체를 의도적으로 지워
> '유령'처럼 만든 이미지는, 이런 동물의
> 실질적 소멸을 그저 미학적으로 재현하는 것입니까?
> 아니면 그 사라진 존재의 흔적을 통해 우리가 잃어버린 관계를 다시 사유하게 만드는 것입니까?"

장노출 사진 속에서 저는 사라져 가는 존재의 마지막 잔상을 보았습니다. 그것은 동물원이 상징하는 '관계의 단절'에 관한 시각적 애도입니다. 또한, 선명한 형태로 박제된 동물이 아닌 우리 기억 속에서 희미해져 가는 그들의 본질적인 무게에 관한 질문입니다. 당신은 어떤 사진을 보며 가장 깊은 사유에 잠깁니까?

이제 '생각'의 단계를 넘어 동물과의 직접적인 '느낌'에 집중하며 카메라를 든 제 시선이 어떻게 변화해 갔는지 이야기하고자 합니다.

제3부

느끼다 · Feel

빛을 넘어,

생명의 온도를 감각하다

13

열화상 카메라와의 조우: 체온이 건넨 공통의 언어

장노출이라는 기법으로 동물들의 '부재'를 응시하던 순간에도 내 안에서는 끊임없는 질문이 맴돌았다. 흔히 사진(Photograph)을 '빛으로 그린 그림(그리스어 'Phōtós(빛)'과 'Gráphō(그리다)'에서 유래)'이라 부르지만, 빛의 흔적만으로는 그들의 숨결과 고통, 존재의 무게를 다 드러낼 수 없다. 부재는 존재를 환기하지만, 어둠에 잠긴 잔상만으로는 삶이 지닌 뜨거운 체온과 맥박을 전달하지 못한다.

이 한계를 넘어서는 방법을 찾기 위해 나는 눈으로 보이지 않는 생명의 흔적인 온도에 주목했다. 빛이 머금지 못한 온기의 자취를 기록함으로써 사라진 것의 틈새를 넘어 '살아 있음'의 구체성을 드러낼 수 있다고 믿었기 때문이다. 그렇게 탄생한 것은 단순히 이미지가 아니라 보는 이의 감각과 기억을 흔드는 새로운 시선이다. 이는 생명체가 가

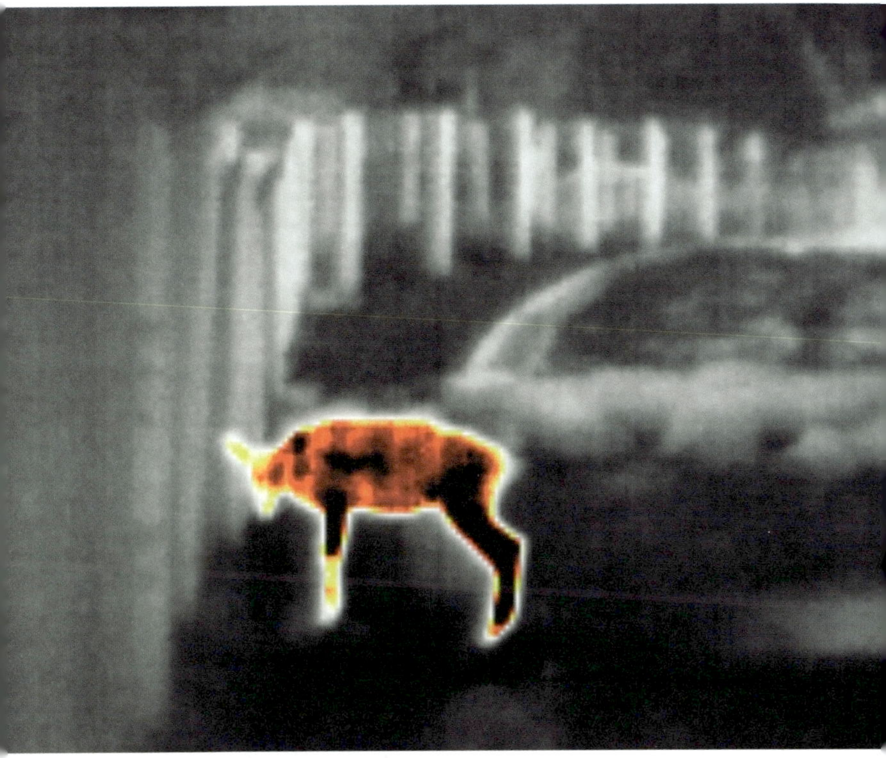

적외선을 이용하여 기록하는 열화상 카메라로 촬영했다.
체온이 있는 붉은 사슴만 색상으로 보이고, 배경은 흑백으로 처리되었다.
사슴이 무언가 말을 거는 것처럼 카메라를 응시하고 있다.

붉은 사슴, 서울대공원 동물원, 2022

진 '보이지 않는 진실'을 탐구하려는 나의 세 번째 시도다. 이를 통해 새로운 촬영 방식이 완전히 다른 메시지를 전달한다는 것을 깨달았다.

더 본질적인 감각에 관한 탐색으로

장노출 작업을 하던 시기는 팬데믹으로 동물원 실내관이 자주 문을 닫던 때였다. 그럼에도 나는 꾸준히 동물원을 찾아 장노출로 동물들의 존재와 부재, 그리고 시간의 흔적을 기록했다. 이 장노출 기법은 김아타 사진작가의 『온에어 프로젝트(On Air)』 프로젝트에서 영감을 받아 진행된 것이었다. 그래서 어떤 철학적 부채를 늘 안고 있었다. 빚을 진 마음이었다.

김홍희 사진작가의 책 『나는 사진이다』(2005)에서 마주한 "남의 날개로 대열에 선다는 것은 얼마나 부끄러운 일인가."(김창근, 「미납편지」 중에서)라는 문장은 단순한 영감을 넘어 작가로서의 정체성을 향한 통렬한 질문이 되었다. 기법을 스스로 발명하지 않는 한 기존 방식의 차용은 자연스럽지만, 단순 모방으로는 안 된다는 깨달음에서다.

보통 예술은 '무'에서 '유'를 창조하는 것으로 생각한다. 그렇지 않다. 예술은 없던 것을 만들어 내는 것이 아니다. 예술은 기존에 있던 것에서 또 다른 새로운 것을 창조해 내는 과정이다. 쉽게 말해 '유'에서 '유'를 만들어내는 것이다.

더 근본적인 문제는 소멸 방식에 있었다. 동물원에서 생을 마감한 동물들이 대부분 소각되어 재로 돌아가는 과정은 어떤 이미지로도 붙잡을 수 없는 절대적인 공허를 느끼게 했다. 눈으로 보고 머리로 생각하는 형상만으로는 결코 담아낼 수 없는 것들을 외면하고 있다는 자각이 들었다.

동물원에서 죽은 동물 중에서 아주 일부만이 박제되어 전시되는 방식 또한 생명의 진정한 존재를 증명하기에는 역부족이라고 느꼈다. 그 허무함은 단순한 상실감을 넘어 살아 있음에 관한 근원적인 질문으로 이어졌다. 장노출로 존재의 의미를 담으려 했지만, 시간이 지나며 점점 더 '생명' 그 자체를 기록하고 싶다는 갈망이 커졌다.

'온기'라는 감각에 관한 깨달음

이런 갈증은 결국 나를 빛이 담아내지 못하는 다른 감각으로 이끌었다. 그것은 바로 살아 있는 생명이 지닌 '온기'였다. 눈에 보이는 형상을 넘어 존재하지만 보이지 않는 '온도'야말로 살아 있음의 핵심이라고 절박하게 느꼈다.

이런 모색 속에서 나는 또다시 책에서 도움을 받았다. 『왜 예술사진인가?』(루시 수터, 2018)에서 나는 열화상 카메라를 이용한 흥미로운 사례를 접했다. 일본 사진작가 히라사와 겐지는 살아 있는 피사체 대신 유명인 얼굴을 본떠 만든 밀랍 인형을 촬영 대상으로 삼았다. 그의 작업은 열화상으로 '열'을 시각화함으로써 일반 사진으로는 생명이 있는 것처럼 보이는 밀랍 인형을 온도 분포를 통해 생명이 없는 존재로 드러내는 장치다. 이로써 히라사와는 관객이 '실제 생명인가, 가짜인가'를 혼동하게 만들고, 사진 매체가 현실을 재현하는 방식의 본질에 관한 질문을 던진다.

사실 열화상 작업을 하기 한 해 전에 대구에서 열린 어느 사진전을 통해 파리에서 열화상으로 찍은 노숙자 사진을 본 적이 있었다. 그땐 그저 스쳐 지나갔던 이미지가 생명의 본질을 향한 갈증이 깊어진 나에게 운명처럼 다시 말을 걸어왔다.

열화상을 통한 살아 있는 것과 죽은 것의 온도 대비

당장 망설일 것도 없었다. 바로 인터넷을 통해 열화상 카메라를 알아보았다. 곧 마음에 쏙 드는 것을 찾아 구매했다. 열화상 카메라를 들고 동물원으로 향하는 길, 가슴 속 심장은 걷잡을 수 없이 두근거렸다. 설렘과 긴장감이 동시에 교차했다.

'과연 내가 배우고 깨달은 바를
사진으로 담아낼 수 있을까?'

동물원에 가서 동물들에게 열화상 카메라를 들이대는 순간, 나는 내가 원하는 사진을 만들어낼 수 있었다. 열화상 카메라의 뷰파인더는 경이로운 세계였다. 차가운 콘크리트 벽, 쇠창살은 검은 어둠 속으로 가라앉고, 오직 살아 있는 존재들만이 붉고 노란빛으로 선명하게 타올랐다. 생명과 비생명의 경계를 가르는 것은 빛이 아닌 온도였다. 바로 내가 찾던 가장 정직한 시각 언어이자 생명의 존엄성이 오롯이 사진에 담긴 순간이었다. 그렇게 2022년부터 나는 적외선을 이용하여 온도를 측정하고 기록하는 열화상 카메라로 본격적인 작업을 시작했다.

매체의 변화가 전달하는 메시지의 변화

"매체는 메시지다."

캐나다의 미디어 학자 마셜 맥루언(Marshall McLuhan, 1911~1980)은 기술과 미디어가 단순히 정보를 전달하는 수단이 아니라 그 자체가 인간의 감각과 사회 구조에 영향을 미치는 메시지라는 혁명적인 이론을 제시했다. 그의 말처럼 열화상을 통한 '온도' 자체가 생명의 언어가 되었다.

기존 나의 다큐멘터리 방식은 모든 사람을 위한 사진이다. 이는 '빛'이라는 매체가 지닌 대중적이고 즉각적인 소통의 힘이다. 사진을 보자마자 한눈에 이해된다. 특히 귀여운 동물 사진들은 대중으로부터 큰 관심을 받는다. 동물 사진은 광고계의 3B 법칙에 완벽하게 부합한다. 이 법칙은 사람들의 시선을 사로잡는 데 가장 효과적인 3가지 요소를 말하는데, 바로 '아름다움(Beauty)', '아기(Baby)', '야수(Beast)'이다.

미남미녀나 아기의 사진은 사람들의 시선을 끄는 강력한 힘을 가졌지만, 특정 인종에 관한 편견이나 논란의 여지가 있을 수 있다. 하지만 동물 사진은 이런 인종적 문제에서 벗어난다. 따라서 동물은 미남미녀나 아기가 지닌 광고 효과를 넘어서 더 보편적이고 안전한 방식으로 대중에게 다가갈 수 있는 특별한 장점이 있다. 물론 동물 그 자체를 좋아하지 않는다면 이야기가 달라지겠지만.

관점에 따라서 3B 법칙에 해당하는 주제를 노래로 치면 사랑 노래나 다름없다. 가수 대다수는 데뷔 때 주로 사랑을 소재로 한 노래를 발표한다. 그것이 이른바 대중의 코드에 먹히기 때문이다. 사랑이 아닌 인생이나 다른 이야기들은 주로 2집이나 그 후속작으로 선보인다. 데뷔부터 사랑이 아니라 다른 주제를 다루는 가수도 물론 있다. 이 경우에 아주 소수만이 대중의 사랑을 받고 성공한다. 넓게 보면 무난한 것이 대중과 평단의 사랑을 얻기 위한 전략이다.

하지만 사진 작업은 이와 반대다. 가장 무난한 대중적인 주제를 사진 작업으로 풀어내는 건 가장 난도가 높다. 사랑을 주제로 한 사진 작업이라면 무엇이 있을까? 왠지 가족, 연인, 친구들이 등장해야 할 것만 같다. 무언가 뻔하다. 너무 자주 사용되어 진부하고 식상해진 표현이나 아이디어를 뜻하는 프랑스어 '클리셰(Cliché)'를 떠올리게 한다.

사실 내 『동물원』 연작도 같은 맥락에 있다. 누구나 찍을 수 있는 동물 사진으로 나만의 작업을 하기로 마음먹었으나 단순히 대중의 시선을 사로잡는 것에만 머물 순 없었다. 10년이 넘도록 동물원을 드나들며 쌓인 고민과 성찰이 나를 다른 길로 이끌었다.

동물들의 죽음과 부재를 경험하면서 기존의 다큐멘터리 방식에는 균열이 생겼다. 그래서 나는 두 번째 시선으로 장노출을 택했다. 이는 즉각적인 감상에서 한 걸음 더 나아가 동물의 부재와 시간의 흔적에 관해 사유하기를 요구하는 더 깊은 대화의 시작이었다.

장노출 작업을 하면서 생긴 철학적 탐구와 생명에 관한 갈증은 나를 열화상 기법으로 이끌었다. 물론 동물 사진에 열화상 카메라를 아예 사용하지 않는 것은 아니다. 주로 야생에서 사냥하거나 동물을 찾는 용도다. 그것이 아니라면 의학적인 목적이다. 동물의 몸 어디에 문제가 있는지를 알아보기 위해 열화상 카메라를 들이댄다. 온도가 높게 나온 부분을 찾아 문제를 진단하기 위해서다. 물론 열화상 카메라는 사람에게도 마찬가지로 의료 목적으로 사용된다. 그리고 산업용으로도 쓰인다. 공장에서는 열화상 카메라로 설비의 온도 상승을 감지하여 화재를 예방한다.

하지만 나의 목적은 다르다. 사냥이나 진단이 아닌 오직 생명 그 자체를 예술작품으로 만들기 위함이다. 이제 열화상 카메라를 통해 동물들의 '생명'을 가장 본질적인 방식으로 포착할 수 있게 되었다. 장노출이 부재를 이야기한다면 열화상은 존재의 핵심을 뜨겁게 드러낸다. 장노출이 담아낸 '부재'는 역설적으로 '존재'를 다시 떠올리게 한다. 이처럼 열화상 작업은 장노출이라는 시선이 없었다면 불가능했을 여정이다. 동시에 장노출 기법을 완전히 내려놓은 것은 아니다. 장노출은 현재 진행형 작업이다.

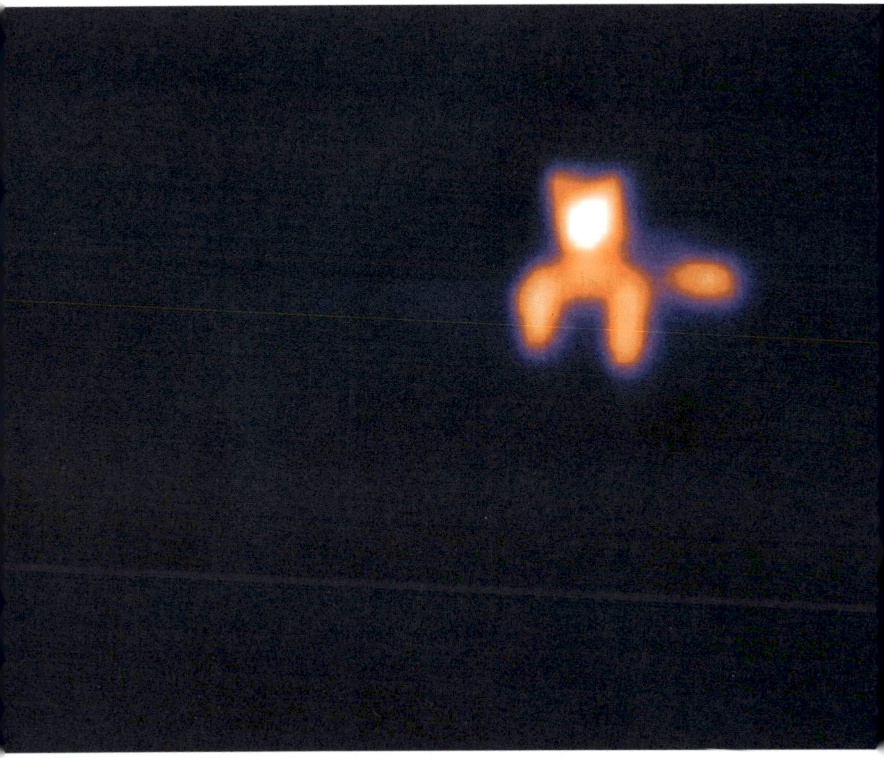

나무 데크 위에 올라 앉아 있는 파랑이를 열화상 카메라로 담았다.
한 살 남짓한 아기 호랑이여서 마치 작은 곰인형처럼 표현되었다.
파랑이가 세상을 떠나기 몇 달 전의 모습이다.

시베리아호랑이 '파랑이', 서울대공원 동물원, 2023

얻은 것과 잃은 것

이렇게 이어온 『동물원』 연작 작업은 단순했던 대상 인식에서 더 깊고 복잡한 단계로 나아가는 과정이었다. 작업 기간이 길어질수록, 동물들을 알아보고 배워갈수록 나의 시선은 더 심화했다. 이 매체 전환으로 발견한 세계는 바로 '생명의 가치에 관한 강력하고 본질적인 시각적 발언력'이다.

빛이 드러내지 못한 숨은 온기를 통해 생명의 유무와 가치를 선명히 대비시킨다. 차가운 철창과 따뜻한 동물 사이의 극명한 대비는 생명을 시각적으로 구현하며, 보는 이에게 깊은 울림을 준다.

반면, 내가 잃은 것은 '즉각적인 공감대'다. 열화상 사진은 구체적인 형태 대신 추상적으로 보일 수 있는 온도를 제시하여 관람객에게 더 깊은 사유와 이해의 시간을 요청한다. 나는 즉시 반응하는 이해를 내려놓고 생명의 본질이라는 메시지를 택했다. 곧장 알 필요는 없다. 보고, 생각하고, 느낀 뒤에야 비로소 깨달음이 오는 법이다.

눈에 보이지 않는 진실

어쩌면 열화상과의 만남은 오래전부터 나를 기다려온 마치 '우주적 만남'과도 같은 필연이었을 것이다. 이 경험은 단순한 기술적 시도를 넘어 존재의 본질에 대한 깊은 철학적 통찰을 선사하는 여정이 되었다.

열화상 작업은 보이지 않던 존재를 드러낸다. 이제 사진은 단순한 시각적 기록을 넘어 감각이 깨어나는 체험이자 생명의 소중함을 향한 끊임없는 탐구가 된다. 적외선으로 포착한 온기의 흔적이 당신의 마음에 가닿기를 바란다.

14

철창 너머로 전해지는 따스한 생명의 기운

동물원은 철창과 유리 벽으로 동물과 관람객을 구분한다. 초식 동물사는 보통 울타리로 되어 있는 반면, 맹수사는 쇠창살이나 강화 유리창으로 구분돼 있다. 이런 분리는 서로를 막아서기도, 지켜주기도 한다. 이 경계 너머에서 만난 암컷 재규어 '재순이'의 뜨거운 온기는 그 물리적 장벽이 결코 꺼뜨릴 수 없는 생명의 불꽃임을 말해준다. 그의 이야기는 우리 사회가 생명과 어떻게 관계 맺어야 하는지에 관한 성찰을 이끌며 더 나은 세상을 향한 희망의 메시지를 던진다.

재규어(Panthera Onca, '판테라 온카'로 발음)는 표범과 매우 닮은 외모를 가졌지만, 표범이 아닌 독자적인 종이다. 언뜻 보면 표범과 재규어가 비슷해서 나 또한 『동물원』 작업 초반에는 안내판 없이는 둘을 구별하기에 어려웠다. 서울어린이대공원에서는 표범사와 재규어사가 붙어 있어 더 헷갈렸다. 자세히 보면 무늬 차이가 분명하다. 표범 무늬는 가운데가 빈 검은 고리이고, 재규어 무늬는 고리 안에 점이 찍혀 있어 꽃 중심의 씨앗 같다. 이 고리 모양 얼룩무늬를 '로제트(Rosette)'라 부르는데 표범은 작고 촘촘하게, 재규어는 크고 간격을 두고 배열된다. 그래서 '속이 빈 매화는 표범, 씨 박힌 장미는 재규어'만 기억하면 두 동물을 쉽게 구분할 수 있다.

모 자동차 회사의 브랜드명이기도 한 재규어는 아메리카 대륙에 서식하는 유일한 표범 속 동물로 그 크기는 고양잇과 동물 중 호랑이와 사자 다음인 세 번째를 차지한다. 그래서인지 능력 역시 표범보다 재규어가 한 수 위다. 훨씬 다부진 체구와 단숨에 먹이의 머리뼈를 으스러뜨리는 강력한 턱 힘을 자랑한다. 고양잇과 동물답지 않게 수영을 즐기며 물속 사냥에 능한 것도 재규어만의 특징이다. 재규어가 표범보다 맹하게(?) 생긴 데다 순해 보여서 약할 것이라 예상했는데, 전혀 그렇지 않다.

설대 하나뿐인 재규어 귀한 재순이

서울대공원에 사는 재순이는 이곳의 유일한 재규어다. 출생 시기는 기록되어 있지 않지만, 내가 2010년대부터 지켜봐 온 것을 감안하면 이미 10살이 훌쩍 넘었을 것이다. 내가 촬영한 2018년 영상 속에서는 다른 재규어와 어울리던 모습이었으나 이제는 홀로 남아 있다. '설대 하나뿐인 재규어 귀한 재순이'라고 불릴 만큼 특별한 동물이다. '설대'는 서울대공원의 줄임말이다.

재순이는 동물원의 단순한 전시 동물을 넘어 약 1억 5,000만 원에 달하는 몸값을 자랑하는 재규어 혈통으로서 멸종위기종 보전의 중요성을 보여주는 상징적인 생명체다. 동물원이 생명 보전과 교육의 장임을 보여주는 교육적 가치를 지닌다. 그의 모습을 통해 관람객들은 야생동물 보호의 필요성을 체감하게 된다.

2023년, 재순이 옆집 퓨마사에 살던 암컷 퓨마 '퓨퓨'가 하늘로 떠났다. 그해 11월 1일 서울동물원을 찾았을 때, 재순이가 퓨마사로 이사한 걸 볼 수 있었다. 기존 재규어사는 빈 채로 있었다. 퓨마사와 재규어사가 별반 차이 없어 보이는데 퓨마사가 살짝 더 좋은 것일까? 이날 재순이는 내실에 있는 건지 모습을 볼 수는 없었다.

나중에 그 이유를 알아보니 재순이의 건강에 문제가

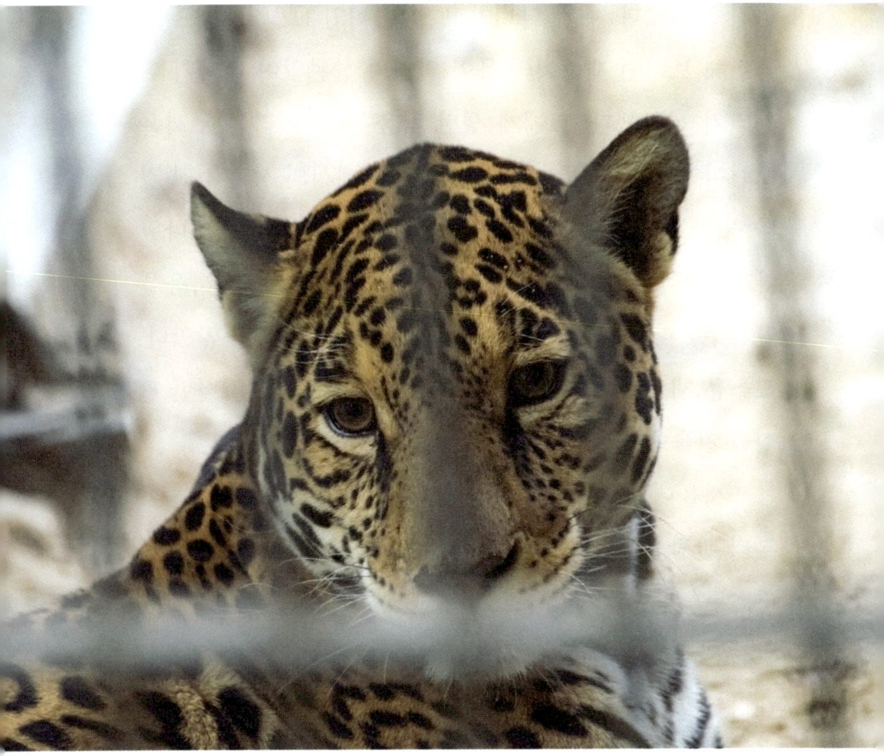

재순이는 서울대공원 유일의 재규어로 귀한 존재다.
그가 살고 있는 공간은 철장으로 가로 막혀, 나에게 늘 숙제로 다가왔다.

재규어 '재순이', 서울대공원 동물원, 2018

생긴 것이었다. 내가 다녀가고 얼마 뒤인 11월의 어느 날, 굳건해 보이던 재순이의 몸이 의지와 상관없이 갑자기 뒤틀리기 시작했다. 그에게 생전 처음 '발작'이라는 무서운 시련이 닥친 것이었다. 외부 진료 기관에서의 정밀 검진 결과, 노화로 인한 선천적인 뇌 병변 증상이라는 소견이 나왔다. 그 소식은 재순이를 지켜봐 온 이들에게 큰 안타까움을 안겨주었다. 하지만 동양관 사육사들은 절망하지 않았다. 그들은 재순이를 '특별 관리 대상'으로 분류하고 각별한 관심을 기울이며, 밤낮으로 재순이의 곁을 지켰다.

서울대공원은 재순이의 건강을 최우선으로 2024년 초부터 관람을 제한하며 그에게 온전히 회복할 시간을 주었다. 재순이는 혈액검사와 24시간 모니터링을 통해 증상에 맞는 약물 치료를 꾸준히 받고 있다. 차가운 얼음과 향긋한 대나뭇잎 등으로 다양한 동물행동 풍부화를 제공하며, 몸뿐만 아니라 마음까지 보살피는 사육사들의 헌신적인 노력 덕분에 재순이는 씩씩하게 치료에 임하고 있다.

재순이의 작은 발작 하나에도 사육사들이 숨을 죽이고 지켜보며, 다시 평온을 찾을 때 안도하는 나날들이 이어진다. 재순이의 깊고 고른 숨소리가 조용한 오후를 채운다. 사육사들의 세심한 관찰과 부드러운 보살핌이 재순이의 회복을 더욱 든든히 지지한다.

열화상 카메라로 마주한 재순이

서울동물원 재규어사는 동양관으로 향하는 길목에 놓여 있어 나는 반드시 그곳을 지나쳐야 한다. 사진을 찍기보다 재순이가 잘 지내는지 눈으로 확인하기 위해 재규어사를 스치듯 지나간 적이 많다. 2022년, 재순이가 아프기 전 나는 그와 온전히 마주할 새로운 방식을 찾고 있었다. 그러나 재순이의 세계를 둘러싼 쇠창살은 사진가인 나에게 커다란 제약으로 다가올 뿐이었다. 렌즈는 번번이 차가운 창살에 가로막혔고, 망원렌즈로 얼굴을 당겨 찍는 것이 전부였다. 이 물리적 한계를 넘어 존재의 본질에 닿기 위한 다른 방법이 필요했다. 그때 나는 열화상 카메라를 들었다. 열화상 모니터 속에 나타난 재순이를 본 순간, 나는 숨을 멈추었다. 그리고 온몸에 소름이 돋았다.

"아! 재순이의 몸은 붉구나."

재순이의 심장이 붉게 맥박친다. 쇠창살 너머로 번지는 붉은 열기에서 주황빛 물결 속 재순이의 가슴 뛰는 소리가 들리는 듯하다. 그 차가운 금속 빗살과 뜨거운 생명의 온기 사이의 극명한 대비는 갇힌 공간 속에서도 꺼지지 않는 생명의 본질적인 에너지를 감각적으로 일깨운다. 이 한

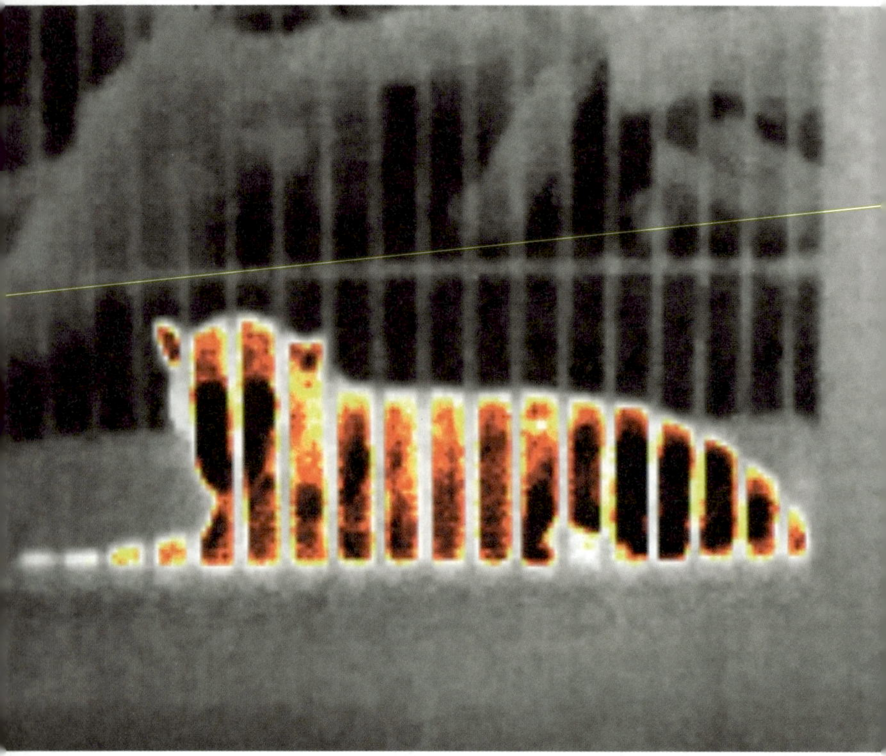

적외선 카메라는 물체를 투과하지 않기에 철장 사이에 있는
재순이의 몸이 마치 슬라이스로 잘린 것처럼 보인다.
붉은 형체는 생명의 따스한 기운을 전한다.

재규어 '재순이', 서울대공원 동물원, 2022

장의 「재규어 '재순이'」(2022) 사진은 단순히 온도를 보여주는 것을 넘어 쇠창살이 결코 가둘 수 없는 생명의 순수하고 뜨거운 온기를 웅변하고 있다.

'보이지 않는 것을 향한 시선'은 궁극적으로 '생명의 본질'을 보여준다. 맨눈으로 보이는 동물의 표정이나 행동 뒤에 숨겨진 그들의 내면, 환경에 의해 규정된 존재 방식 너머의 순수한 생명력을 열화상은 드러낸다.

한편, 흥미로운 점은 열화상 카메라가 유리창이나 철창살, 벽 등을 모두 투과할 것이라는 내 선입견이 깨진 것이다. 열화상 카메라는 물체가 방출하는 적외선 복사를 감지하여 그 강도 차이를 바탕으로 온도 분포를 이미지로 시각화하는 원리다. 이때 적외선은 물체에 가로막히면 차단된다. 내가 담아낸 재순이 작품에는 철창살이 재순이의 몸을 가리고 있음에도 그 사이로 온전한 온기가 고스란히 드러난다.

재순이의 안녕을 기원하며

재순이는 서울대공원을 찾는 많은 관람객에게 깊은 사랑을 받는 존재다. 서울대공원은 2025년 3월부터 재규어사 리모델링으로 환경개선 공사를 진행했다. 그래서 관람객들은 한동안 재순이를 만날 수 없었다. 유튜브에는 '그리운 재순이', '잘 지내지, 재순아. 우리 11월에 만나자'와 같은 제목의 영상들이 올라와 있다. 재순이를 향한 사람들의 따뜻한 애정을 엿볼 수 있다.

우리는 동물원에서 재순이와 같은 생명이 겪는 희로애락을 목격한다. 이를 통해 모든 생명을 존중하고 이해하는 법을 배운다. 따라서 재순이의 회복은 단순히 한 동물의 치료를 넘어 우리에게 생명의 존엄성을 일깨우는 상징이 된다.

새롭게 단장될 재규어사에서 재순이가 다시 건강하게 밥을 먹고, 따스한 햇살 아래 편안히 낮잠을 즐기는 모습을 볼 수 있기를 진심으로 기원한다. 그의 온기가 꺼지지 않기를, 그리고 그 온기가 더 많은 사람에게 닿아 생명을 향한 따뜻한 시선으로 확장되기를 간절히 소망한다.

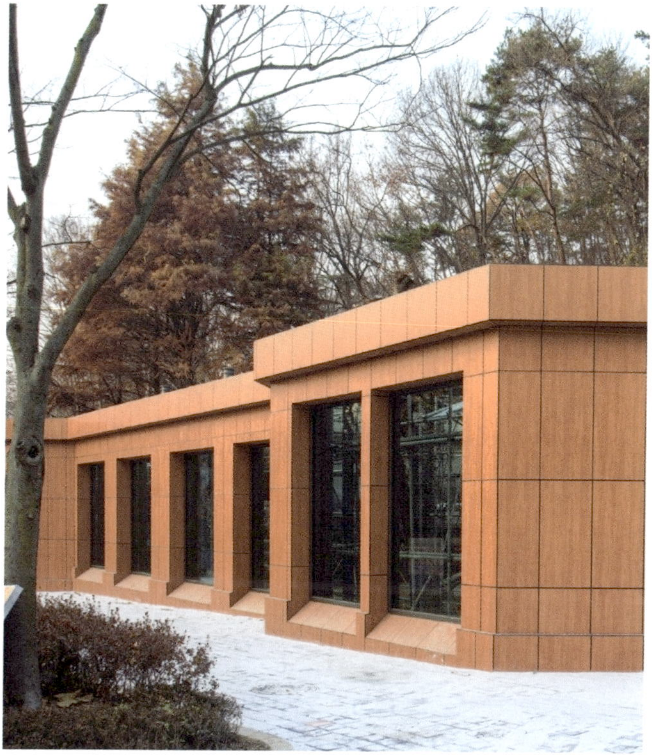

재순이가 앞으로 살게 될 새로운 재규어사다.
리모델링을 거친 곳으로, 새로운 환경에서 재순이가
활기차게 살길 바래본다.

재규어사, 서울대공원 동물원, 2025

15

멸종위기종 코뿔소의 본질

어제도, 오늘도, 이름조차 알 수 없는 수많은 생명이 소리 없이 스러져간다. 이들의 존재는 어떻게 기록될 수 있을까? 이 질문은 나를 깊은 허무로 이끈다. 빛으로 형상을 담는 사진이 닿지 못하는 곳에서 생명이 전하는 가장 근원적인 언어인 '온도'에 집중하는 이유다.

멸종의 그림자가 드리운 코뿔소 앞에 서면 나는 차갑게 식은 땅 위에 남겨진 마지막 열기를 감지한다. 열화상 카메라가 포착하는 붉은 파장은 단순한 색이 아니라 사라져 가는 존재의 절박한 외침이다. 잔잔한 숨결조차 기록되지 못한 채 사라지는 생명 앞에서 그 뜨거운 체온은 가장 분명한 증거이자 우리 마음에 전해진 마지막 메시지다.

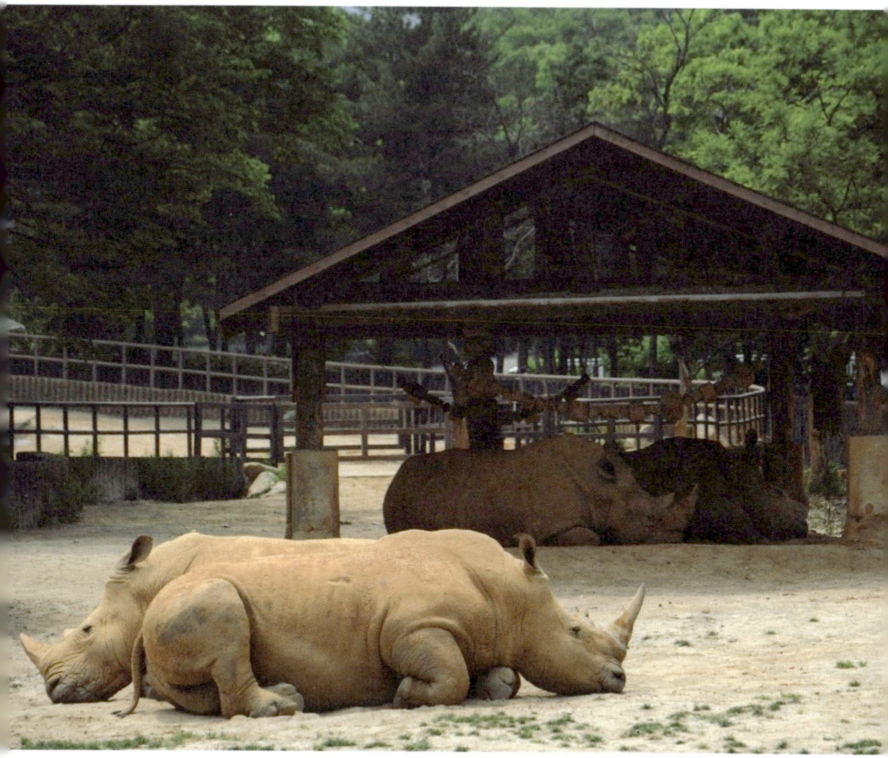

코뿔소 만델라를 비롯하여 코순이, 수미, 초미 등 네 마리가
함께 살던 시절의 사진이다. 맨 앞의 등 아래 움푹 판 자국이 있는
코뿔소가 만델라다. 코순이와 수미가 떠나고 만델라와 초미만 남아 있다.

코뿔소, 서울대공원 동물원, 2018

강철 갑옷 속, 위태로운 심장

우람한 몸집을 감싼 갑옷 같은 두꺼운 피부, 그 끝에 솟은 단단한 뿔이 거대한 존재감을 뿜어낸다. 코끼리에 이어 지상 최대의 육상 포유류인 코뿔소는 1톤이 넘는 무게와 위협적인 뿔로 사자 같은 맹수조차 쉽게 접근하지 못하는 강력한 생명체다. 실제 에버랜드 주토피아 동물원 로스트밸리의 '평화의 언덕' 구역에서는 코뿔소와 치타가 한 공간에 공존한다. 이 조합이 가능한 이유는 치타가 코뿔소를 감히 사냥감으로 인식하지 않기 때문이다.

하지만 이토록 강인한 코뿔소가 멸종의 문턱에 선 것은 전적으로 '사람' 때문이다. 인간이 총과 같은 무기를 들고 나타났을 때, 코뿔소의 강력한 뿔과 갑옷은 속수무책이었다.

코뿔소는 수백만 년 전인 마이오세(Miocene)와 플라이오세(Pliocene) 시기에는 지구상에 광범위하게 서식하고 있었지만, 인류세(Anthropocene)인 현재 수마트라섬, 자바섬, 보르네오섬, 인도 및 사하라 사막 이남의 아프리카 사바나 지방에 분포하고 있을 뿐이다. 아프리카와 아시아에서 코뿔소는 뿔과 가죽을 노린 밀렵의 표적이 되었다.

특히 그들의 상징인 뿔은 역설적으로 생존을 위협하는 가장 큰 비극의 원인이 되었다. 코뿔소의 뿔은 코뼈와

앞머리뼈 사이의 피부에서 1개 또는 2개가 있다. 피부가 변화하여 생긴 뿔은 평생 자란다. 코뿔소의 뿔은 뼈가 아니라 사람의 손발톱과 같은 케라틴 성분으로 과학적으로 증명된 약효는 전혀 없다. 그럼에도 이를 정력제나 만병통치약으로 오인하는 인간의 그릇된 믿음 때문에 밀렵의 총성은 절대 멈추지 않는다.

코뿔소의 뿔이 상징하는 것은 단지 위력(威力)만이 아니다. 그 안에는 자연을 지배하려는 인간의 끝없는 욕망과 이를 지켜내려는 필사적인 노력 사이의 치열한 갈등이 고스란히 담겨 있다. 세계자연기금(World Wide Fund for Nature, WWF)에서는 매년 9월 22일을 '세계 코뿔소의 날'로 지정하여 코뿔소 보호를 위한 노력을 펼치고 있다. 국제코뿔소기금(International Rhino Foundation, IRF)은 뿔로 인한 코뿔소의 피해를 막기 위해 뿔을 미리 자르기도 한다.

현재 전 세계 코뿔소는 국제자연보전연맹(International Union for Conservation of Nature, IUCN) 적색목록(Red List)에서 종에 따라 '위급(Critically Endangered, CR)', '위기(Endangered, EN)', '취약(Vulnerable, VU)', '준위협(Near Threatened, NT)' 등의 등급으로 분류되어 있다. 코뿔소는 CITES 부속서 I(1등급)에 등재되어 모든 상업적 국제 거래가 금지된다.

코뿔소는 종류에 따라 크게 흰코뿔소(북부흰코뿔소와 남부흰코뿔소로 나뉨), 인도코뿔소, 자바코뿔소, 수마트라코뿔소, 검은코뿔소로 나뉜다. 이 중 북부흰코뿔소, 자바코뿔소, 수마트라코뿔소, 검은코뿔소는 국제자연보전연맹 적색목록에서 위급(CR) 등급을 받았고, 남부흰코뿔소는 준위협(NT), 인도코뿔소는 취약(VU) 등급을 받았다.

밀렵의 총성과 벌채 기계의 굉음 속에서 코뿔소의 발자국은 점점 사라진다. 검은코뿔소 개체수는 수만에서 약 6,400마리로 줄었고, 자바코뿔소는 100마리 미만, 수마트라코뿔소는 50마리 이하로 심각한 위기에 처해 있다.

종의 비극, 역사의 증인

코뿔소가 처한 비극은 북부흰코뿔소의 사례에서 가장 극명하게 드러난다. 한때 아프리카 중부 일대에 널리 퍼져 살았던 그들은 무자비한 밀렵과 내전으로 인한 서식지 파괴로 점점 사라져 갔다. 1960년대 약 2,000마리에 달했던 개체 수는 1970년대 500마리까지 급감했다. 마지막 야생 개체군은 2008년 콩고민주공화국에서 자취를 감추었다.

결국 지구상에 남은 북부흰코뿔소는 단 3마리. 그리고 2018년 3월 19일, 마지막 수컷이었던 '수단(1973년생)'이 세상을 떠나면서 이 종은 '기능적 멸종(Functional Extinction)'

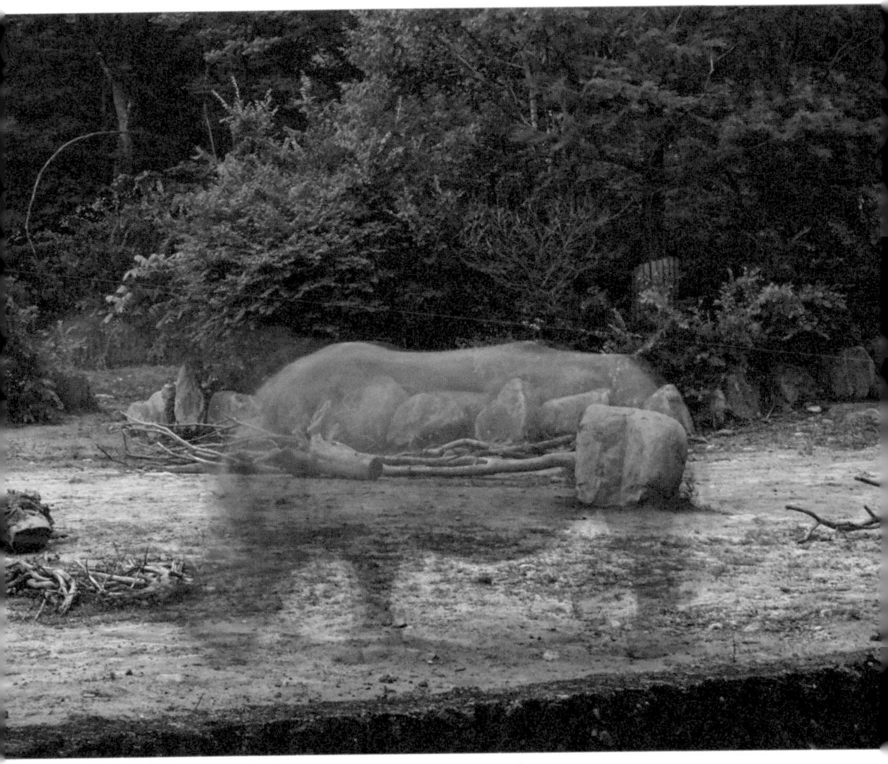

장노출 기법으로 언젠가 죽어 없어지는 동물들을 표현했다.
코뿔소가 희미하게 사라지는 모습은
멸종위기를 맞은 동물들을 떠오르게 한다.

코뿔소, 서울대공원 동물원, 2022

상태에 빠졌다. 기능적 멸종이란 개체수가 너무 적어 자연 번식할 수 없어서 생태계에서 사실상 사라진 상태를 뜻한다. 이제 북부흰코뿔소는 수단의 딸인 '나진(1989년생)'과 손녀인 '파투(2000년생)', 단 2마리의 암컷만이 남았다. 이들은 케냐의 올 페제타 보호구역(Ol Pejeta Conservancy)에서 24시간 삼엄한 경비 속에 자신들이 이 세상에 존재한다는 사실을 온몸으로 증언하고 있다.

인류는 마지막 희망을 놓지 않고 있다. 국제 컨소시엄 '바이오 레스큐(Bio Rescue)'의 주도로 과거 수단에서 채취한 정자와 나진과 파투의 난자를 체외 수정하여 남부흰코뿔소 대리모를 통해 종을 복원하려는 노력이 진행 중이다. 현재 30여 개의 배아가 냉동 보관되어 있다. 2024년에는 대리모가 70일간 임신을 유지하며 가능성을 보여주기도 했다. 비록 이 실험이 대리모가 세균 감염으로 사망하면서 중단되는 아픔을 겪었지만, 과학자들은 여전히 종 복원에 희망을 걸고 있다. 이런 절박한 보전 현장은 내셔널지오그래픽 다큐멘터리 「마지막 코뿔소: 새로운 희망(The Last Rhinos: A New Hope)」(2025)에서도 조명되었다. 수단의 마지막 순간부터 나진, 파투의 체외수정 과정을 따라가며 바이오 레스큐의 헌신과 눈물이 담긴 여정을 전한다.

도시의 방주, 서울대공원의 코뿔소들

전 지구적인 멸종의 비극 속에서 동물원은 종을 보전하는 마지막 방주가 되기도 한다. 현재 우리나라에서 코뿔소를 볼 수 있는 동물원은 서울대공원과 에버랜드 뿐이다. 모두 남부흰코뿔소 종을 보유하고 있다. 서울대공원에는 한때 5마리의 흰코뿔소가 함께 살며 그들만의 역사를 쌓아왔다. 암컷 '코순이(1984년생)'와 그의 짝 '코돌이(1977년생)', '수미(1985년생)'와 그의 딸 '초미(1996년생)' 그리고 '만델라(2004년생)'가 그 주인공들이다.

1984년 서울대공원 개장 당시 코순이는 일본 가와하라 동물원에서, 코돌이는 도쿄 다마 동물원에서 과천으로 옮겨 왔다. 코순이는 온순하면서도 강한 성격으로 다른 개체들을 이끌었다. 하지만 2012년 8월, 짝이었던 코돌이가 안타까운 사고로 세상을 떠나는 아픔을 겪었다. 자신도 2019년 12월 난소 종양으로 생을 마감했다.

수미는 1985년 서울대공원으로 왔다. 수미는 코돌이와의 사이에서 1996년 2월 10일 암컷 초미를 낳았다. 경계심이 많았던 수미는 2024년에 세상을 떠났다. 공식 발표가 없기에 정확한 날짜는 공개되지 않았다.

2004년 10월 15일 싱가포르 동물원에서 태어난 수컷 만델라는 초미의 신랑으로 2011년 11월 한국으로 왔다. 만델라는 2012년 5월부터 일반에게 공개되었다.

내가 동물원에서 만난 코뿔소들은 거대한 체구에도 불구하고 온순한 인상을 주었다. 그들을 구분하고 싶어 사육사에게 물어보니 뿔 모양과 얼굴 생김새로 식별할 수 있다고 했다. 특히 만델라가 가장 뿔이 크다고 했다. 하지만 나에게는 구분이 어려웠다. 단지 몸에 있는 원통형 상처 자국만이 만델라를 알아볼 수 있게 해주는 유일한 표식이다.

이제 서울대공원에는 초미와 만델라, 단 2마리의 코뿔소만이 남아 서로를 의지하며 살고 있다. 서울동물원은 8살의 나이 차를 넘어, 이 둘 사이에서 새로운 생명이 태어나기를 바라며 번식을 계속 시도하고 있다. 두 코뿔소는 비록 동물원이라는 제한된 공간에 있지만, 그들의 존재 자체가 사라져 가는 종에 관한 우리의 희망이자 무거운 책임감을 상기시킨다.

멸종위기종 동물들에게 관심을

나는 멸종위기종 코뿔소가 처한 이 역설을 어떻게 사진으로 표현할 수 있을지 고민했다. 강력한 갑옷을 가졌지만 그 누구보다 취약한 존재, 인간의 욕망 때문에 고통받지만 동시에 인간의 보호 속에서만 명맥을 잇는 코뿔소의 본질 말이다. 그 해답을 나는 열화상 카메라에서 찾았다.

열화상 카메라는 단순히 온도를 재는 기계를 넘어 눈에 보이는 형태와 구조물 너머에 맥박치는 생명 그 자체의 온기를 기록한다. 내 「코뿔소」(2022) 사진 속에서 코뿔소의 육중한 몸은 마치 SUV 자동차처럼 단순한 실루엣으로 추상화된다. 그리고 그 몸을 차가운 철창살이 가로지르며 분절시킨다. 이는 적외선이 물체에 막혀 생기는 물리적 현상이지만, 나에게는 코뿔소가 처한 현실의 완벽한 상징으로 다가왔다. 강력한 생명의 에너지가 인간이 만든 구조물에 의해 갇히고 잘린 모습이 담긴 것이다. 오직 따뜻한 생명 그 자체만을 부각하는 것이 내가 온기로 그려낸 코뿔소의 초상이다.

사람들이 보통 동물원에 가면 동물들을 처음 볼 때는 신기해하지만, 이내 눈에 익숙해지면 시큰둥하게 지나치곤 한다. 하지만 열화상 사진은 익숙한 대상을 낯설게 재해석하여 '보지 못했던 것'을 새롭게 보여준다. 이를 통해 우리는 멸종위기종인 코뿔소의 처지에 더욱 시선을 돌리게 된다.

이런 시선은 비단 코뿔소에만 국한되지 않는다. 아프리카코끼리와 아시아코끼리, 고릴라, 오랑우탄, 침팬지, 시베리아호랑이, 벵골호랑이, 수마트라호랑이, 아무르표범 등 우리가 익숙한 수많은 동물이 모두 멸종위기종이다.

이뿐만 아니다. 베트남과 라오스에서 밀렵과 서식지 파괴로 사라지는 사올라, 번식률이 극히 낮아 표범이나 야생 고양이 같은 외래 포식자에 취약한 뉴질랜드의 카카포, 인도와 네팔의 강과 호수에서 서식지 파괴와 남획으로 위협받는 가비알, 중국 하이난섬의 산림 벌채와 소규모 개체군으로 멸종위기에 처한 하이난 긴팔원숭이 등 이름조차 생소한 동물들은 우리들의 관심 부족으로 더 큰 위기에 처해 있다.

많은 생명이 지금 이 순간에도 사라져 가고 있다. 그들의 마지막 숨결을 유지하고 이어가는 것은 우리가 모두 짊어진 책임이다. 멸종위기종의 본질을 마주하는 것은 그들의 외형이 아닌 그들 안에 살아 숨 쉬는 따뜻한 생명의 온기를 느끼는 것에서부터 시작되어야 한다.

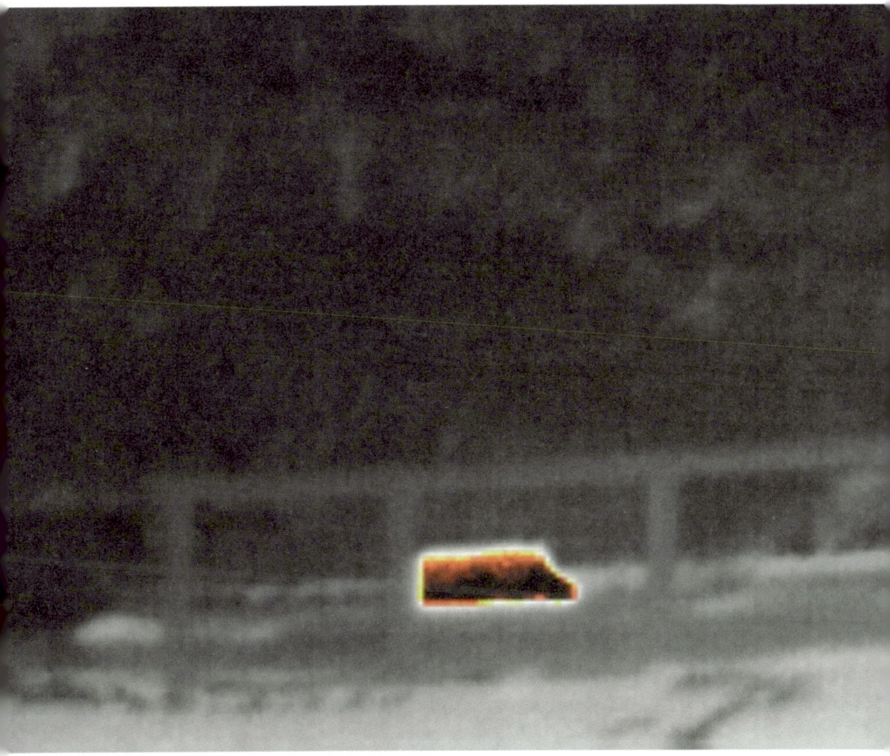

사진에서 작고 왜소하게 표현된 이 동물은
실제로는 사람보다 더 크고 거대한 코뿔소다.
온기가 느껴지는 이 사진에서 생명의 소중함을 깨닫는다.

코뿔소, 서울대공원 동물원, 2022

16

판다 '푸바오', 그 아슴한 생명의 온도를 담다

동글동글하고 폭신폭신해 보이는 털, 선명한 흰색과 검은색의 조화. 나도 모르게 "귀엽다!"라는 말이 터져 나온다. 어디서나 볼 수 있는 동물이 아니다. 전 세계에 2,000여 마리밖에 남지 않은 멸종위기종, 바로 자이언트 판다이다.

한국에서 유일하게 그들을 만날 수 있는 곳은 경기도 용인에 있는 에버랜드 주토피아 동물원의 판다월드다. 판다 마니아가 아니더라도 누구나 '푸바오'라는 이름은 한 번쯤 들어봤을 것이다. 푸바오의 부모는 '아이바오'와 '러바오'다. 이들은 1994년 한중 수교 기념으로 한국에 왔던 '밍밍이'와 '리리' 이후 두 번째로 이 땅을 찾은 판다이다.

아이바오와 러바오는 2016년 3월 3일 인천공항에 도착했다. 한 달간의 적응을 거쳐 그해 4월 21일부터 대중에게 공개되었다. 두 달 뒤, 한국 생활에 막 적응하던 아이바

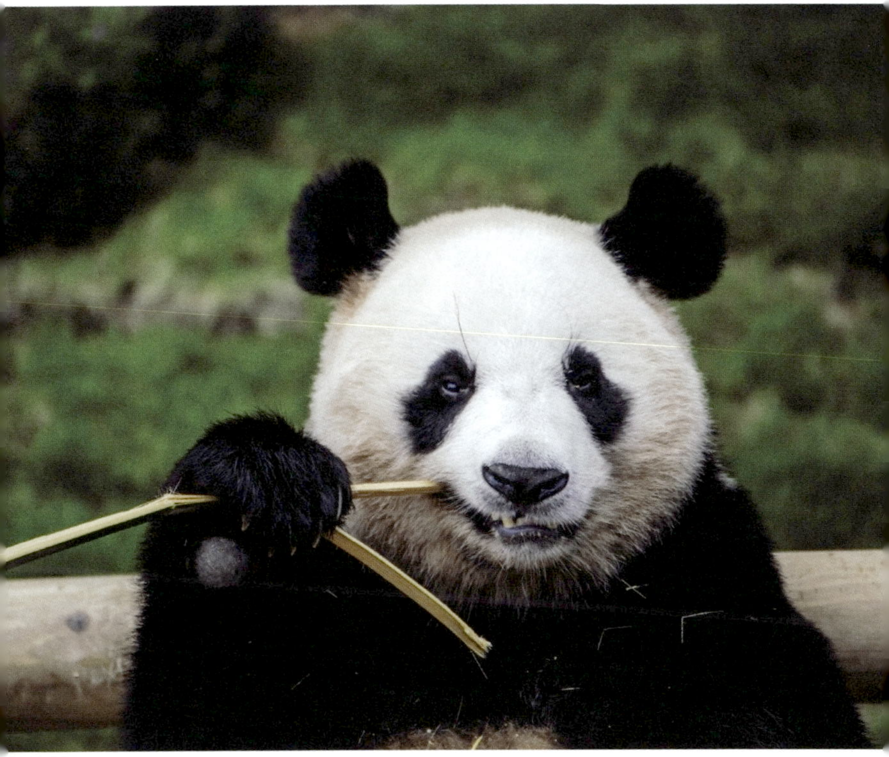

푸바오의 엄마인 아이바오다.
아이바오는 대식가로 대나무 먹방을 즐긴다.

판다 '아이바오', 에버랜드 주토피아 동물원, 2016

오와 러바오를 만난 기억이 있다. 낯선 환경에 조심스러워하기는커녕 한국이 제 고향인 양 잘 지내던 그들의 앳된 모습이 눈에 선하다.

푸바오의 엄마인 아이바오는 2013년 7월 13일 중국 쓰촨성 야안시 판다 기지에서 태어난다. 아이바오는 '사랑스러운 보물'이라는 이름처럼 온순하고 수줍음이 많지만, 호기심이 많아 새로운 것에 관한 궁금증을 참지 못하는 성격이다. 아이바오는 얼음 바위 위에서 자는 것을 좋아한다. 특히 대나무 '먹방'을 즐긴다. 알고 보면 대식가다.

푸바오의 아빠 러바오는 아이바오보다 한 해 앞선 2012년 7월 28일에 태어난다. 출생지는 중국 쓰촨성 야안시의 판다보호연구센터다. '기쁨을 주는 보물'이라는 뜻인 러바오는 활발한 성격으로 나무 타기를 즐겨 나무에 올라간 모습을 자주 볼 수 있다. 물구나무서기가 특기인 개구쟁이로 알려져 있다. 관람객들은 러바오의 익살스러운 모습에 웃음을 터뜨리며 즐거워한다.

기적처럼 태어난 푸바오

아이바오와 러바오 사이에서 2020년 7월 20일, 기적처럼 푸바오라는 생명이 태어난다. 푸바오는 '복을 주는 보물'이라는 뜻이다. 이름에 들어간 '바오(寶)'는 보물을 의미

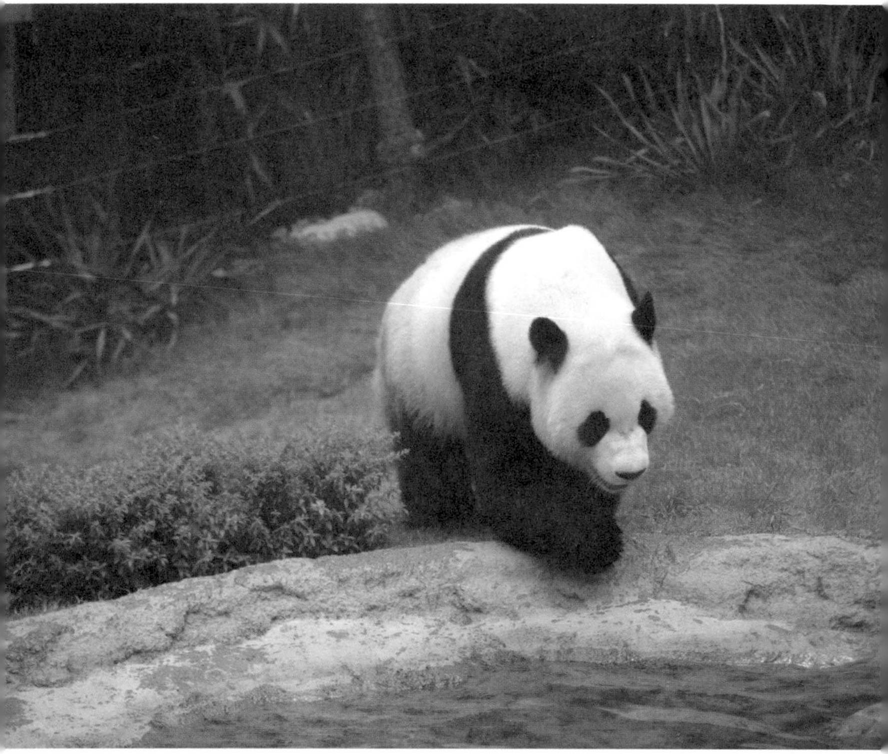

푸바오의 아빠인 러바오다.
러바오는 개구쟁이로 나무 타기를 즐긴다.

판다 '러바오', 에버랜드 주토피아 동물원, 2016

한다. 판다는 성욕이 낮고 번식 횟수도 적어 자연 번식이 매우 어렵다고 알려져 있기에 푸바오의 탄생은 그 자체로 축복이다. 특히 그는 한국에서 최초로 자연 번식에 성공한 판다라는 점에서 큰 의미를 지닌다.

푸바오가 태어난 2020년은 팬데믹으로 모두가 극심한 단절과 고립감을 느끼던 시기였다. 사람들은 그 어느 때보다 연결과 위로를 갈망했다. 197그램의 작은 생명체는 온 국민의 '랜선 조카'가 되었다. 푸바오는 오동통한 몸과 동그란 눈, 애교 많은 표정과 행동으로 판다 특유의 귀여움을 발산하며 많은 국민의 마음을 사로잡았다. '푸공주', '푸린세스', '푸뚠뚠' 등의 다양한 애칭으로 불렸다. 이는 우리 사회가 생명과의 교감을 얼마나 간절히 원하는지를 보여주는 극명한 증거다.

사육사와 팔짱을 끼는 푸바오의 다정한 모습은 인간과 동물이 나누는 교감, 그 원초적인 감동을 선사했다. 또한, 미디어를 통해 공유된 성장 서사는 우리에게 깊은 정서적 유대감을 만들어주었다. 이렇게 푸바오라는 한 동물의 안녕이 국가적인 위로가 되었다.

아이바오와 러바오 부부의 금실이 좋았던 덕분인지, 2023년 7월 7일에는 쌍둥이 자매 '루이바오'와 '후이바오'까지 태어난다. 바오 가족은 경남 하동산 대나무를 매일 6회씩 먹으며 건강하게 지낸다. 하동군 청정 지역에서 생산된 대나무가 부드럽고 연해 판다의 입맛을 만족시키고 있다는 후문이다.

그러던 어느 날에 그토록 사랑받던 푸바오가 중국으로 돌아가야 한다는 소식이 들려왔다. 전 세계의 판다는 모두 중국의 국영 자산이며, 외국 동물원으로 임대한 개체는 협약에 따라 생후 4살이 되기 전에 중국으로 반환되어야 한다는 것. 이 차가운 조항에 많은 사람이 깊은 아쉬움을 느꼈다.

중국으로 반환되는 푸바오를 만나러 가는 길

2018년 10월, 북극곰 '통키'의 마지막을 배웅한 이후, 나는 에버랜드로 좀처럼 발걸음을 옮기지 못했다. 마음속에 자리 잡은 미안함이 나를 붙잡고 있는 것일까. 그래서 모두가 "푸바오!"를 외칠 때도, 나는 멀리서 소식만 들을 뿐이었다. 어쩌면 나는 예정된 이별의 부산스러움이 두려웠는지도 모른다. 그렇게 푸바오를 조용히 보내주겠다고 다짐하던 나에게 한 지인이 질문을 툭 던졌다.

"전시회를 여는데 그래도 푸바오 작품이
있는 게 낫지 않겠어?"

그 한마디에 외면했던 마음이 흔들렸다. 결국엔 발걸음을 그곳으로 향했다. 긴장과 함께 몸이 떨려왔다. 2024년 2월 27일, 나는 6년 만에 에버랜드로 향하는 버스에 올랐다. 푸바오가 대중에게 공개되는 마지막 주였다. 단순한 기록이 아닌 이 시대의 가장 뜨거운 현상의 온도를 직접 마주하고 싶었다.

방문일을 미루다 평일에 푸바오를 보러 갔다. 에버랜드에 들어선 순간, 나는 거대한 인파의 물결에 휩쓸렸다. 놀이기구를 향하는 발걸음이 아니었다. 오직 푸바오를 보기 위해 모인 사람들의 행렬이 이어졌다. 더욱이 2월 말은 짧은 방학 기간이라 학생들도 많았다.

'전날 비 올 때 왔어야 했는데….'

후회가 비로소 밀려들었다.

아이의 손을 잡은 엄마의 간절한 눈빛, 연차를 쓰고 왔다는 직장인의 피곤함과 기대감이 교차하는 얼굴, 친구들과 깔깔대며 연신 휴대전화 카메라를 들이미는 중고생들의 해맑은 모습, 망원렌즈를 든 외국인 관광객의 진지한 표정. 귓가를 맴도는 사람들의 웅성거림, 여기저기서 터지는 카메라 셔터 소리. 평일 오전임에도 끝이 보이지 않는 줄,

그 속에서 나는 다양한 언어와 표정들을 보았다. 설렘과 간절함이 뒤섞인 공기의 밀도가 느껴졌다. 그것은 단순한 호기심이 아니었다. 사람들의 얼굴에는 마치 성지를 순례하는 듯한 경건함마저 서려 있었다. 나는 그 모든 감각의 소용돌이 속에서 조용히 카메라를 매만졌다.

첫 번째 기다림 : 푸바오는 어디에 있을까?

2시간이 넘는 기다림 끝에 다다른 판다월드. 판다들을 볼 수 있는 시간은 5분뿐이었다. 관람객들이 많아서 시간 제한을 둔 것이다. 판다월드에 들어가자마자, 사람들의 시선은 모두 푸바오부터 찾았다. 아쉽게도 푸바오는 보이지 않았다. 동생 루이바오와 후이바오만 놀고 있었다. 허탈함과 아쉬움의 탄식이 공기를 갈랐다.

열화상 카메라를 꺼내 들었지만, 낯선 환경과 당황한 마음 탓인지 장비마저 말썽이었다. 찰나와도 같은 시간이 속절없이 흘러갔다. 나는 인파에 밀려나듯 밖으로 나왔다. 푸바오를 보지 못했다는 사실보다 다른 판다들의 온기마저 담지 못했다는 허탈감이 더 컸다.

판다사를 뒤로 하고 걸어 나오며 판다월드에 있는 수컷 레서판다 '레시(2014년생)'를 비롯한 황금들창코원숭이 같은 유리창 너머의 생명을 바라보았다. 푸바오를 향해 쏟아지는 환호성이 클수록 이름 없이 살아가는 다른 생명들의 침묵은 더 깊게 느껴졌다. 그 침묵의 무게가 가슴을 짓눌렀다. 이것은 감정의 쏠림일까? 아니면 희소성, 미디어가 만들어 낸 서사, 혹은 귀여움이라는 감각 때문일까? 이 모든 것이 한데 뒤엉켜 푸바오라는 '특별한 존재'를 만들어 냈고, 우리는 그 특별함만을 소비하고 있는 것은 아닐까?

그 질문 앞에서 나는 조용히 카메라를 내렸다. 어쩌면 이 질문의 답은 눈에 보이는 현상이 아닌 눈에 보이지 않는 '온도'에 있을지도 모른다는 예감이 들었기 때문이다.

두 번째 기다림 : 푸바오를 볼 수 있을까?

푸바오를 못 본 아쉬움에 판다월드 입장을 위한 줄을 다시 찾았다. 그러다 놀라지 않을 수 없었다. 내가 처음에 기다렸던 줄보다 훨씬 길어졌기 때문이다. 그 줄은 에버랜드 가장자리를 따라 끝없이 이어졌다. 끝을 찾으러 걷는 데만 10여 분이 걸렸다. 줄에 서 있는 사람은 족히 수천 명이 넘어 보였다. 시간은 이미 오후 1시가 넘었다.

그럼에도 나는 다시 줄 끝에 섰다. 이번에는 푸바오라는 '스타'가 아닌 한 생명 앞에 서고자 한 걸음이었다. 그를 단 1분이라도 온전히 담고자 카메라를 고쳐 쥐었다. 심호흡도 여러 번 하며 자신을 진정시켰다. 하지만 1시간, 1시간 30분이 지나도 여전히 줄은 줄어들지 않았다. 과연 기다린다고 해도 푸바오를 볼 수 있을까. 등에서 식은땀이 흘러내렸다. 점점 시간이 지날수록 불안감이 엄습하며 조급함이 커졌다. 이러다 판다월드가 문 닫는 것 아닌가. 그래도 최대한 기다려보자.

길게 늘어선 줄을 지나가는 사람들은 신기한 듯 쳐다보았다. 호기심이 생긴 어느 관람객이 나에게 말을 걸었다.

"이거 무슨 줄이에요?"

"푸바오 보러 가는 줄이에요."

긴 줄 탓인지, 그들도 과연 푸바오를 볼 수 있을지 의아해하는 눈치였다. 나는 애꿎은 시계만 보았다. 내 앞에는 20대 여성이 친구와 통화 중이었는데, 최근에도 푸바오를 보러 왔다고 말했다. 그리고 줄이 길어서 오늘 볼 수 있을지 모르겠다는 푸념도 들려왔다.

지성이면 감천일까. 아니면 기다리면 될 일은 그저 기다리면 되는 것일까. 화장실도 못 가고, 3시간이 넘는 기다림 끝에 판다월드를 다시 마주했다. 이윽고 푸바오를 만날 시간이 다가왔다. 이번에도 나에게 주어진 시간은 5분. 앞선 차례의 실수를 만회하고자 마음을 단단히 먹었다.

300초라는 짧은 시간이 푸바오를 볼 수 있는 마지막 기회였다. 각오를 다지고 판다월드로 들어섰다.

쿨쿨쿨.

나의 결연한 의지와는 상관없이 푸바오는 나무 위에서 아무것도 모른 채 깊은 단잠을 자고 있었다. 관람객들의 웅성거림에도 아랑곳없이 태평한 모습이었다. 그의 평온한 숨소리가 오히려 이곳의 소란스러움을 더욱 두드러지게 했다.

잠자는 푸바오의 모습을 열화상 카메라로 비추었다. 푸바오의 붉고 주황색의 형체는 생명이 깃들지 않은 오래된 나무 위로 선명히 떠 올랐다. 열화상 화면 속 그것은 눈에 보이지 않던 온기의 실체였다. 그 온기는 미디어가 만든 서사도, 상품화된 캐릭터도 아니었다. 심장이 뛰고 피가 흐르는 이 순간을 살아내는 존재의 정직한 증거. 바로 숨 쉬는 생명 그 자체였다.

나는 그 붉은 형체를 보며 깨달았다. 우리가 푸바오에 열광했던 근원에는 어쩌면 이 순수한 '생명의 온기'에 관한 본능적인 그리움이 있지 않을까? 팍팍한 현실 속에서 우리가 잃어버린 그 따뜻함을, 우리는 푸바오라는 실체를 통해 느끼고 싶었던 것이라고 나는 생각했다.

나에게 주어진 5분은 푸바오라는 생명의 온기를 담아

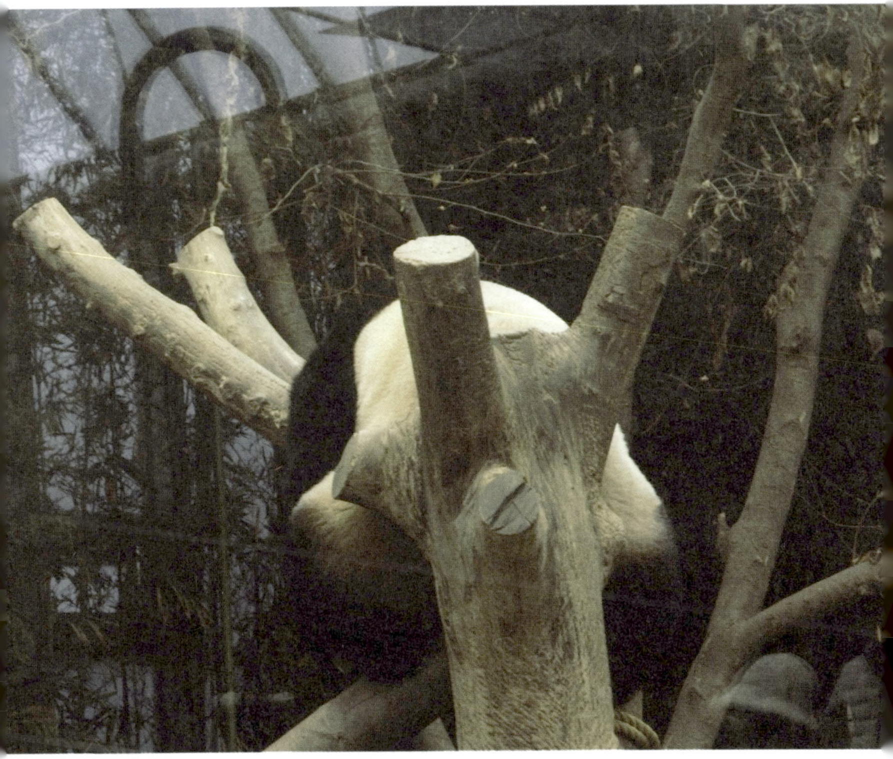

5시간 넘게 기다려 만난 푸바오는 단잠을 자고 있었다.

판다 '푸바오', 에버랜드 주토피아 동물원, 2024

내기에 충분한 시간이었다. 그 시간은 영원처럼 길고, 찰나처럼 짧았다. 밖으로 나오며 더 이상 푸바오의 '의미'나 '현상'을 분석하지 않았다. 그저 내 안에 남은 그 아련하고 따뜻한 온기의 감각에 집중할 뿐이었다.

지난 15년간 내가 렌즈에 담으려 했던 모든 생명의 가장 빛나는 순간이 바로 이것이었다. 푸바오가 잠든 모습마저도 그 삶을 구성하는 진실한 순간 그 자체였다. 그 한 장면으로 나는 충분히 채워졌다. 더 바라지도 더 집요하게 쫓지도 않아도 된다는 것에 안온함이 찾아왔다.

다음을 기약한다고 해도 나에게는 이날이 마지막이었다. 다시 5시간을 기다릴 엄두가 나지 않았다. 이것으로 푸바오와의 처음이자 마지막 만남은 끝이 났다. 푸바오가 새로운 터전에서도 행복하기를 마음속으로 빌어주었다.

보이지 않는 존재는 어떻게 사랑받을 수 있을까?

그 후 한 달간의 검역 및 이송 준비 과정을 거쳐 푸바오는 2024년 4월 3일, 중국 쓰촨성의 션수핑 자이언트 판다 기지로 떠나갔다. 봄비가 부슬부슬 내리는 가운데 수천 명의 시민들이 푸바오의 마지막 길을 배웅했다.

그해 6월, 나는 푸바오의 생명을 열화상 카메라로 시각화한 작품을 서울시 관악구청 2층 갤러리관악에서 열린

《동물원》 개인전에 출품했다. 메인 작품이자 전시 포스터의 주인공으로 말이다. 전시장에서 푸바오를 모르는 사람들은 이것이 무슨 사진인지, 어떤 장면인지 의아해했다. 하지만 푸바오를 실제로 보고 아는 사람들에게는 익숙한 장면이었을 것이다.

전시회 막바지에 푸바오 작품이 있다는 소식에 몇몇 관람객이 전시장을 찾았다. 그중 한 분은 푸바오 티셔츠를 입고 와서 멀리서도 단번에 알아볼 수 있을 만큼 애정을 드러냈다. 그는 푸바오 작품을 오랫동안 응시한 뒤 "이토록 멋진 작품을 보여주어 고맙다."라고 말했다.

푸바오는 단지 인기의 대상이 아니라 우리가 잃어버린 감각을 일깨우는 징표였다. 그것은 우리가 무심코 잃어버린 생명의 감각을 조용히, 그러나 분명히 되살린 집단적 공감이었다. 푸바오는 이제 우리 곁에 없지만, 그 아슴한 생명의 흔적은 여전히 카메라와 기억 속에 살아 있다.

'아슴한'은 현대 한국어의 방언으로, 전라도에서는 '아슴푸레하다'의 변형 형태로 쓰인다. 국립국어원 우리말샘에도 '아심푸레-허다(전남 방언)'로 등재되어 있다. '흐릿하고 분명하지 않아 어렴풋하고 희미한 상태'를 의미한다.

나는 푸바오를 통해 생명은 얼마나 덧없고 또 얼마나 아름다운지를 다시금 배운다.

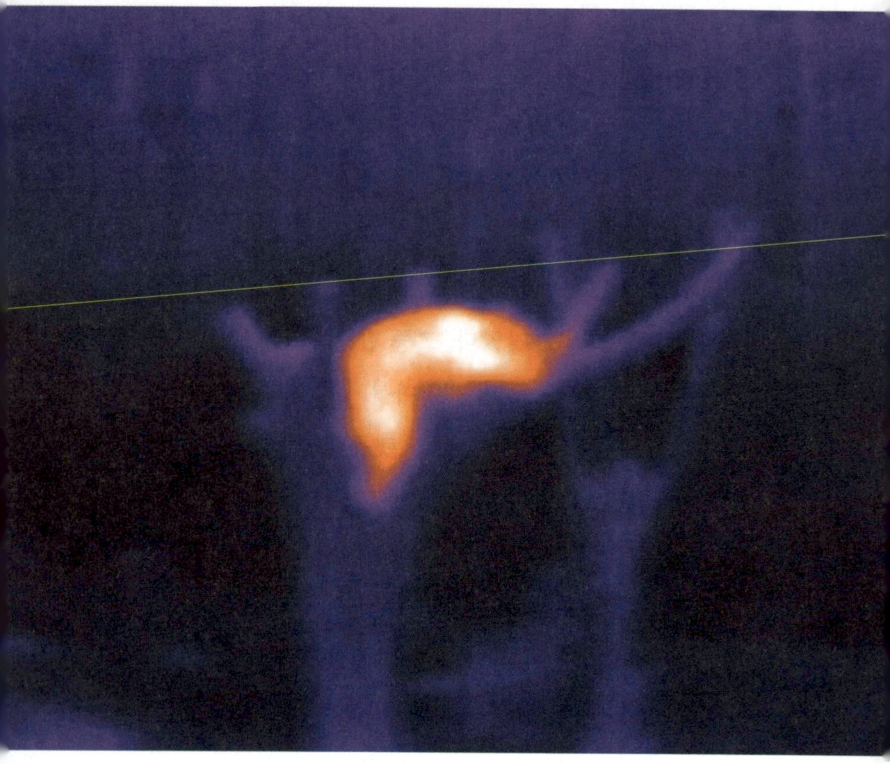

나무 위에서 자고 있는 푸바오를 열화상 카메라로 비추었다.
푸바오가 지닌 생명의 온기가 오롯이 사진으로 포착되었다.

판다 '푸바오', 에버랜드 주토피아 동물원, 2024

"보이지 않는 존재는 어떻게 사랑받을 수 있을까?"

내가 다양한 동물들을 렌즈에 담는 이유도 바로 여기에 있다. 푸바오에게 쏟아졌던 애정이 이름 없이 살아가는 모든 생명을 향하길 바란다.

17

카메라가 아닌 마음으로 읽은 체온

투명한 유리창 너머 우리는 서로를 바라본다. 물리적인 거리가 존재하지만, 그 너머로 생명 간의 진정한 교감은 가능할까? 한 생명을 10년 넘게 지켜본다는 것. 그것이 사람이든 동물이든, 그 시간의 무게는 전혀 가볍지 않다.

나는 서울대공원의 오랑우탄 '보물이(보남이)'와 '백석이'를 지켜보며 이 질문에 관한 답을 찾아왔다. 빛으로 담아낼 수 없는 그들의 체온, 그리고 마음으로만 느낄 수 있는 교감의 순간들을 통해 나는 소통의 본질을 탐구하고자 한다. 이들의 성장 과정은 나에게 시간의 흐름과 생명의 변화를 온몸으로 느끼게 하는 기적의 기록이다. 두 오랑우탄은 내가 동물원에서 가장 오랫동안 '관계'를 맺어온 이웃이자 침묵 속에서 가장 많은 이야기를 들려주는 대상이다.

시간의 무게로 맺은 인연

내 『동물원』 연작이 시작하기 전인 2009년 5월 27일, 유독 위태로운 한 생명이 세상에 나온다. 노산이었던 엄마 '오순이(1968년생)'에게서 조산으로 태어나 인큐베이터에서 겨우 생명을 유지한 수컷 오랑우탄 백석이다. 동물원 작업을 시작한 해에 세상에 나와서 유독 정이 가는 존재다.

그는 순탄치 않은 삶을 시작했다. 발육 속도가 느리고 비정상적인 걸음걸이를 보였다. 엑스레이(X-ray) 촬영 결과 엉덩이뼈 근육이 틀어진 것이 발견되었다. 또한, 혈액검사와 유전자 검사를 통해 잠복고환을 진단했다. 검사 결과 오른쪽은 정상 위치에 있었지만, 왼쪽은 배 안쪽에 머물러 있었다. 이에 서울대공원은 2011년 5월 수술을 시행했다. 이는 세계 최초로 이루어진 동물 고환 보정 사례로 생명 존중을 향한 인간의 노력을 상징적으로 보여준다.

그리고 인연은 모르게 찾아온다. 4년 뒤인 2013년 1월 18일, 또 다른 작은 생명 보물이가 태어난다. 보물이 역시 백석이처럼 아픔을 겪었다. 태어난 지 6개월 만에 엄마 '보미(1990년생)'가 심장질환으로 세상을 떠나며 그 품을 영영 잃었다.

백석이와 보물이. 둘은 어미에게 온전히 양육 받지 못하고 아기동물 인공포육장에서 사람의 손에 자랐다는 공통점이 있다. 오랑우탄은 보통 6~7년간 어미 곁에서 생존법과 사회성을 배우는데 둘은 그 무엇과도 바꿀 수 없는 기회를 온전히 누리지 못했다.

그리고 그들과 나의 긴 만남은 바로 그곳, 인공포육장에서 시작되었다. 나는 아기 때부터 어른이 되기까지 두 오랑우탄의 성장을 지켜봤다. 제 몸조차 가누기 힘들어하던 작은 생명이 의젓하게 자라나는 모습, 작고 여린 손이 나뭇가지를 단단히 움켜쥐는 손으로 변하는 순간은 경이로웠다. 백석이는 사육사의 손에 의해 자라다가 2010년 유인원관이 생기면서 이곳으로 옮겨 왔다. 한때 침팬지 '광복이'와 함께 산 적도 있었지만, 주로 혼자 지내는 시간이 많았다. 알락꼬리여우원숭이 같은 유인원관의 동물들이 백석이와 함께 산 적도 있었다.

사육사들의 지극한 돌봄으로 자란 보물이는 TV에 여러 번 출연하며 '보남이', '봉봉이'라는 애칭으로 불리며 많은 사랑을 받았다. 지금도 내 유튜브 채널에는 보남이의 안부를 묻는 댓글이 종종 달린다.

보물이는 서울동물원에서 '얌전한 척하지만 사고뭉치'로 불렸다. 큰 눈망울로 순해 보이지만 호기심이 많아 무엇이든 잡고 당기는 모습이 꼭 어린아이 같았다. 오랑우탄의 유전자는 인간과 96.4퍼센트나 일치한다는 사실을 생

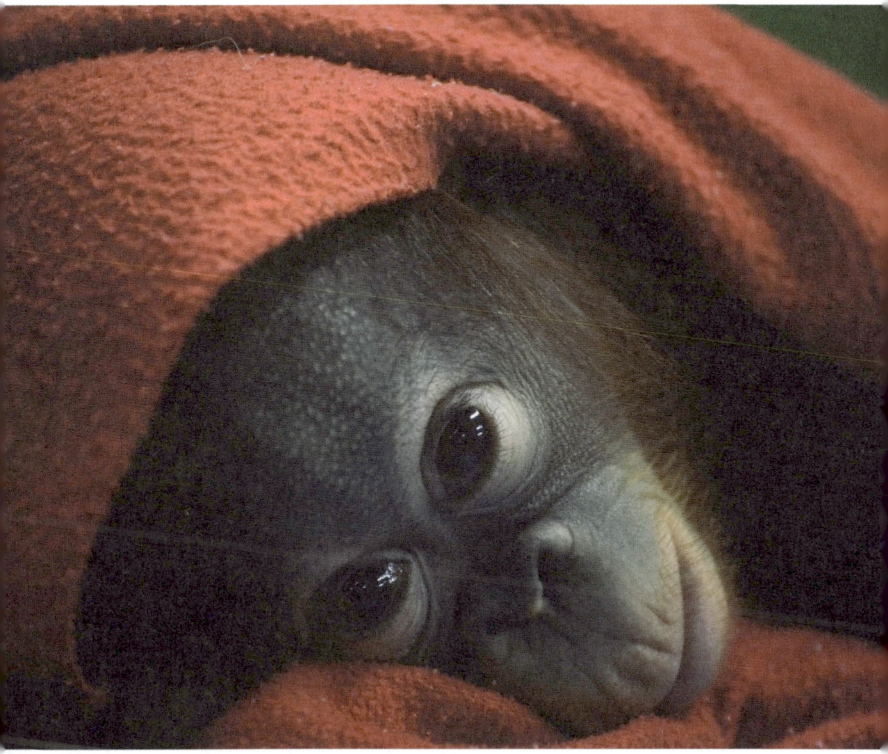

보물이가 아기동물 인공포육장에서 빨간 이불을 뒤집어 쓰고 있다.
보물이는 엄마를 생각하고 있는 걸까.

오랑우탄 '보물이', 서울대공원 동물원, 2014

각하면 그 유사성이 우연이 아님을 알 수 있다. 이는 인간과 오랑우탄이 공통 조상에서 갈라진 진화적 관계를 나타낸다. 또한, 오랑우탄이 침팬지, 고릴라와 함께 인간과 가장 가까운 유인원 종 가운데 하나임을 보여준다. 이런 유전적 유사성은 생물학 연구와 종 보전에 있어서 중요한 통찰을 제공한다.

2014년 5월, 아기동물 인공포육장이 종 보전을 위한 '종보전교육관'으로 바뀌면서 이곳에 살고 있던 동물들은 서울동물원 내의 각 동물관으로 흩어졌다. 보물이는 침팬지 '관순이'와 함께 서울동물원 유인원관으로 이사 왔다. 둘은 같은 공간에 합사되었다. 관순이는 보물이보다 한 살 많다. 이미 같은 인공포육장에서 얼굴을 익혔던 데다 나이대가 비슷해서인지 둘은 사이좋게 지냈다.

사실 나는 10년이 넘도록 보물이를 암컷이라고만 여겼다. 그러나 보물이는 수컷이다. 관순이가 암컷이니 보물이도 암컷일 거라 믿었고, 종이 다르더라도 같은 성별이라면 함께 지내는 데 무리가 없을 거라 기대했다. 전통적으로 동물원에서는 서로 다른 영장류 종을 합사하는 일이 드물며, 암컷 침팬지와 수컷 오랑우탄을 함께 기른 사례는 국내외 어디에서도 보고된 바 없다. 내 단순한 믿음이 착각이었음을 깨닫는 순간, 오랜 시간 지켜봤음에도 무지의 간극이 존재한다는 것을 알았다. 어쩌면 인간과 동물 사이에는 여전히 좁힐 수 없는 거리가 있는지도 모른다. 그럼에도 보물이는 여전히 나에게 '보물' 같은 존재다.

나는 서울대공원에 가면 유인원관 실내에 있는 의자에 앉아 휴식을 취하곤 한다. 그 자리가 바로 백석이가 보이는 곳이다. 덕분에 외로워 보이면서도 씩씩하게 지내는 그의 모습을 오랫동안 지켜볼 수 있다. 보통 주말에 동물원에 가면 백석이가 사람들과 함께 있는 모습을 볼 때가 있다. 사람 품에 안겨 있는 그를 볼 때면 백석이가 얼마나 엄마 품을 그리워하는지 조금이나마 짐작할 수 있다.

이렇게 두 오랑우탄의 성장을 지켜보면서 특히 인상적인 것은 그들의 손과 발이다. 오랑우탄의 손가락과 발가락은 물체를 잘 잡을 수 있도록 인간보다 훨씬 길쭉하다. 이는 나무 위 생활에 최적화된 진화적 특징이다. 동물원 내에서 나무나 줄을 타거나 높은 구조물에 올라갈 때 너무나 쉽게 오르내리는 이들의 모습을 볼 수 있다.

기술의 한계를 통한 감각의 확장

나는 그들과의 교감을 더 깊이 느끼고, 그 실체를 증명하고 싶었다. 그래서 열화상 카메라를 들었다. 빛으로 담을 수 없는 그들의 체온, 그 생명의 본질을 포착하고 싶었다.

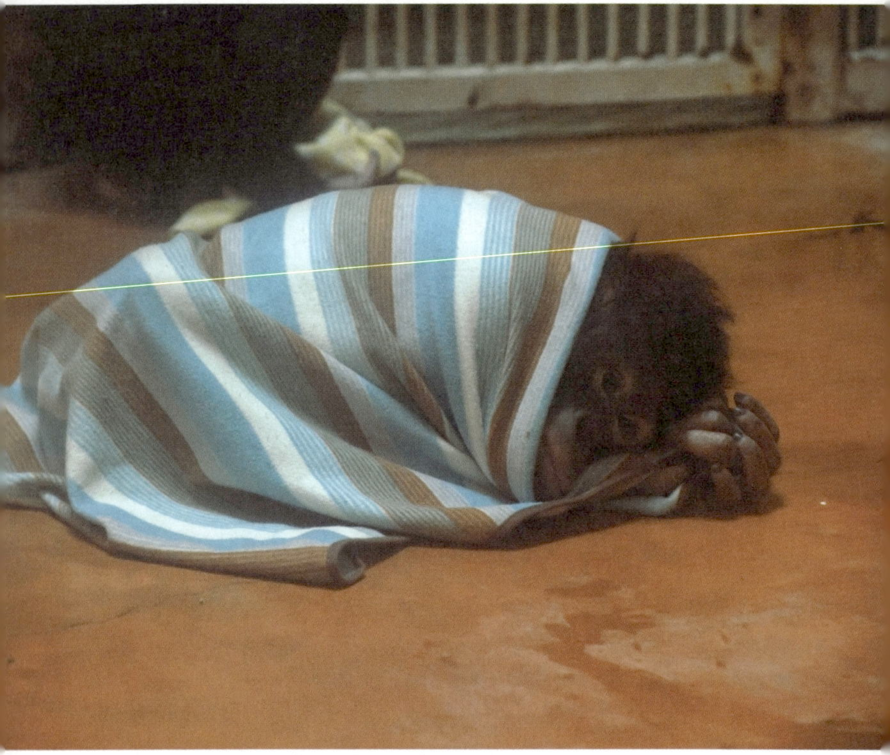

보물이가 유인원관에서 알록달록한 이불을 덮고 누워 있다.
영락없이 사람과 닮았다. 어떤 생각에 잠겨 있는 걸까.

오랑우탄 '보물이', 서울대공원 동물원, 2018

하지만 곧 거대한 벽에 부딪혔다. 보물이와 백석이가 사는 유인원관은 유리창으로 된 공간이다. 적외선은 투명한 유리를 통과하지 못한다. 마치 사람이 쓴 안경이 검은 선글라스처럼 보여 눈이 제대로 드러나지 않는 것과 같다. 따라서 열화상 카메라로는 그들의 모습이 보이지 않는다. 기술은 무력했다. 열화상 카메라에 비친 그들은 차갑고 흐릿한 윤곽일 뿐, 온기는 보이지 않았다. 나는 보물이와 백석이의 온기를 열화상으로 끝내 담아내지 못했다.

그러나 이 실패는 역설적으로 나를 더 깊은 성찰로 이끌었다. 모든 것을 담아낼 수 없는 열화상 카메라의 한계를 통해 나는 카메라가 아닌 '마음의 눈'으로 담는 법을 배우기 시작했다. 적외선은 유리를 투과하지 못하므로 사진가는 '마음의 온도'를 더 가져야 한다는 걸 느끼게 되었다.

주관적 진실, 공감의 통로

마음의 눈으로 보물이와 백석이를 바라보자 새로운 것들이 보이기 시작했다. 그들의 깊고 투명한 눈동자 속에 파도처럼 일렁이는 호기심, 지루함과 어딘가 모를 쓸쓸함이 스며 있었다. 반복적으로 내실을 맴돌거나 한 자세로 오래 움직이지 않는 모습에서 나는 '환경에 관한 체념'이나 '자유에 관한 갈망' 같은 정서적 그림자를 읽어냈다.

물론 혹자는 내 이런 해석이 섣부른 감정 이입이 아니냐고 반문할 수도 있다. 나는 동물의 행동을 실험적으로 증명하는 과학자가 아니다. 내 해석은 엄밀한 '과학적 사실'이 아닌 '주관적 진실'의 영역에 가깝다. 하지만 이 주관적 진실은 단순한 찰나의 감정 이입이 아니다. 그것은 긴 시간 동안 특정 공간에서 특정 개체를 지속해서 관찰하며 축적된 '객관성을 담보한 직관'이다.

동물학자들이 동물들과 직접 교감하며 행동을 연구하듯, 나 역시 나만의 방식으로 동물들과 관계를 맺어왔다. 나는 그들의 행동에서 '만약 저들이 우리와 같은 상황이라면 똑같이 느끼지 않을까?' 하는 공감적 상상력을 길어 올렸다. 이 공명적 해석은 독자들이 동물을 '보는 대상'에서 '느끼는 존재'로 인식하게 하는 중요한 통로가 된다.

오랑우탄, 너는 나를 알고 있을까?

그렇다면 보물이와 백석이에게 나는 어떤 존재일까? 그저 스쳐 지나가는 수많은 인간 중 하나일까, 아니면 특별한 의미가 있는 '어떤 인간'일까? 내가 아무리 수백 번 백석이와 보물이를 찾아간다 해도 이들이 나를 개별적으로 인지하기는 어려울 것이다. 그것이 현실적인 한계다.

그럼에도 나는 포기하지 않고 그들과 눈을 맞춘다. 보

물이가 유리창에 댄 손에 내 손을 가만히 포개어 본다. 차가운 유리창의 감촉 너머로, 그의 체온이 전해지는 듯하다. 백석이는 유독 나와 눈을 자주 마주친다. 그 특별한 순간들 속에서 나는 일방적인 관찰자가 아닌 상호적 관계의 가능성을 느낀다. 물론 이것은 인간인 나의 이기적인 욕심일 수도 있다. 하지만 그들이 나를 자신들과 같은 '한 생명'으로 인지하여 준다면 더할 나위 없이 기쁠 것이다. 그 침묵의 응시 자체가 나만의 '교감의 시도'이기 때문이다.

이제 보물이는 충분히 성장하여 암컷 오랑우탄 '보라(2002년생으로 추정)'와 간혹 함께 지낸다. 2024년 8월 세계 오랑우탄의 날 특별 이벤트에서 보라와 보물이가 함께 활동하는 모습이 확인되었다. 2021년 수컷 성체 '보석이(2002년생으로 추정)'가 떠나면서 홀로 남겨졌던 보라에게 든든한 친구가 생긴 것이다. 보물이와 보라는 8~9년이라는 연령차로 인해 초기에 분리되었다가 보물이가 자람에 따라 이번처럼 단기적인 합사가 점진적으로 이루어졌다.

한편, 건강해져 장난도 잘 치는 백석이는 여전히 옆방에서 혼자 지낸다. 백석이는 어미 오순이와 본래 말레이시아 부킷 미라 오랑우탄 재단으로 이주 예정이었으나 2020년 팬데믹으로 인해 항공편 운항 제한 및 이동 제약이 발생하며 이주 계획이 무기한 연기된 상태다. 오순이가

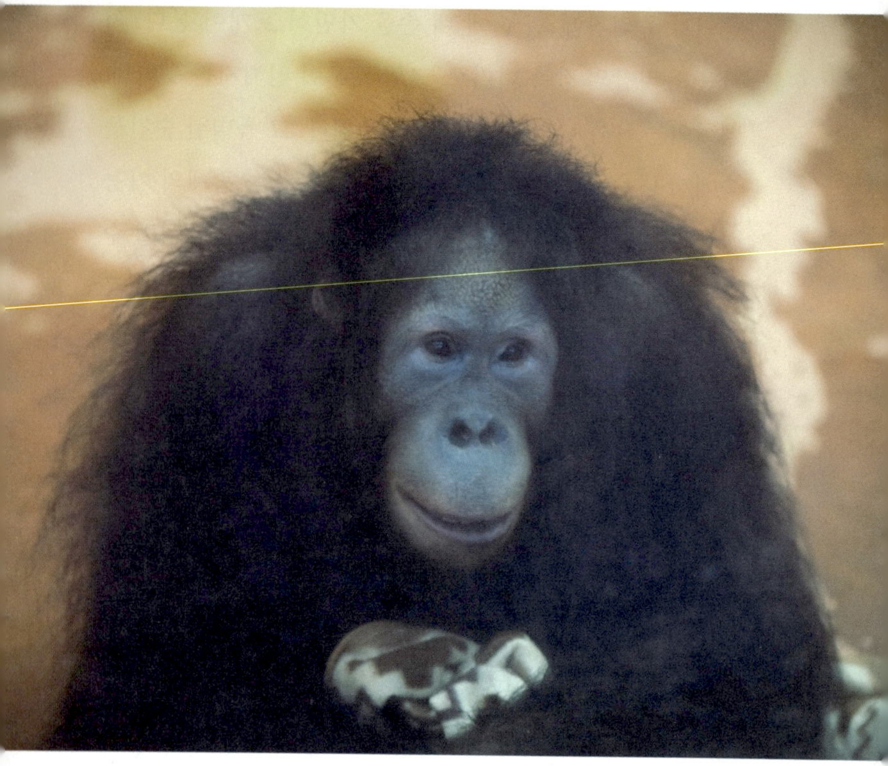

백석이는 조산으로 태어나 잔병치레를 겪었다.
그래도 건강하게 잘 자라났다.

오랑우탄 '백석이', 서울대공원 동물원, 2018

2025년을 기준으로 57살로 고령인 걸 고려하여 이 계획은 실행되지 않을 것으로 보인다. 오랑우탄의 평균 수명은 야생에서는 30~45년, 사육 환경에서는 50~60년까지 가능하다. 그들의 남은 생은 어떻게 될까?

매년 8월 19일은 '세계 오랑우탄의 날'이다. 오랑우탄은 말레이어인 '오랑 후탄(Orang Hutan)'에서 유래한 단어로 '숲속의 인간'이라는 뜻이다. 이들은 팜유 농장 조성을 위한 열대우림 파괴 때문에 서식지가 날마다 줄어들고 있다. 우리가 무심코 먹고 쓰는 라면, 과자, 비누, 세제가 그들의 생존을 위협하는 현실 속에서 유리 벽 너머의 교감은 더 큰 책임감으로 다가온다.

서로 다른 종으로서 살아간다는 한계를 인정하지만, 그 경계 속에서 우리는 분명 서로에게 어떤 흔적을 남긴다. 비록 스쳐 지나가는 인연일지라도 나의 오랜 응시와 기록이 보물이와 백석이의 의미를 증명하길, 그리고 그들이 아프지 않고 오래도록 행복하기를 간절히 바란다.

18

오감으로 느끼는 동물원의 또 다른 생명

사진 작업은 본질적으로 시각에 기반한다. 그러나 15년간 동물원에 머물며 나는 눈에 보이는 것 너머의 세계, 즉 소리, 냄새, 공기 같은 비시각적인 감각들이 동물들의 '존재'를 이해하고 '성찰'을 심화시키는 데 얼마나 결정적인 영향을 미쳤는지 깨닫는다.

카메라는 모든 것을 담아내지 못한다. 사진의 한계를 넘어설 때는 때로 렌즈를 내려놓고 귀를 기울여 소리를 듣고, 코로 숨을 들이쉬고 내쉬며 냄새를 맡아야 한다. 그래야 비로소 동물원의 진짜 생명이 입체적이고 생생한 통찰로 다가온다.

열화상 카메라가 보이지 않는 '체온'을 통해 생명의 본질을 느끼게 해주듯, 다른 오감 또한 눈에 보이는 것을 넘어선 생명의 존재와 관계를 여실히 전하는 중요한 통로가 된다. 이것은 시각의 한계를 넘어 오감으로 경험하는 동물원의 또 다른 생명에 관한 결실이다.

소리의 교향곡 : 울음, 소음 그리고 침묵

김중만 사진작가는 "좋은 사진에서는 소리가 들린다." 라고 했다. 내 사진에서는 과연 어떤 소리가 들릴까? 그 질문에 답하기 위해 먼저 동물원의 소리에 귀를 기울여야 할 것이다.

가장 강렬한 기억은 방문객이 적은 이른 아침, 동물원 전체를 휘감는 동물들의 울음소리다. 그것은 단순히 공기를 가르는 것이 아니라 듣는 이의 흉곽 자체를 묵직하게 울리는 사자의 낮은 포효다. 날카롭게 허공을 찢으며 자신의 존재를 각인시키는 호랑이의 울음, 실내 전시관을 가득 메우는 기번들의 우렁찬 합창, 퓨마의 날카로운 울음소리, 심지어 사막여우의 깽깽거리는 소리까지. 그 소리는 단순한 '소음'이 아니라 철창 너머에서도 쓰러지지 않는 야생의 본능이자 그들의 '언어'다. 나는 그 소리의 결을 통해 그들의 외로움, 갈망 혹은 순수한 분노와 같은 복합적인 감정을 어렴풋이 짐작한다. 렌즈가 포착할 수 없는 동물의 내면으로 들어가는 유일한 통로가 바로 그들의 목소리다.

물론 동물원은 인간의 소음으로 가득한 공간이기도

하다. 관람객들의 웅성거림, 아이들의 해맑은 웃음소리, 때로는 동물들을 향한 무례한 고함까지. 끊임없이 외부의 자극을 주는 이 모든 소음은 그들의 자연스러운 행동을 방해하는 일종의 '폭력'처럼 느껴지기도 한다. 나는 그 시끄러움 속에서 불안하게 흔들리는 동물의 눈빛을 보며 그들의 내면 깊숙한 곳의 고요함을 포착하려 애쓴다.

하지만 가장 많은 이야기를 들려준 것은 역설적으로 이 모든 소리가 사라진 후의 깊은 '침묵'이다. 인간의 소음이 드물어지는 문 닫기 전의 동물원에서 나는 비로소 아주 미세한 소리를 들을 수 있다. 동물들의 여린 숨소리, 흙을 밟는 발소리, 그리고 그 어떤 소리보다 무겁게 내려앉은 그들의 고독감까지. 이 침묵은 단순한 고요함이 아니라 인간의 간섭이 사라진 후의 '존재의 본질적인 소리' 혹은 야생의 그리움을 담은 '내면의 울림'과 같다.

내 사진은 이 극명한 소음과 침묵의 대비를 통해 말로 다할 수 없는 '침묵의 목소리'를 담아내려는 시도다. 다큐멘터리 방식으로 동물이 어둡고 비참한 장면에서는 슬픔과 연민의 울림을 보여준다. 장노출 사진 속에서 동물의 자취가 사라지는 듯한 순간에는 적막감과 아련한 여운을 생각하도록 한다. 열화상 기법은 그 너머에 여전히 '살아 있음'을 느끼게 한다.

냄새의 기억 : 존재의 원초적 증명

'냄새'는 동물원의 존재를 가장 원초적으로 증명하는 감각이다. 겨울 동물원의 실내 전시관은 일정한 온도를 유지하기 위해 밀폐되어 있다. 이곳에는 동물 본연의 냄새가 더 짙게 응축되어 있다. 겨울에 동물원으로 데이트하러 오는 연인은 대개 둘 중 하나다. 연애를 처음 시작했거나, 오래 했거나. 그들은 겨울 동물원의 냄새를 처음 맡으며 놀라거나 이미 익숙해 무감각하다.

겨울 동물원의 냄새는 동물 본연의 냄새가 물씬 느껴진다. 누군가는 코를 막고 인상을 찌푸리지만, 낙농업을 하는 부모님 덕에 소들의 분뇨 냄새에 익숙했던 나에게 거부감보다는 오히려 생명의 당연한 증거처럼 다가온다.

먹고, 소화하고, 배설하는 행위. 그것은 살아 있는 모든 생명체의 숙명이자 권리다. 매번 치워도 다시 쌓이는 배설물의 흔적과 냄새 속에서 나는 삶의 끈질긴 순환을 느낀다. 맹수사 특유의 짙고 야성적인 냄새는 그들이 여전히 길들지 않은 대상임을, 초식동물 우리에서 풍기는 풀과 흙, 배설물이 뒤섞인 냄새는 그들의 온순한 삶의 방식을 후각으로 일깨워준다.

마치 동물학자들이 동물을 대할 때 인공 향을 자제하듯 냄새는 생명이 가장 원초적인 방식으로 소통하는 수단이다. 인공적인 환경인 동물원에서도 이 냄새는 변치 않는 동물 본연의 본질을 느끼게 해주는 징표다.

때로는 동물이 부재한 공간에 남은 미미한 흔적만으로도 그 실체가 한때 이곳에 있었음을 기억하게 하는, 부재 속의 존재를 상기시키는 방식이 되기도 한다. 그 조각들은 시간의 강을 건너온 목격자로서 우리에게 그들의 이야기를 전해준다.

공기와 촉각으로 생명의 뜨거움과 고단함을 느끼다

공기 또한 마찬가지다. 한겨울 차가운 공기 속에서 내뿜는 동물들의 하얀 입김을 보며 나는 그 차가움과 대비되는 생명의 뜨거움을 느낀다. 한여름 땡볕 아래 지친 듯 늘어져 있는 동물의 축 처진 몸을 보며 그들의 고통과 안락한 환경의 중요성을 다시금 인식한다. 추운 날씨에도 아랑곳하지 않고 움직이는 동물들의 모습에서 나는 강인한 생명력과 적응력을 본다.

동물원이라는 공간은 시각을 넘어 촉각적으로도 많은 것을 느끼게 한다. 나는 철창과 유리 벽에 배어든 시간의 흔적을 손끝으로 만져본다. 이런 미세한 촉각적 경험들은 동물원을 완벽한 자연이 아님을, 그리고 인간의 흔적이 불가피하게 스며들어 있음을 상징한다. 차갑게 닦인 금속 표면이나 무수히 긁힌 자국이 있는 유리창에는 수많은 방문객의 손길이 누적된 시간이 고스란히 새겨져 있다. 손가락 끝에 전해지는 미묘한 진동은 동물과 관람객 사이에 놓인 보이지 않는 울타리의 무게를 실감하게 만든다.

오감으로 완성되는 사진

좋은 사진에서 좋은 향기가 느껴진다는 말처럼, 사진 작업은 이 모든 비시각적 경험이 켜켜이 쌓여 더욱 풍성하고 진정성 있는 결과물로 이어졌다. 나는 독자들이 내 사진 속에서 동물의 울음소리를 듣고, 흙과 풀의 냄새를 맡으며, 그 공간의 침묵을 말하는 고독의 무게를 함께 느낄 수 있기를 바란다. 그것이야말로 렌즈 너머의 진짜 생명과 소통하는 길일 테니 말이다.

'아름다운 비극' 너머의 시선

내 사진은 종종 비극적 공간 속 역설적 아름다움을 포착했다. 이 때문에 '그 아름다움에 매혹되는 순간, 대상의 고통을 외면하는 관음증적 쾌락에 빠진 것은 아닌가?'라는 질문이 제기되기도 했다. '아름다운 비극'이라는 표현이 가진 윤리적 함정과 그것을 넘어선 작가적 투쟁은 무엇이었을까?

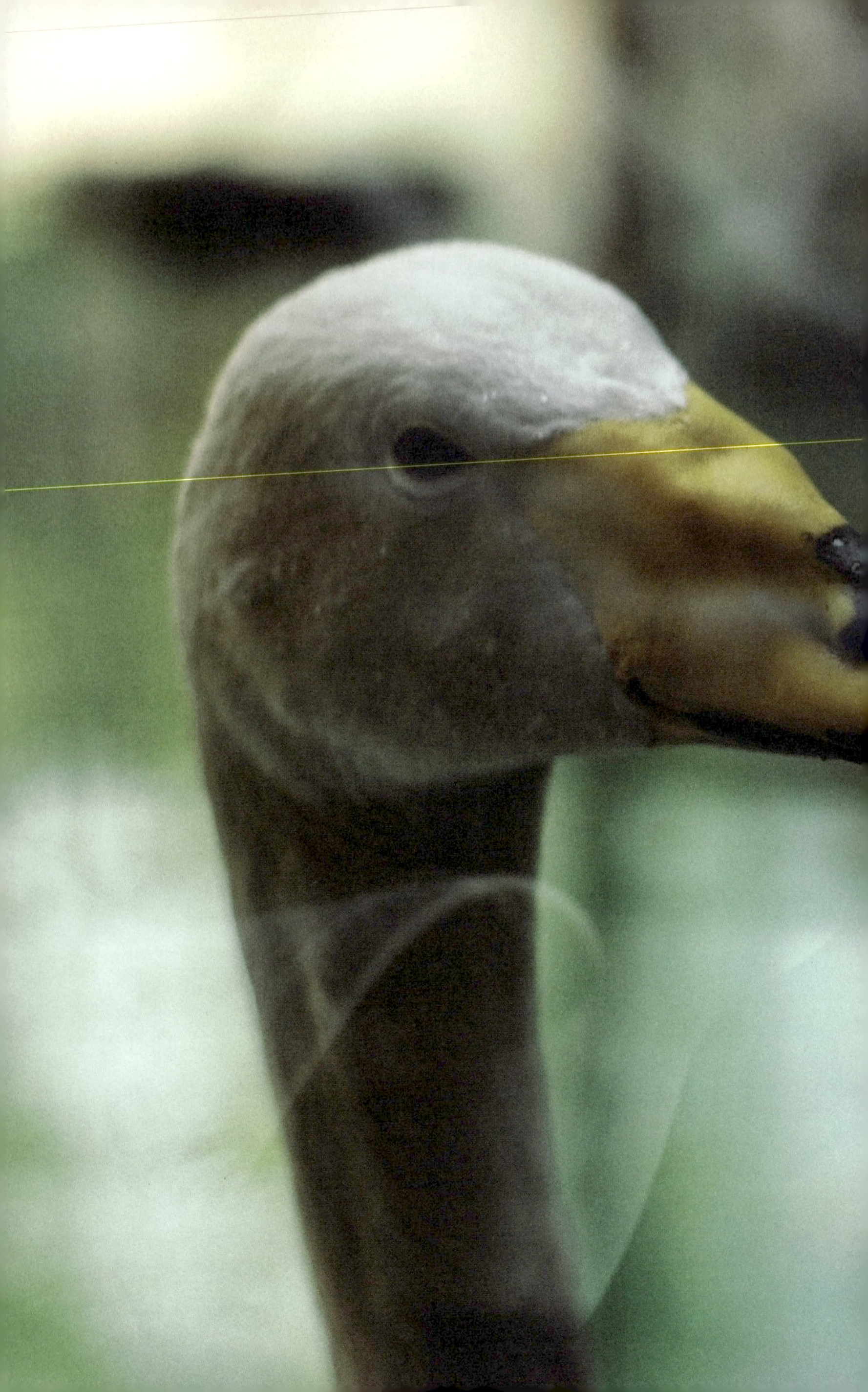

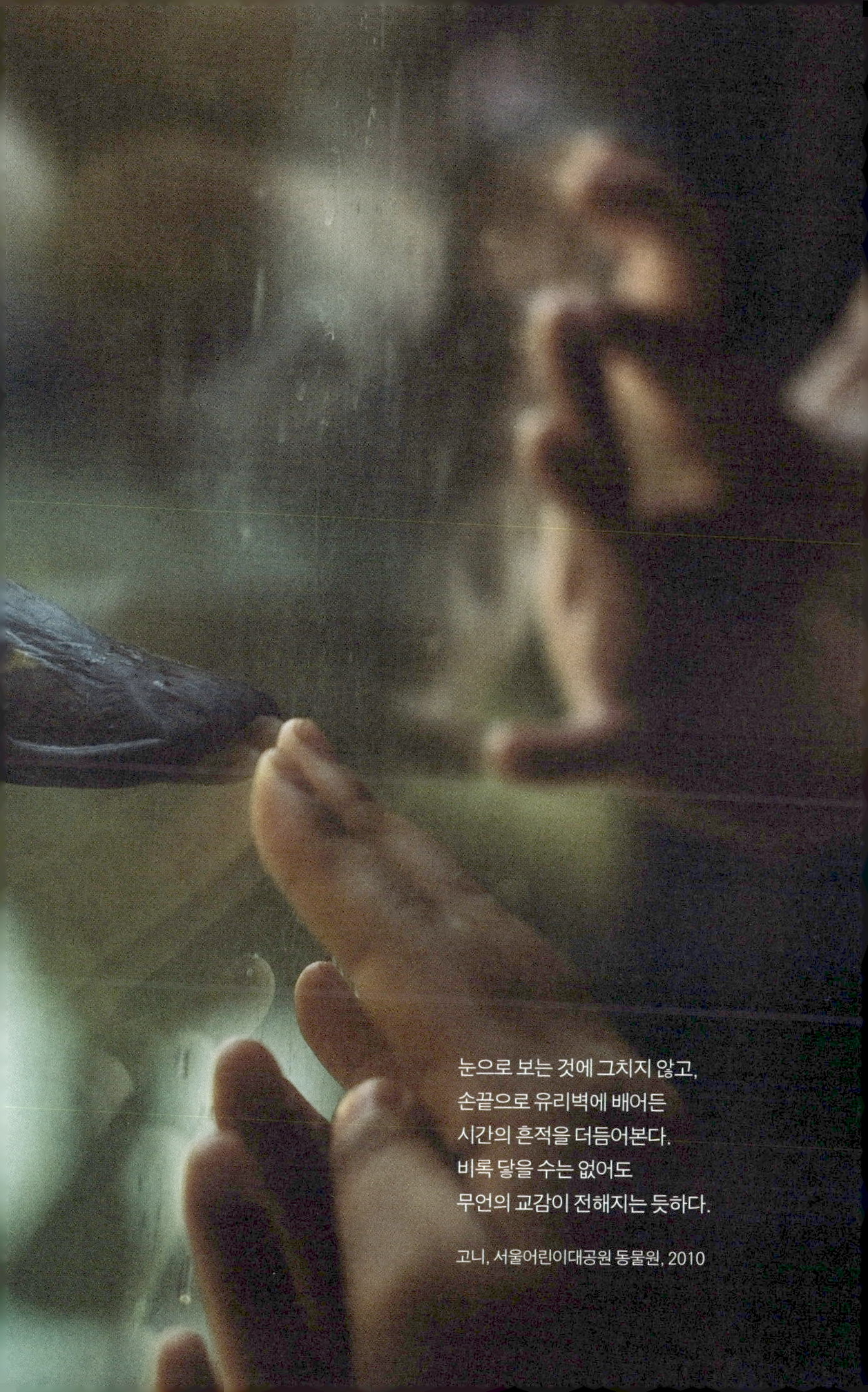

눈으로 보는 것에 그치지 않고,
손끝으로 유리벽에 배어든
시간의 흔적을 더듬어본다.
비록 닿을 수는 없어도
무언의 교감이 전해지는 듯하다.

고니, 서울어린이대공원 동물원, 2010

동물원에서는 아름다운 장면과 함께 그 이면의 대조적인 모습을 모두 담으려 노력했다. 다만 전시회에서는 관람객들의 이해를 돕기 위해 아름다움을 강조한 사진을 주로 선보였다. '추(醜)'는 거부감과 불편함을 줄 수 있지만, '미(美)'는 대중의 호기심과 관심을 효과적으로 끌어내는 소통의 시작점이기 때문이다.

동물들을 단지 아름다움의 대상으로만 소비하거나, 아름다운 사진으로 동물원을 미화할 수 있다는 우려를 충분히 공감한다. 그러나 시각 예술의 특성상 독자의 시선을 끌 '아름다움'이 없다면 대중의 관심에서 멀어질 가능성이 크다. 그런 의미에서 아름다움은 메시지 전달을 위한 필수적 수단이자 조건이다.

'아름다운 비극'이라는 표현은 매혹적이지만, 대상의 고통을 낭만화할 수 있다는 깊은 윤리적 딜레마를 안고 있다. 이 함정에 빠지지 않기 위해 끊임없이 고뇌했다. '과연 고통을 외면한 채 미적 쾌락만을 좇고 있는 것은 아닌가?'라는 자문은 작업의 본질을 흔들 만큼 강렬했다.

이 딜레마를 극복하고자 단순한 '아름다운' 이미지를 넘어 '생명의 본질'을 담으려 했다. 목표가 아름다움의 추구에만 머물렀다면 장노출이나 열화상 같은 새로운 방식을 탐구하지 않고 다큐멘터리 방식만 고수했을 것이다. 아름다움만 포착하기에 그 편이 훨씬 쉬웠을 테니까.

그러나 나의 여정은 동물을 미학적 대상을 넘어 생명이 깃든 존엄한 존재로 바라보는 데 맞춰졌다. 생명의 부재와 존재의 존엄성을 함께 기록하려는 노력은 맨눈으로 볼 수 없는 열화상 이미지를 담는 과정으로까지 이어졌다.

만약 내 작업이 단지 표면적 아름다움만 좇았다면, 100여 번의 방문만으로도 충분했을 이 여정은 5년 안에 끝났을 것이다. 그러나 아름다움 너머 진실을 포착하려는 열망이 있었기에 지난 15년간 지속될 수 있었다.

그런 의미에서 열화상 카메라는 '아름다운 비극'이라는 윤리적 함정을 넘기 위한 노력이었다. 이 기술은 눈에 보이는 피상적 아름다움을 넘어 '온도'라는 생명의 본질적 에너지를 드러냈다. 이를 통해 대상의 실존적 가치에 더 깊이 주목할 수 있었다.

잠시 멈추어, 느끼다

저는 동물들의 생명을 느끼고자 '빛' 대신 '온도'를 기록하는 방식으로 전환을 시도했습니다. 저의 내면에서 일어난 커다란 변화이자 윤리적 고민의 흔적 중 하나입니다. 열(熱)을 통해 세상을 바라보는 것은 완전히 새로운 경험이자 색다른 감각이었습니다.

프랑스의 철학자이자 현상학자 모리스 메를로퐁티(Maurice Merleau-Ponty, 1908~1961)였다면 이렇게 물을 것입니다.

> "당신은 빛을 넘어 피부로 느끼는 '온도'로
> 동물을 마주했을 때, '보는 자'의 몸과 동물의
> 살이 만나는 경계에서 무엇을 느꼈습니까?
> 그 '세계의 살(La Chair du Monde)' 속에서
> 당신의 카메라는 무엇을 보았습니까?"

열화상 사진 속에서 저는 동물들의 뜨거운 생명 에너지와 주변의 차가운 공기를 피부로 함께 느끼며 경계가 허물어지는 공감각적 경험과 모두가 연결된 생명의 존엄을 느꼈습니다. 여러분은 어떤 대상을 보며 가장 강렬한 감정을 느끼셨나요?
이런 시도의 중심에는 동물의 슬픔과 고통을 진정으로 '느끼고' 표현하고자 하는 절박함이 있습니다. 여러분의 마음을 움직인 예술

작품은 어떤 방식으로 말을 걸어오나요?

이제 '느낌'을 통해 얻은 통찰을 바탕으로 동물원과 생명에 관한 더 깊은 질문을 던지는 다음 부로 나아가고자 합니다.

제4부

묻다 · Ask

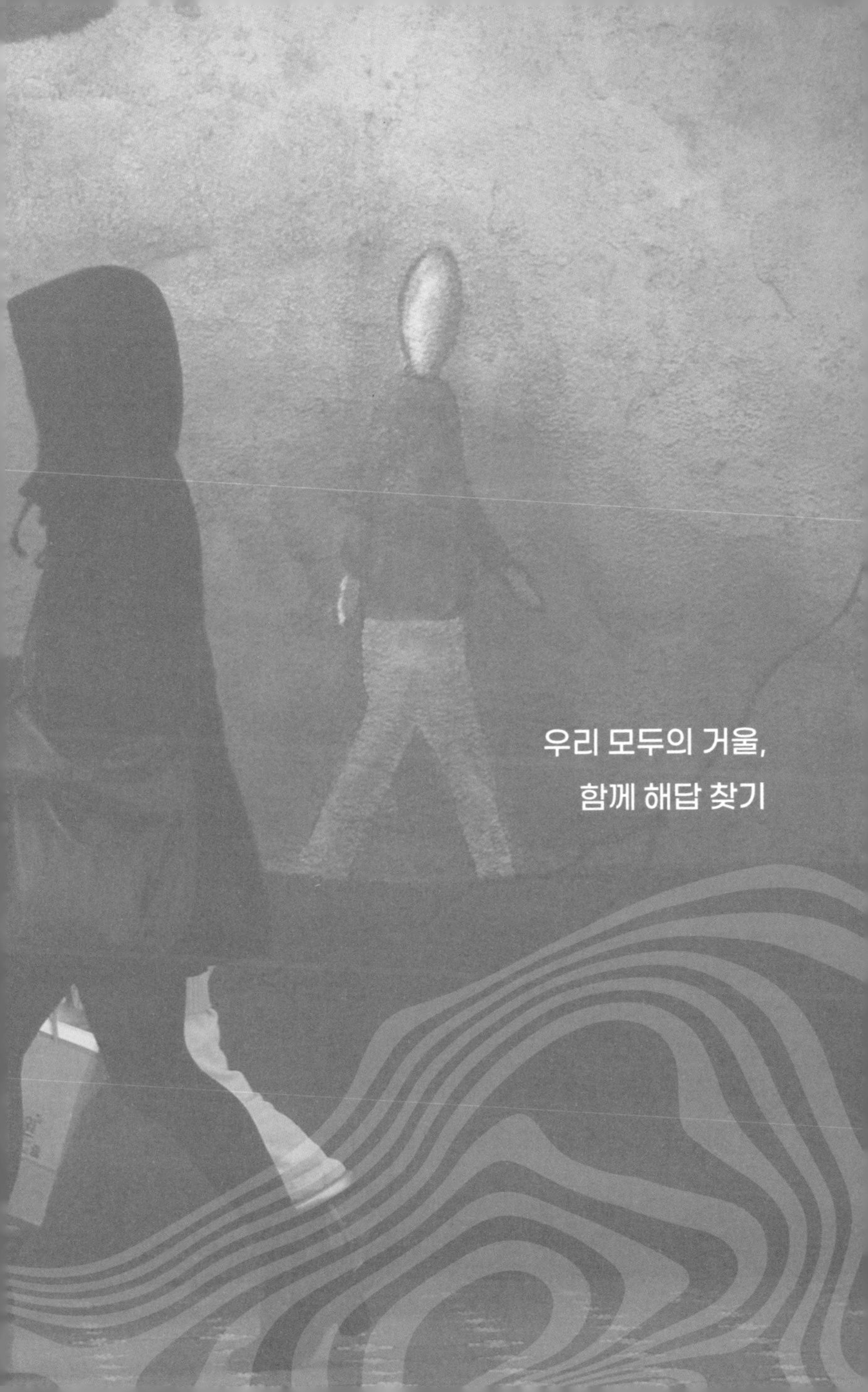

우리 모두의 거울,
함께 해답 찾기

19

한국 동물원 100년의 그림자와 빛

동물원은 고대 이집트와 중국, 메소포타미아의 제왕들이 야생동물을 사육하여 권력과 부를 과시하던 왕실의 '미네저리(Menagerie)'에서 비롯되었다. 근대적 동물원의 시초로는 1752년 오스트리아 빈의 쇤브룬 궁전 정원에 설립된 '티어가르텐 쇤브룬(Tiergarten Schönbrunn Zoo)'을 꼽는다. 이곳은 동물 관찰과 연구, 교육을 함께 진행했다. 동물원이 공공 여가 공간으로 자리 잡은 건 1828년 영국 '런던 동물원(London Zoo)'이 일반에게 문을 열면서다. 우리가 익히 아는 형태는 1907년 독일 함부르크에서 칼 하겐베크가 철창 없는 전시와 자연 서식 환경 재현 방식을 도입한 '티어파크 하겐베크(Tierpark Hagenbeck Zoo)'가 그 시초라고 볼 수 있다.

그렇다면 한국 최초의 동물원은 어디일까? 바로 서울

대공원의 전신인 창경원이다. 나는 지난 15년간 한국의 동물원을 기록해 왔다. 카메라를 들고 철창 너머 동물들을 바라보며 문득 이런 질문을 던졌다.

'이 공간은 언제부터 존재했을까?'
'왜 하필 조선의 궁궐 한복판에
동물원이 들어섰을까?'
'오늘날 과천 서울대공원까지 이어진
여정에는 어떤 의미가 담겨 있을까?'

꼬리에 꼬리를 물고 이어진 그 백년의 공백을 찾아 나는 창경궁으로 발길을 옮겼다.

철창 너머에서 만난 100년의 시간

해설사의 안내를 받아 창경궁 명정전 앞 광장에 선다. 내가 밟고 있는 이 단단한 박석(薄石, 납작하고 얇은 돌)이 한때 호랑이와 사자, 곰의 육중한 걸음을 받아냈던 땅이라는 사실을 상상한다. 복원된 정전의 위엄과 관광객들의 나직한 발소리만이 넓은 마당을 채우지만, 서측 돌담에 희미하게 남은 기초 구조물은 땅속 어딘가에 동물들의 숨결이 아직 잠들어 있을 것만 같은 기시감을 불러일으킨다.

내전 쪽 잔디밭과 춘당지 연못가로 발길을 옮기면 원숭이 우리가 있던 자리와 조류 사육장이 있던 연못의 고요가 맞닿는다. 안내판의 낡은 흑백사진이 창경원의 다른 얼굴을 불러내고, 그 사진 속 동물들이 서울대공원으로 옮겨간 그 아득한 길이 조용히 이어진다. 지금 손에 잡히는 것은 복원된 평온한 경관이지만, 내 안에서는 동물들의 거친 숨소리와 철창이 덜컹거리는 소리가 금세 겹친다. 풀을 뜯던 부드러운 입술과 세상을 응시하던 둥근 눈동자, 물을 쪼던 힘찬 날갯짓이 낡은 사진 프레임을 넘어 나에게 말을 걸어온다.

공교롭게도 내가 『동물원』 작업을 본격적으로 시작한 2009년은 한국 동물원 개원 100주년이 되는 해였다. 우연일까, 필연일까? 아마도 이 공간이 지닌 세월의 무게가 나를 동물원으로 이끌었을 것이다. 나는 창경궁에서 그들의 사라진 삶을 묻는다. 그리고 그 묻는 행위 자체가, 우리 시대가 남긴 흔적과 책임을 마주하는 시작이 된다.

굴욕의 시작, 궁궐의 몰락(1909년~1945년)

1909년 11월 1일, 조선의 궁궐이었던 창경궁이 동물원으로 탈바꿈했다. 경술국치(1910년 경술년 8월 22일 일본과 대한제국 사이에 체결된 '한일병합조약')보다 1년이나

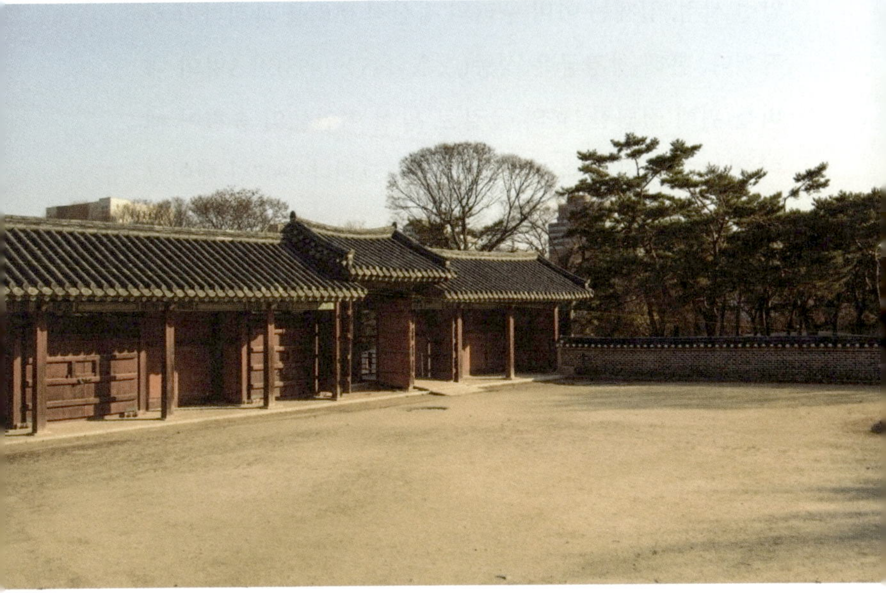

한국 최초의 동물원은 창경원 동물원이다.
창경원은 창경궁 명정전 일대를 동물 우리로 조성했다.
창경원의 동물들이 1984년 경기도 과천의 서울대공원으로 이전한 뒤,
1986년에 이르러서야 비로소 창경궁은 완전히 복원되었다.
동물 우리도 남김없이 사라졌다. 적막함을 깨고
동물들의 울음소리가 저 멀리 들려오는 듯하다.

옛 창경원 동물원 터, 창경궁, 2025

앞선 시점, 일제는 이미 우리의 정신적 뿌리를 파괴하기 시작했다. 본래 창경궁은 성종(成宗, 1457~1495)이 3명의 대비를 위해 건립한 '효의 궁궐'로 왕실 여인들의 숨결이 배어 있는 지극히 사적인 공간이었다. 그러나 1907년 헤이그 특사 사건을 빌미로 고종(高宗, 1852~1919)을 강제 퇴위시킨 일제는 순종(純宗, 1874~1926) 황제를 위로한다는 명목 아래 궁궐의 권위를 무너뜨려 민족의 자존심을 훼손하려는 문화 통치 전략을 실행에 옮겼다.

일제의 이런 행보는 결코 즉흥적인 것이 아니었다. 일제는 메이지 유신 직후, 에도 막부의 상징이던 도쿄 우에노에 동물원과 박물관을 세워 옛 권위를 말소하고 근대성을 과시했다. 일제는 그 방식을 한반도에 그대로 적용했다. 일본 최초의 동물원인 우에노 동물원과 한국 최초의 동물원인 창경원은 이렇게 공통의 역사를 공유한다.

일제는 창경궁 내 60여 채의 전각과 담장을 무자비하게 철거했다. 수백 년 된 기둥들이 톱질에 쓰러지고, 화려한 단청이 칠해진 서까래가 헐값에 경매로 팔려나갔다. 왕의 어가(御駕, 임금의 가마이자 왕의 권위와 위엄을 상징하는 이동 수단)가 머물던 자리와 조선 왕조의 기억이 깃든 전각들이 하나둘 사라졌다. 그 자리에 낯선 짐승의 차가운 철창과 콘크리트 우리가 들어섰다. 당시 순종은 창경궁과 인접한 창덕궁에 머물고 있었다. 두 궁은 도보로 약 3~5분, 거리로는 200미터 남짓에 불과할 만큼 바로 맞닿아 있다. 순종은 보다 못해 공사를 중단해달라고 애원했지만, 소용없는 일이었다.

철거한 터에는 오랜 세월에 걸쳐 일본인의 정서를 상징하는 벚나무 약 1,800그루가 뿌리를 내렸다. 일본에서 벚나무는 법적 국목(國木)은 아니지만, 비공식적으로 국화(國花)에 준하는 상징성을 지닌다. 특히 계절의 순환과 생명력, 공동체의 연대를 뜻하는 하나미(花見, 벚꽃놀이)를 통해 국가적 행사로 자리매김해 왔다. 조선 궁궐의 마당에 일본 벚꽃이 만개한 풍경은 식민 지배를 노골적으로 드러내는 은유였다. 우리 조상들은 음력 3월 3일 삼짇날에 진달래 화전놀이를 즐겼을 뿐, 벚꽃을 집단으로 감상하거나 꽃놀이를 즐겨하지는 않았다. 오늘날 우리가 매년 봄마다 무심코 즐기는 벚꽃놀이에는 그런 슬픈 역사가 담겨 있다. 이처럼 창경궁에 심어진 벚나무는 단순한 조경을 넘어 일본황실의 권위와 식민주의 논리를 한반도에 이식하려는 의도가 다분히 내포되어 있다.

일제는 1911년 창경궁에서 궁궐을 뜻하는 '궁(宮)' 자를 빼고, 큰 정원이나 담장으로 둘러싸인 휴식 공간을 의미하는 '원(苑)' 자를 사용하여 '창경원(昌慶苑)'으로 격하시

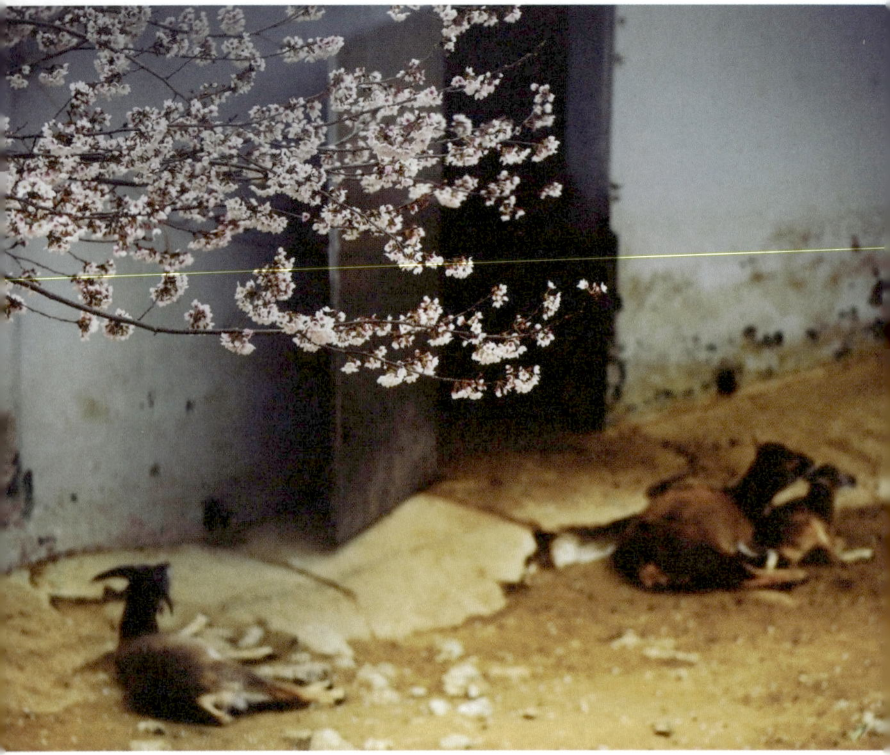

히말라야 타알 방사장에 벚꽃이 피어있다. 오늘날 우리가
무심코 즐기는 벚꽃놀이는 일본의 하나미에서 그 유래를 찾을 수 있다.
우리나라 최초의 동물원인 창경원에 심어졌던 벚나무 또한
마찬가지의 역사를 공유한다.

동물원의 봄, 서울대공원 동물원, 2013

켰다. 왕이 살던 숭고한 공간이 일반인들이 드나드는 유원지로 전락한 순간이었다.

동양 7번째 동물원의 탄생과 그림자

개원 당시 창경원은 우에노 동물원에서 들여온 동물을 포함하여 총 72종 361마리를 보유한 동양의 7번째 동물원이었다. 앞서 아시아에는 인도의 트리반드럼 동물원(Thiruvananthapuram Zoo, 1857), 홍콩의 동식물공원(Hong Kong Zoological and Botanical Gardens, 1864), 인도 콜카타의 알리포어 동물원(Alipore Zoological Gardens, 1876), 일본 도쿄의 우에노 동물원(Ueno Zoo, 1882), 미얀마의 양곤 동물원(Yangon Zoological Gardens, 1906), 중국의 베이징 동물원(Beijing Zoo, 1906) 등이 차례로 설립되었다. 이들은 모두 서구 제국주의 세력이나 근대화를 추진하던 국가들이 문명개화의 상징으로 조성한 시설들이었다.

1909년 프랑스식 설계로 건립된 창경궁 대온실은 지금도 잘 보존되어 있다. 나 역시 아무것도 모른 채 이곳을 방문했던 기억이 있다. 그때 마주한 대온실의 웅장함과 정교한 건축미는 오랫동안 내 뇌리에 남아 있다. 다만 역사를 잘 몰랐기에 그 속에 숨겨진 상흔을 읽어낼 수는 없었다.

1912년 완공된 여섯 동의 근대식 유리온실은 당시 동양 최고 수준의 시설로 평가받았다. 유리온실 안에는 열대와 아열대 지역을 연상시키는 야자수와 선인장이 자라고, 형형색색의 열대어들이 수조 속을 헤엄쳤다.

어른 10전, 어린이 5전인 동물원 입장료는 당시 메밀국수 한 그릇 값과 비슷한 수준으로, 서민들에게는 큰 부담이 아니었다. 창경원은 곧 서울의 대표적인 유락 장소로 자리 잡았다. 특히 1924년부터 시작된 밤 벚꽃놀이 '야앵(夜櫻)'은 수백 개의 전등과 17미터 높이의 네온 탑이 설치된 화려한 야간 행사였다. 전등 불빛에 비친 벚꽃은 환상적이었지만, 그 아래 우리에 갇힌 동물들은 밤새 쏟아지는 강한 조명과 소음에 시달려야 했다. 한 세기 전에는 동물 복지라는 개념은 아예 없었던 것이다.

화려함의 이면에 동물들은 경악할 만큼 열악한 우리에 갇혀 있었다. 곰 우리는 현재의 대형 반려견 이동장보다도 좁았다. 호랑이는 3평 남짓한 철창 안에서 하루 종일 같은 자리를 맴돌았다. 코끼리는 발목에 쇠사슬이 채워진 채 정해진 자리에 묶여 있었다.

나는 그때의 광경을 상상해 본다. 거대한 몸집과 달리 코끼리의 눈은 깊고 고요하게 모든 것을 체념한 듯하다. 아이들이 손뼉을 치며 환호를 보내지만, 코끼리는 묵직한 몸을 천천히 앞뒤로 흔들기만 한다. 어쩌면 그 미세한 움직임은 자신이 태어난 고향의 광활한 초원을 그리워하며 갇힌 몸으로 할 수 있는 유일한 저항이자 슬픈 몸짓이었는지 모른다. 흔히 몸을 앞뒤로 흔드는 코끼리를 보고 '코끼리가 춤춘다'라고 표현한다. 사실이 아니다. 이는 정형행동이라는 정신적 병리 현상이다. 무심한 흔들림에 담긴 생명의 무게를 당시 관람객들은 과연 얼마나 헤아릴 수 있었을까?

억압의 상징으로 만들어진 공간은 역설적으로 시민들에게 위안과 즐거움, 추억의 공간이 되었다. 일제는 '문명개화'의 혜택을 선전했지만, 민중들에게 창경원은 그저 고단한 삶 속에서 가족과 함께하는 특별한 휴식처였다. 아이들은 원숭이를 흉내 내며 깔깔거렸고, 어른들은 사자 같은 맹수의 날렵함에 감탄을 금치 못했다. 이 이중성은 현대 동물원이 처한 딜레마를 그대로 반영한다. 동물원은 '놀이'와 '관람'의 기능을 동시에 수행하지만, 오늘날은 동물원 외에도 즐길 거리와 볼거리가 넘쳐난다. 동물원을 단순한 위락시설로만 여길 수는 없다. 따라서 동물원은 교육과 보전의 가치를 더욱 분명히 제시해야 할 책임을 지닌다.

나는 현재의 동물원에서도 아이들의 웃음소리를 들을 때마다 문득 생각에 잠긴다. 이 순수한 기쁨의 이면에 창경원의 그늘이 드리워져 있다는 사실을 우리는 얼마나 기억하고 있을까? 우리가 동물들을 '본다'라는 행위는 과연 순수한 관찰일까. 아니면 여전히 제국주의 시절의 시선이 희미하게 남아 있는 것은 아닐까. 이렇듯 한국 동물원은 식민의 상처 위에 세워진 위안의 공간이라는 모순을 안고 있다.

죽음의 그림자 : 독살의 참극(1945년)

해방을 앞둔 1945년, 창경원에서는 한국 동물원 역사상 가장 참혹한 사건이 벌어진다. 일제강점기부터 창경원에서 일했던 박영달(1905~1978) 사육사는 "이왕직 회계과장 사토는 전 직원을 모아놓고 '오늘 밤 사람을 해칠 만한 동물은 모두 죽여라'라는 명령을 내렸다."라고 증언했다. '이왕직(李王職)'은 일제강점기에 조선 왕실 관련 사무를 담당한 기구다. '이(李)'는 조선 왕실의 성씨인 전주 이씨를, '왕(王)'은 일본의 왕실 봉작제에 따른 작위 명을, '직(職)'은 업무를 담당하는 직관을 의미한다. 사토의 명령은 미군 폭격 시 동물들이 우리를 뛰쳐나와 사람을 해칠 위험을 막는다는 명분이었지만, 실제로는 패전을 앞둔 일본의 무책임하고 잔혹한 처분이었다.

서울대공원이 펴낸 『한국 동물원 80년사』(1988)에 나오는 이 기록을 처음 마주했을 때, 나는 한동안 말을 잇지 못했다. 동물들이 무슨 죄가 있단 말인가? 그들은 자신의 의지와 무관하게 이국의 땅으로 끌려와 구경거리가 되었다. 그렇게 모진 세월을 감내했던 동물들에게 더 큰 비극은 1945년 7월 25일의 밤에 일어났다. 창경원에는 독약이 든 사료를 먹고 쓰러지는 동물들의 처절한 비명이 가득했다. 한국 표범이 가장 먼저 쓰러진 뒤 사자, 호랑이, 코끼리, 악어 등 총 21종 38마리가 고통 속에 목숨을 잃었다.

자식처럼 키워온 동물들이 하나둘 주저앉아 쓰러지는 모습을 보며 사육사들은 오열했다. 독을 먹고 몇 시간을 버틴 코끼리의 거대한 몸이 천천히 무너져 내리는 광경은 보는 이들의 가슴을 찢었다. 매미 소리 대신 동물들의 단말마 비명과 울부짖는 소리, 피비린내가 뒤섞여 고요한 궁궐을 짓눌렀다. 자식 같은 동물의 사체 앞에서 사육사들이 올린 기도와 눈물은 해방의 기쁨조차 채 누리지 못한 채 무력감과 슬픔으로 얼룩진 집단적 트라우마로 남겨졌다.

시민의 연대가 일으킨 기적(1950년~1955년)

해방 후에도 시련은 계속되었다. 독살에서 살아남은 동물들은 굶주림에 죽어갔다. 박영달 사육사가 자기 집 다섯 채를 팔아 사료비를 충당했지만 역부족이었다. 1950년 6·25전쟁이 발발하고 이듬해인 1·4후퇴 때는 또 다른 참상이 벌어졌다. 전쟁이 또다시 동물원에 어둠을 드리운 것이다. 사육사들이 피난을 떠난 창경원은 어떠했을까?

"살아 움직이는 동물은 새 한 마리 보이지 않았고, 낙타, 사슴, 얼룩말은 중공군이 도살해 잡아먹은 듯 머리만 남아 있었으며, 여우와 너구리는 굴과 돌 틈에 끼여 죽어 있었다."

서울대공원의 『한국 동물원 80년사』(1988) 중에서

박영달 사육사의 회고다. 텅 빈 사육사는 전쟁의 폭력이 인간뿐 아니라 무고한 동물들에게까지 얼마나 잔혹하게 미치는지를 침묵으로 고발하고 있었다. 동물 없이 빈 철창만 남은 창경원을 거니는 시민들의 발걸음은 무거웠다. 동물의 숨소리 대신 폐허를 스치는 바람 소리만 가득했다. 아이들의 웃음소리마저 사라진 그곳은 영혼 없는 육체처럼 죽음과 상실을 상기시키는 공간이었다.

황폐해진 창경원을 되살린 것은 정부가 아니라 시민들이었다. 1953년 휴전 후, 전방 군인들이 야생에서 잡아 보낸 반달가슴곰과 산양이 텅 빈 우리에 들어서자 전쟁에 지친 국민은 큰 위안을 받았다. 오랜만에 들리는 동물들의 울음소리는 생명이 돌아왔다는 희망의 신호였다.

1954년 '창경원 재건위원회'가 발족하여 국민 모금 운동이 시작되었다. 모금된 성금은 42만 2,000달러였다. 당시 환율(1달러=65원)을 적용하면 약 2,743만 원에 해당한다.

이는 오늘날 약 7억 2,000만 원에 해당하는 규모다. 정부 기관과 기업은 물론, 전국 각지의 어린이들이 용돈을 모아 보낸 몇십 원, 몇백 원이 모여 거대한 힘이 되었다. 1955년 4월에는 미국 극동 지상군 총사령관 월터 테일러 장군이 3살 된 수컷 곰을, 그해 5월에는 삼성 창업주 이병철 회장이 태국에서 구매한 3살 된 수컷 아시아코끼리 '자이언트'를 기증했다. 나는 이 대목에서 한국인의 저력을,. 어려운 상황 속에서도 생명을 향해 기꺼이 손을 내미는 그 따뜻한 연대의 마음을 느낀다.

과천 이전 : 새로운 시작(1969년~1986년)

1969년 개원 60주년을 맞아 창경원은 열대동물관을 개관하며 다시 전성기를 맞았지만, 낡고 좁은 시설의 한계와 궁궐 복원 여론에 부딪혔다. 마침내 1977년, 정부는 경기도 과천에 '남서울대공원'을 건설하기로 했다. '동물원'이 아닌 '대공원'으로 명명된 이유는 동물원뿐 아니라 식물원, 놀이시설, 문화시설을 포괄하는 종합 테마공원으로 조성되었기 때문이다.

흥미로운 일화가 있다. 북한의 중앙동물원보다 넓어야 한다는 박정희 대통령의 지시로 애초 계획보다 10배 이상 넓어진 88만 평(약 290만 m^2) 부지에 서울대공원이 건설

되기 시작했다. 냉전 시대의 경쟁 심리가 의외의 결과를 낳은 셈이다.

1983년 가을, 창경원에 있던 동물 900여 마리를 서울대공원으로 옮기는 대이동은 그야말로 파란만장한 드라마였다. 키 5미터가 넘는 기린을 낮은 육교 아래로 통과시키기 위해 사육사들은 기린이 좋아하는 아카시아잎을 들고 "이리 와, 맛있는 게 있어!"라며 달래었다. 기린은 고개를 숙여 잎을 먹으며 육교를 무사히 통과했다.

낯선 트레일러에 오르기를 거부하던 코끼리는 평소 따르던 사육사가 함께 올라타자 안심하고 따라나섰다. 작은 동물들은 손수레에 실어 옮겼다. 그 모습은 마치 한 마을 전체가 피난길에 오른 듯한 풍경이었다. 동물과 사육사 사이의 깊은 신뢰 없이는 불가능했을 일이다.

하지만 이것은 단순한 이사가 아니었다. 75년간 창경원에 켜켜이 쌓인 슬픔과 눈물의 역사를 싣고 새로운 희망의 땅, 과천으로 향하는 대장정이었다. 트럭에 실려 낯선 과천 땅에 첫발을 내디뎠을 때, 동물들은 더 넓어진 공간과 흙냄새에 안도했을까? 아니면 또 다른 형태의 우리 앞에서 절망했을까? 확실한 것은 1984년 5월 1일 '서울대공원'으로 개원한 첫날 새로운 시대의 개막을 알리며 몰려든 75만 명의 인파는 더 이상 식민지의 백성도, 전쟁의 폐허를 딛고 일어선 가난한 시민도 아니었다는 점이다. 그들은 새 동물원과 함께 새로운 시대를 열고자 하는 기대감에 부푼 1980년대 대한민국의 주역들이었다. 당초 남서울대공원으로 계획되었으나 개원 시점에 '서울대공원'으로 명칭을 바꾼 것도 이런 상징성을 반영한 결정이었다.

한편, 창경원에 있던 여섯 동의 근대식 유리온실은 서울대공원으로 동물원을 이전, 확장하는 과정에서 1983년부터 1986년까지 진행된 복원 공사로 인해 철거되었다.

생태동물원을 향한 노력(서울대공원 개장~현재)

과천 이전은 단순한 공간 변화가 아니었다. '동물 복지 제일주의'를 내건 서울대공원은 처음으로 철창에서 벗어나 '생태적 동물원'을 지향했다. 동물의 서식지를 지리학적으로 구분하고 자연환경을 모방한 시설을 구축했다. 사자는 넓은 사바나 초원을 연상시키는 공간에서 뛰어다닐 수 있게 되었고, 원숭이들은 나무 사이를 자유롭게 옮겨 다니며 야생에서처럼 자연스러운 모습을 보여주었다.

1990년대부터는 동물행동 풍부화 프로그램, 전문 수의 관리 체계 등 국제적 기준이 도입되었다. 늑대에게는 고기를 숨겨놓아 사냥 본능을 자극하고, 오랑우탄에게는 장난감 퍼즐을 제공하여 지능을 발휘하게 했다. 코끼리에게는 큰 공을 주어 놀게 하고, 하마에게는 물속에서 수영을 즐길 수 있도록 했다.

2009년 개원 100주년을 맞아 '서울동물원(Seoul Zoo)'으로 정식 명칭을 변경하고, 100주년 기념식과 함께 유인원관을 대대적으로 리모델링했다. 2015년 국내 최초 반달가슴곰 자연 방사 성공은 대표적 성과였다. 4년 뒤인 2019년 아시아 최초로 아자(Association of Zoos and Aquariums, AZA, 미국동물원수족관협회) 인증을 획득하는 등 국제적 위상을 높여갔다. 나는 이런 변화를 지켜보며 희망을 느낀다. 완벽하지는 않지만, 적어도 동물들의 처지에서 생각하려는 노력이 시작되었다는 점에서 의미가 크다.

하지만 현실은 여전히 녹록지 않다. 연합뉴스의 보도에 따르면 서울동물원의 관람객 수는 2014년 282만 명에서 2023년 154만 명으로 급감했다. 여기에는 팬데믹의 여파도 있다. 하지만 2021년 소결핵으로 인한 남미관 동물 집단 안락사 사건, 2023년 시베리아호랑이들의 갑작스러운 죽음 등은 동물 관리 시스템의 취약함도 한몫했을 것이다.

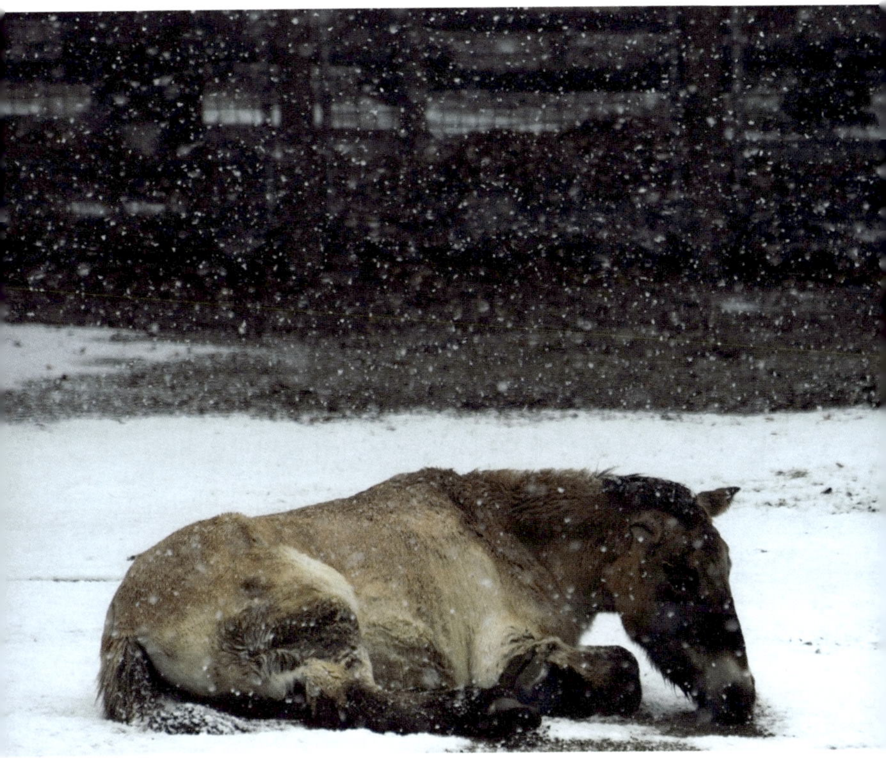

한국 동물원의 역사가 115년을 넘었다.
앞으로의 동물원은 어디로 향해야 할까?
동물을 가둘 권리를 비롯하여 이 공간의 존재 의미에 대한
근본적인 질문들이 제기된다.

몽골야생말, 서울대공원 동물원, 2016

동물을 가둘 권리 : 근본적인 질문들

한국 동물원의 지난 세월과 내가 동물원을 드나들던 100~115주년의 시간을 관통하며, 나는 동물을 대하는 방식의 극명한 틈을 목격했다. 과거의 동물원이 '인간 중심의 유희'를 위한 공간이었다면 현재의 동물원은 '생명 존중의 책임'을 묻는 성찰의 공간으로 변모하고 있다.

과거 동물원에서 동물은 인간의 눈요기를 위해 감금된 수집품에 불과했다. 좁은 콘크리트 우리와 무기력한 몸짓은 다른 생명을 쉽게 통제하려는 인간의 오만함을 비추는 자화상과 같았다. 그러나 동물권에 관한 사회적 인식이 높아지면서 변화는 시작되었다. 동물들은 '놀이 대상'에서 '존엄한 생명'으로 재인식되었다. 동물원에는 자연 친화적 서식지와 동물행동 다양화 프로그램이 도입되며 '생존'을 넘어 '질 높은 삶'을 이야기하는 공간으로 변모하고 있다.

100년 전, 창경원 철창 속 동물들의 눈빛은 무슨 이야기를 하고 싶었을까? 그리고 오늘날 최신 시설의 넓은 방사장에서 우리를 응시하는 동물들의 시선은 과연 달라졌을까?

역사는 과거의 기록이 아니라 현재를 비추는 거울이다. 우리는 이 거울을 통해 종 보전은 정말 동물원의 존재 이유가 될 수 있는지, 동물 복지는 어디까지 개선될 수 있는지, 그리고 동물들의 탈출 시도는 무엇을 의미하는지 근본적으로 질문해야 한다. 이 모든 질문은 결국 "우리는 과연 동물을 가둘 권리가 있는가?"라는 단 하나의 물음으로 귀결된다. 100년이라는 세월이 흘렀지만, 동물을 가두는 동물원의 본질은 여전히 그대로다.

이 질문에 관한 우리의 진지한 응답이야말로 지나간 상처를 치유하고, 다가올 날들을 책임감 있게 준비하는 첫 걸음이 될 것이다.

20

동물원 안팎에 있는 동물을 나누는 기준은?

『동물원』 연작을 시작할 때, 내 카메라는 언제나 울타리 안을 향했다. 거대한 철창과 두꺼운 유리 벽이 나를 가로막았지만, 생명의 희로애락을 기록하는 일이 곧 내 과업이었다. 그러나 어느 순간부터인가 내 시선은 그 경계의 바깥을 향하기 시작했다. 동물원이라는 인간이 만든 질서 바깥에도, 그 질서에 기대어 혹은 아랑곳하지 않고 살아가는 또 다른 생명이 있었기 때문이다.

그들은 동물원의 공식적인 목록에는 없지만, 엄연히 그 생태계의 일부를 이루는 구성원들이다. 이런 새로운 시선의 전환은 표범을 닮은 길고양이와의 우연한 만남에서 시작되었다.

표범과 길고양이, 경계에 관한 첫 질문

검정과 진한 노랑이 알록달록하게 버무려진 점박이 무늬가 빚어내는 강렬한 아름다움, 고독하고 날카로운 눈빛, 유연하고 힘 있는 몸동작은 경외감마저 느끼게 한다. 그 동물은 바로 표범이다. 나는 동물원에 갈 때면 표범에 매료되어 모든 것을 렌즈에 담았다.

표범사 앞을 떠나지 않던 나는 카메라 셔터를 누르는 매 순간, 그의 강렬한 눈빛과 근육의 떨림을 포착했다. 그렇게 갇힌 존재의 아름다움을 탐구하던 나는 뜻밖의 만남을 통해 '경계'에 관한 질문을 처음으로 던지게 되었다.

어느 날, 동물원 촬영을 마치고 집으로 향하던 골목길에서 나는 숨을 멈추었다. 방금까지 보고 온 표범과 놀랍도록 닮은 생명체가 주차된 차 밑에서 나를 노려보고 있었다. 표범에 비하면 터무니없이 작은 몸집이었지만, 얼굴과 몸, 날 선 눈빛은 영락없는 '작은 표범'이었다. 정체는 길고양이였다. 나는 『동물원』 작업 이전에는 고양이를 좋아하지도, 고양이의 삶에 관심을 기울이지도 않았다. 그런데 동물원을 계속 찾는 동안 마음에 쏙 들어온 동물이 표범이라서 그런지 내 관심은 자연스럽게 길고양이로 옮겨갔다.

그 순간, 내 머릿속에서 두 존재의 삶이 극명하게 교차했다. 같은 고양잇과 동물이면서 그들의 처지는 하늘과 땅

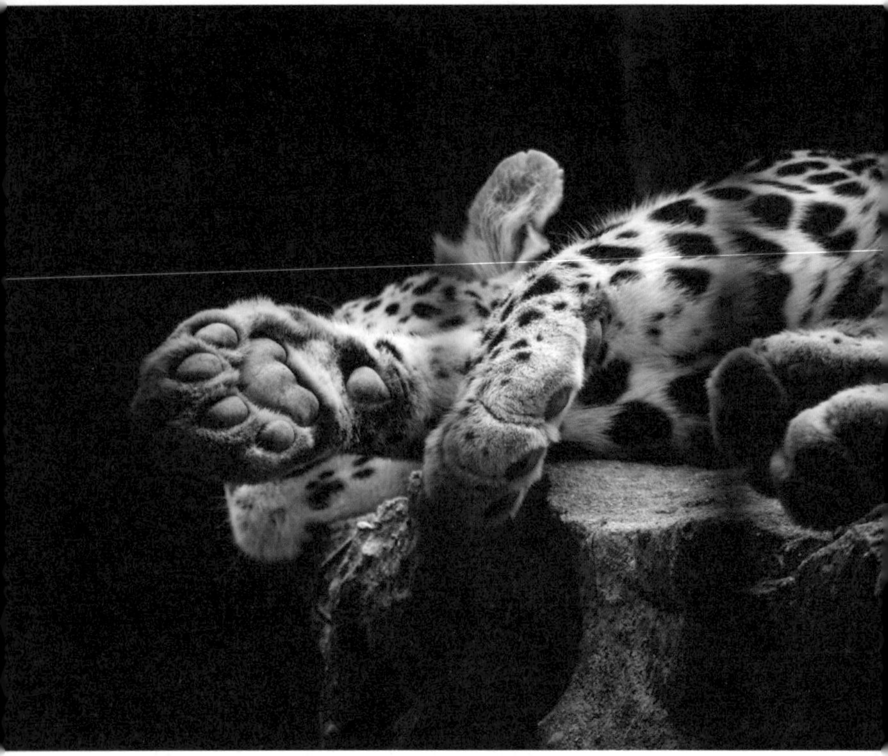

표범은 동물원에서 먹이와 돌봄을 받으며 살아간다.
대신에 야생을 돌아다닐 자유는 없다.
그들에게 동물원에서의 삶과 아프리카 같은 초원에서의 삶 중에서
하나를 택하라고 한다면 무엇을 고를까.

표범, 서울대공원 동물원, 2009

차이였다. 표범은 자유를 속박당한 대신 안락한 잠자리와 풍족한 먹이를 보장받는다. 아프면 최상의 치료를 받고, 누군가 그의 공간을 깨끗이 청소해 준다.

반면, 길고양이는 누구의 간섭도 받지 않는 자유를 얻은 대신 생존에 필요한 모든 것을 스스로 책임져야 한다. 굶주림을 피하고자 쓰레기 더미를 뒤져야 하고 찰나의 부주의로 차에 치여 목숨을 잃기도 한다. 그들을 보며 느낀 안타까움과 절망이 길고양이 사진 작업을 시작하게 된 계기가 되었다. 길고양이의 삶을 면밀히 들여다보자 오래된 질문이 다시금 나를 사로잡았다.

'무엇이 더 나은 삶인가? 안락한 구속인가?
아니면 위태로운 자유인가?'

이 물음은 길고양이의 현실을 성찰하게 한다. 길 위에서 태어나 길 위에서 생을 마감하는 그들의 평균 수명은 고작 2~3년에 불과하다. 그 짧은 생은 배고픔과 질병, 그리고 인간의 혐오와 학대라는 가혹한 현실과의 싸움이다. 길고양이를 두려워하는 사람이 적지 않지만, 이들은 사람과 비교할 수 없는 약자일 뿐이다.

길고양이의 시야에서 세상을 본 일이 있는가? 나는 그

들의 시선으로 세상을 보기 위해 땅바닥에 바싹 엎드려 보았다. 위압적인 거인처럼 느껴지는 사람들, 괴물처럼 질주하는 자동차들. 고양이의 눈에 비친 도시는 생존을 위협하는 거대한 장벽으로 가득했다. 그날 이후, 나는 길 위에서 마주치는 작은 생명들을 외면할 수 없게 되었다.

기묘한 동거 : 서발과 고양이가 만난 날

내 관심이 길고양이에게로 향하면서 동물원 안에서 새로운 풍경이 보이기 시작했다. 그곳에도 수많은 길고양이가 살고 있다. 그들은 동물원의 공식적인 전시 동물은 아니지만, 사육사들이 제공하는 먹이를 먹고, 때로는 관람객들의 귀여움을 받으며 동물원이라는 특수한 환경에 완벽하게 적응하여 살아간다. 사람들의 터전에 뿌리내린 길고양이들에게 동물원 역시 또 하나의 보금자리가 되어준다. 그래서 사실 동물원에서 길고양이를 보는 건 특별한 일은 아니다.

그럼에도 길고양이를 통해 '경계'에 관한 생각을 이어가던 어느 날 오후, 나는 더욱 기묘하고 강렬한 장면과 마주쳤다. 때는 2014년 5월 17일로 거슬러 올라간다. 장소는 경북 고령군에 있는 고령 미니멀 주 동물원이다. 한적한 산속에 있던 그곳은 대중교통을 이용했다면 서울에서 약 4시간 넘게 걸리는 곳이지만, 형의 차를 타고 편하게 갔다.

여느 동물원과 다를 바 없는 이곳에서도 길고양이와 마주쳤다. 이 녀석은 사람 손을 타서인지 사람을 전혀 두려워하지 않았다. 의자에 앉아서 쉬고 있던 형에게 길고양이가 다가가 애교를 부리기도 했다. 그런 모습을 사진찍기도 했다. 잠시 후에 더 놀라운 장면이 펼쳐질 줄은 몰랐다.

고양이와 얼마 떨어지지 않은 곳에 아프리카의 야생고양이인 서발의 우리가 있었다. 서발은 날렵한 몸매와 거대한 귀, 치타와 유사한 점박이 무늬와 호랑이 같은 줄무늬를 함께 지닌 우아한 사냥꾼이다. 고양이보다는 크고 표범보다는 작다. 팔다리가 긴 고양이 같기도 하다. 그런데 그 서발의 우리 앞으로 앞서 봤던 길고양이가 태연히 걸어갔다. 그 순간 어떤 장면이 펼쳐질 것 같은 예감이 들었다. 야생의 본능이 살아있는 서발에게 저 작은 길고양이는 한 입거리 사냥감에 불과했다. 비록 철장으로 경계가 나뉘어 있었지만, 서발이 길고양이에게 해코지할 수도 있는 상황이었다.

무슨 일이 벌어질지 몰라 나는 순간 숨이 멎었다. 그러나 예상은 완전히 빗나갔다. 서발은 침입자를 향해 공격성을 드러내기는커녕 호기심 가득한 눈으로 조심스럽게 다가갔다. 길고양이 역시 거대한 '사촌'의 등장에 놀라 도망

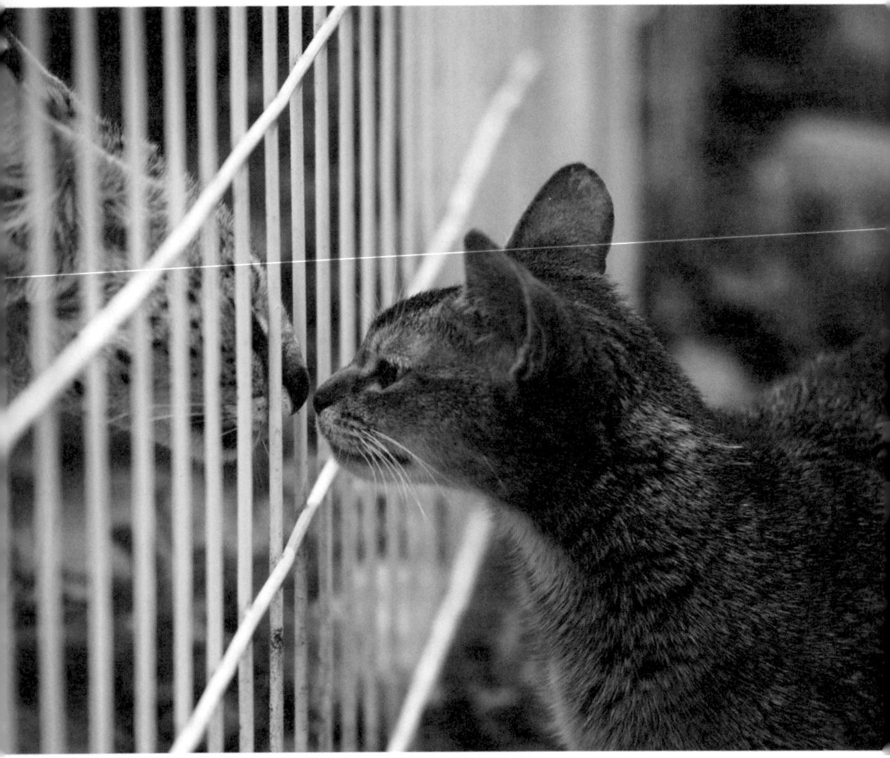

철장을 사이에 두고, 서발과 고양이가
조우하던 순간은 내 기억 속에 깊게 각인 되었다.

서발과 고양이, 고령 미니멀 주 동물원, 2014

치지 않고, 오히려 침착하게 서발을 마주 보았다.

철장 하나를 사이에 두고, 나는 두 생명체가 나누는 무언의 교감을 지켜보았다. 포획된 야생과 길들지 않은 도심의 생존자. 인간이 그어놓은 경계의 안과 밖을 대표하는 두 존재는 서로를 깊이 응시했다. 잠깐의 탐색전이 끝나자 길고양이는 할 일을 마쳤다는 듯이 다른 곳으로 이동했다. 그 평화롭고 기묘한 동거의 풍경 앞에서 나는 온몸에 전율이 흘렀다. 동물원에서 어떻게 이런 일이 있을 수 있을까? 궁금해졌다. 잠시 후에 만난 사육사에게 물었다.

"저 고양이는 누구인가요?"

사육사는 미소를 띠며 답했다.

"서발과 어릴 때부터 함께 자라온 친구입니다."

그 말을 듣고 보니 두 친구가 어렸을 때부터 한 울타리 안에서 서로를 의지하며 자라왔다는 사실이 새삼 다가왔다. 고양이는 단순한 길고양이가 아니었다. 동물원에서 먹이 주고 관리하는 고양이였다. 그래서인지 동물원 곳곳을 제집 드나들 듯이 돌아다닌 것이다.

동물과 사람이 철장 또는 유리 벽을 사이에 두고 마주하는 장면은 흔하다. 하지만 대다수의 동물원은 반려동물을 함께 데리고 다닐 수 없기에 동물들끼리 마주하는 일은 거의 없다. 그래서 이날 서발과 고양이의 기묘한 동거는 10년이 넘게 지났어도 여전히 잊히지 않는 강렬한 기억으로 남아 있다.

동물원은 단순히 동물을 가두고 전시하는 단절된 공간이 아니다. 때로는 인간의 예상을 뛰어넘어 생명이 스스로 새로운 관계와 질서를 만들어 내는 역동적인 생태계다. 서발과 고양이의 만남은 나에게 동물원이라는 공간이 가진 또 다른 얼굴을, 우리가 설정한 경계가 얼마나 쉽게 무너지고 재구성될 수 있는지를 보여준 결정적 사건이다.

담장 안의 무법자, '오드리'의 등장

길고양이에게 시선을 빼앗긴 뒤, 동물원 안팎의 그들에게 더욱 관심이 갔다. 그중에서도 유독 나의 눈길을 사로잡은 존재가 있다. 서울동물원 유인원관 근처를 제집처럼 어슬렁거리는 삼색 고양이. 공식 이름은 '오드리'다. 코 옆에 찍힌 검은 점이 마치 오드리 헵번의 매력점 같아 오드리라는 이름이 붙었는지도 모른다. 하마사가 있는 제2 아프리카관에서 생활하는 '순심이'가 오드리의 엄마다.

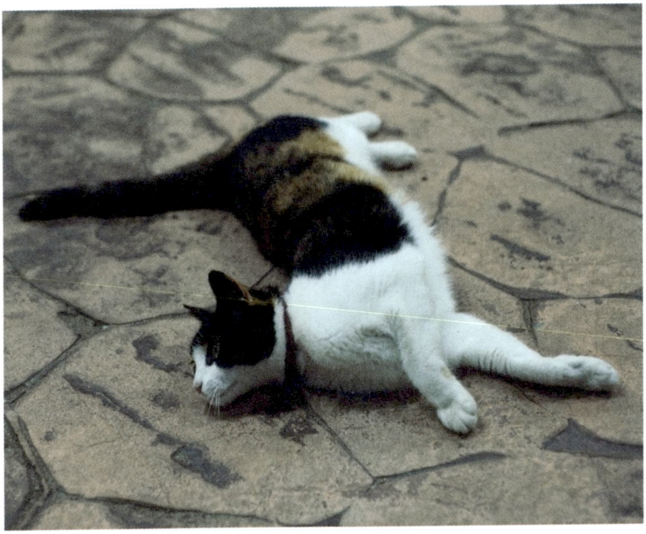

서울대공원 동물원에서 사는 오드리는 이곳의 엄연한 일원으로 살아간다.
동물원 경계 안팎에서 자신의 존재를 증명해 나간다.

동물원 고양이 '오드리', 서울대공원 동물원, 2017

배우 심은경이 주연한 「수상한 그녀」(2014)에서 주인공이 오드리 헵번의 이름을 빌려 자신을 '오두리'라고 부른다. 내가 재밌게 본 영화다. 오'드'리와 오'두'리의 이름은 그야말로 한 끗 차이다. 여기에다 내가 쓰는 작가명인 '비두리'라는 이름과 발음이 비슷하여 오드리에게 자연스럽게 더 시선이 갔다. 오드리는 다른 길고양이들과는 무언가 달랐다. 사람을 두려워하기는커녕 사람 앞에서 오히려 당당하고 도도했다. 애교가 넘쳐서 가끔 뒤집기를 할 때도 있었다. 유인원관 실내를 유유히 산책하고, 오랑우탄이나 침팬지가 노는 모습을 지켜보다가 지루해지면 관람객들 사이를 태연히 가로질러 햇볕이 가장 잘 드는 곳에 배를 드러누워 잠을 청했다. 그 어떤 동물의 시선에도, 인간의 법에도 아랑곳하지 않았다.

2017년, 서울동물원은 조류 인플루엔자(Avian Influenza, AI) 예방 및 관리를 위해 동물원 내 길고양이 51마리를 정식 구성원으로 인정하는 놀라운 결정을 내렸다. 동물원 내에 나무상자로 만든 고양이 급식소 10곳을 마련하여 그들이 안전하게 살아가도록 했다. 모두 중성화 수술과 예방접종을 마치고, 마이크로칩을 삽입하여 개체 관리를 시작했다.

오드리도 중성화 수술을 마쳤다. 보통 중성화 수술을

마친 길고양이들은 수술 여부를 구분하기 위해 한쪽 귀가 절반 정도 잘려있다. 일본에서는 'V' 모양으로 살짝만 자른다. 다행히 오드리의 귀는 잘려 있지 않다.

서울동물원에서는 고양이들에게 수컷은 갈색, 암컷은 빨간색 목걸이를 걸어 구분했다. 오드리 역시 이름표가 달린 빨간 목걸이를 착용했다. 이제 그는 더 이상 무법자가 아닌 동물원의 공식적인 '비전시' 가족이 된 것이다.

하지만 오드리의 자유로운 영혼은 그 작은 목걸이에 묶이지 않는다. 목걸이를 달고도 그는 여전히 동물원이 설정한 모든 경계를 구속 없이 넘나든다. 오드리는 나에게 '자유'란 단순히 물리적인 공간의 제약을 넘어선 마음의 태도일 수 있음을, 그리고 '경계'란 인간이 임의로 그어놓은 허상일 수 있음을 온몸으로 가르쳐준다. 서울동물원이 관리를 하는 만큼 오드리를 비롯한 많은 고양이가 더 오래 살 수 있을 것으로 보인다. 오드리가 앞으로도 서울동물원 유인원관에서 잘 지내는 모습을 계속 봤으면 한다.

초대받지 않은 손님들, 새로운 공존을 묻다

나의 관심사가 동물원 안의 경계를 넘어 바깥으로 향하자 더 많은 존재가 보이기 시작했다. 동물원의 사료를 노리고 날아드는 수많은 새가 있다. 사슴사에서는 종종 여러

새가 몰려와 사슴의 먹이를 함께 나누어 먹는 것을 보기도 한다. 왜가리는 수달사의 주인을 자처하며 유유히 물고기를 사냥하고, 까치와 까마귀는 초식동물들의 먹이를 대담하게 낚아채 간다. 사슴이나 얼룩말 같은 초식동물로서는 성가신 불청객이지만, 울타리 안의 동물들 덕분에 또 다른 생명이 동물원 밖에서도 굶주리지 않고 살아간다.

동물원은 인간이 만든 인공의 섬이지만, 결코 고립된 섬이 아니다. 그곳은 늘 바깥세상과 연결되어 있고, 수많은 생명이 그 경계를 넘나들며 자신들의 생존 방식을 찾아내고 있다. 오드리가, 이름 모를 길고양이가, 그리고 수많은 날짐승이 나에게 가르쳐준 것은 바로 그것이다.

우리가 그어놓은 경계는 과연 절대적인가? 동물원 울타리 안과 밖의 동물, 인간과 동물을 나누는 기준은 무엇인가? 어쩌면 진정한 공존은 모든 경계를 허물고 뒤섞이는 것이 아니라 서로의 영역을 인정하되, 그 경계를 유연하게 넘나들며 새로운 관계를 맺어가는 과정, 그 자체에 있는 것은 아닐까?

오늘도 동물원 어딘가에서 햇볕을 쬐고 있을 오드리의 자유롭고 당당한 모습을 떠올린다. 그리고 이 지구라는 공동의 터전에서 우리가 다른 생명과 어떻게 함께 살아가야 할지 다시 한번 질문해 본다.

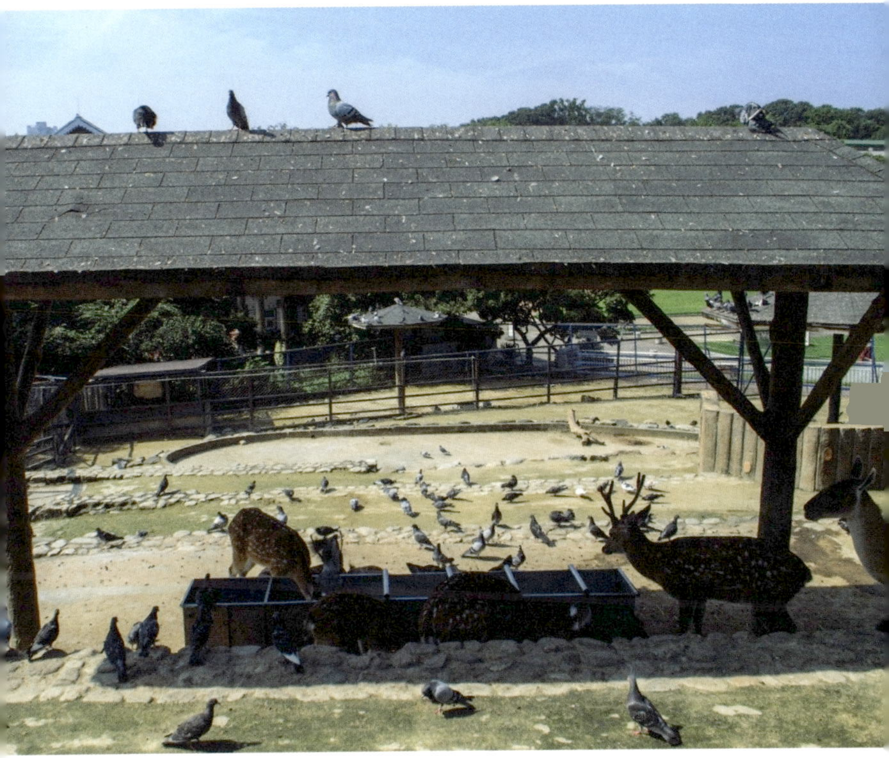

인근에 사는 비둘기 같은 새들도 한 데 모여 사료를 먹고 있다.
초식동물사의 주인들에게는 불청객이지만,
이들 덕분에 야생동물들은 굶주리지 않고 살아간다.

초식동물사, 대구 달성공원 동물원, 2021

21

침팬지 '관순이'·'광복이'가 우리에게 남긴 질문

서울대공원 동물원 침팬지 '관순이'와 '광복이'의 인도네시아 반출 사건은 동물원의 종 보전 역할에 대한 근본적인 질문을 던졌다. 이 비극적 사건을 겪으며 나 또한 이 시대의 동물권 신장과 사람들의 인식 변화를 깊이 체감했다.

관순이와 광복이는 서울동물원의 침팬지 남매로, 그 이름만으로도 많은 이들의 기억 속에 있는 생명이다. 하지만 유관순 열사와 광복절을 떠올리게 하는 이름의 시대정신과는 다르게 이들은 제대로 보호받지 못할 위기에 처했다. 2022년, 그들의 이름은 '동물원 사육장 적응 실패와 복지 개선'이라는 명분 아래 인도네시아의 '따만 사파리(Taman Safari, 타만 사파리로도 발음)'로의 반출 계획이 공개되며 다시금 세간에 오르내리기 시작했다.

한 시대를 상징하던 존재가 소리 없이 국경 너머로 사

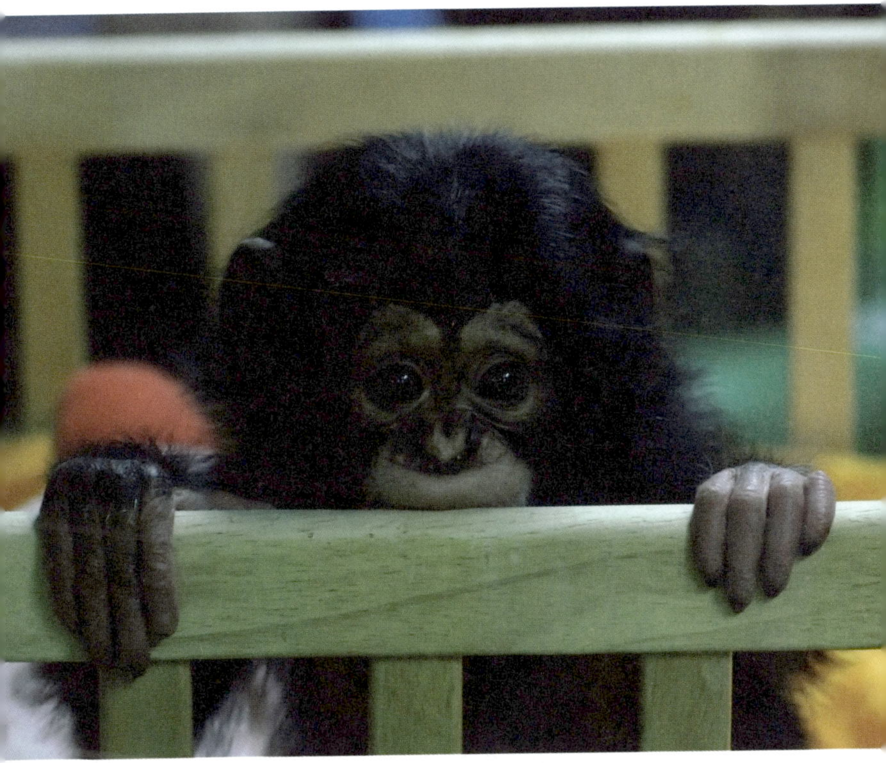

엄마인 갑순이로부터 육아를 받지 못한 관순이는
어렸을 때부터 아기동물 인공포육장으로 보내졌다.
이곳에서 사육사들의 돌봄을 받으며 자랐다.

침팬지 '관순이', 서울대공원 동물원, 2012

라질 뻔한 이 사건은 우리가 생명을 다루는 방식을 되돌아 보게 한다. 이 단순해 보이는 동물 이동 계획은 사실 동물의 권리, 동물 복지의 기준, 국가 간 협약, 그리고 관리 기관의 책임 등 우리 사회 전반에 질문들을 던진다. 우리는 과연 그들의 이름을, 그들이 남긴 질문을 제대로 기억하고 있을까? 관순이와 광복이의 반출 과정과 JTBC 뉴스 출연 뒷이야기를 통해 이 사건이 우리에게 가르쳐준 진정한 의미를 탐색한다.

어느 날 도착한 한 통의 메일

관순이라는 이름은 나에게 익숙했다. 오래전부터 내 작업 노트에 남겨두었던, 언젠가는 이야기해야 할 동물이었다. 그런데 어느날, JTBC에서 한 통의 메일이 날아왔다.

> "갑자기 이렇게 연락을 드려 놀라셨을 것 같은데
> 다름이 아니라 저희가 동물단체들과 협업해서
> 이번에 침팬지 관순이, 광복이와 관련된 리포트를
> 만들려고 하는데요. 관순이 아기 시절부터 좀 크고
> 나서의 사진, 영상 기록들이 많이 없어서 고민이
> 많았습니다."

2022년 4월 어느 날, JTBC 이해선 기자님(현재는 타 언론사 근무, 존칭은 이후 생략)이 내 네이버 블로그와 유튜브에서 관순이의 사진과 영상을 보고 연락을 했다. 그 기록을 뉴스에 사용해도 되는지를 물었다. 나는 흔쾌히 동의했다. 그리고 이 기자는 조심스럽게 인터뷰 출연 의향을 물었다. 제안은 감사했지만, 나는 정중히 고사했다.

관순이와 광복이는 누구일까? 수컷 침팬지 광복이는 2009년 8월 15일 서울동물원에서 태어난다. 광복절에 태어났기에 '광복이'라는 이름이 붙여진다. 암컷 침팬지 관순이는 2012년 8월 26일 서울동물원에서 태어난다. '관순'이라는 이름은 어미 침팬지 '갑순이(1997년생)'의 이름에서 '순' 자를 따서 지어졌다. 갑순이는 관순이뿐만 아니라 광복이의 어미이기도 하다. 그러나 갑순이는 어미로부터 육아를 배우지 못해 인공포육으로 자라난 탓에 광복이와 관순이 모두를 양육하지 못했다. 동물들도 사람과 마찬가지로 배우지 않으면 행할 수 없는 것이다. 동물원에서 태어나는 동물들에게 종종 있는 일이다. 두 침팬지 남매는 오랑우탄 '보물이', '백석이'와 공통의 서사를 공유한다.

나는 관순이를 아기동물 인공포육장에서 어릴 때부터 지켜봤지만, 광복이를 직접 본 적은 없었다. 동물원을 다룬 어느 TV 방송 프로그램을 통해서만 마주했다. 방송을 통해 본 광복이는 홀로 지내서인지 사회성이 떨어졌다. 그 모습을 보며 나는 안타까워했다.

2015년에 아기동물 인공포육장이 종보전 연구관으로 변경되면서 관순이는 유인원관으로 거처를 옮겼다. 그곳에서 같은 유인원이지만 종이 다른 오랑우탄 '보물이'와 함께 지내게 되었다.

반출 사건의 시작과 과정

2020년 2월경, 코로나-19가 확산되며 인수공통감염병 위험 때문에 서울동물원 유인원관이 폐쇄되었다. 나는 관순이를 비롯한 유인원관의 동물들을 보러 갔지만, 유인원관의 문은 이미 굳게 잠겨 있었다. 이후 유인원관이 다시 관람을 재개했을 때, 관순이의 모습은 더 이상 보이지 않았다. 보물이만 우두커니 남았다.

'관순이한테 무슨 일이 생긴 것은 아닐까?'

동물원에서 동물이 사라졌을 때, 나는 더는 단순히 다른 동물원으로 이동했다고 순진하게 생각하지 않았다. 직감적으로 무언가 잘못되었음을 느꼈다. 그러다 언론 보도를 통해 알게 되었다. 관순이는 오빠인 광복이와 함께 인도

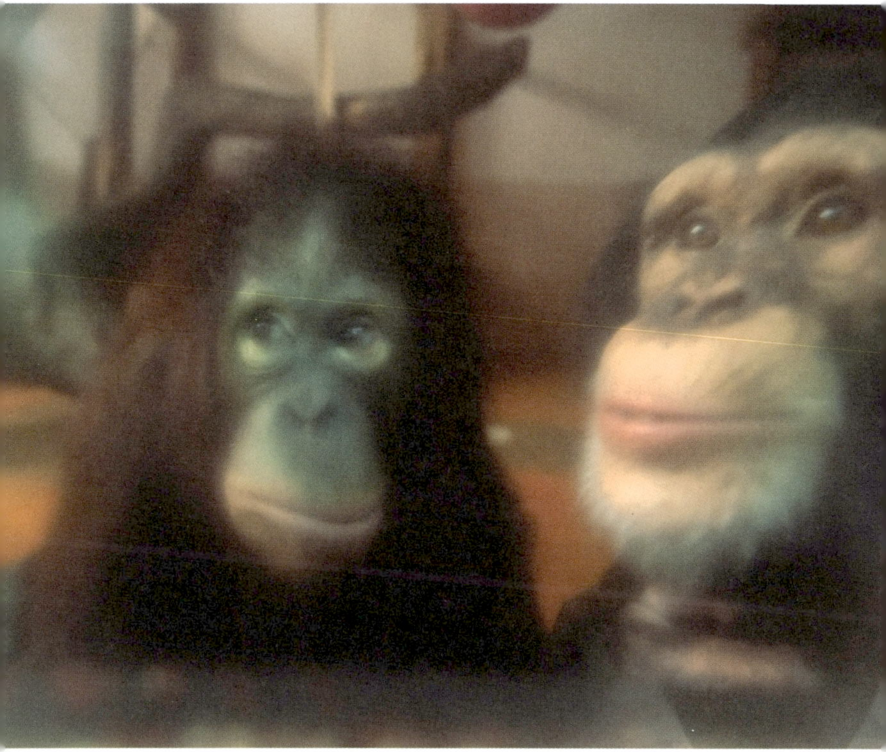

관순이는 보물이와 함께 유인원관에서 2015년부터
2019년 혹은 2020년 초까지 함께 생활했다.
둘은 종과 성별이 달랐지만, 다투지 않고 사이좋게 지냈다.

오랑우탄 '보물이'와 침팬지 '관순이', 서울대공원 동물원, 2019

네시아의 따만 사파리로 반출될 예정이라는 소식이 전해진 것이었다.

> "한국일보 취재에 따르면 서울대공원은 사육 중인 침팬지 2마리 광복(13세), 관순(10세)의 동남아 동물원 반출을 지난해 초부터 추진해 왔다. 침팬지는 1973년 체결된 멸종위기에 처한 동식물 교역에 관한 국제협약(CITES) 부속서에 등재된 멸종위기종이다. 서울대공원이 침팬지 2마리를 다른 동물원에 보내려는 이유는 사육공간이 부족한 데다 비순혈 개체로 유전적 보전 가치가 낮다고 보고 있어서인 것으로 알려졌다. 서울대공원은 이들을 관람객에게 공개하지 않는 비전시 방사장과 내실에서만 관리하고 있다."
>
> <서울대공원, 멸종위기 동물 또 반출… 국제 인증 위반 논란>, 한국일보, 고은경 동물 복지 전문기자, 2022.03.15

서울대공원은 2019년부터 관순이와 광복이 반출을 계획하며 복지 기준을 고려했다고 밝혔다. 하지만 시민단체들은 시설 검증 및 투명성 문제를 제기했다. 이 기사 이후에 곰보금자리프로젝트, 동물권행동 카라, 동물 복지문제

연구소 어웨어, 동물을위한행동, 동물자유연대 등의 5개 단체가 '동물 반출 중단하라'는 공동성명을 발표했다. 이들은 동물 복지 기준에 관한 우려가 제기되는 시설로의 반복적 반출이 책임 있는 결정인지 문제를 제기했다.

> "서울대공원은 세금으로 운영되는
> 대표적인 공영 동물원으로 현대 동물원의
> 올바른 역할과 기능이 무엇인지 지표를
> 제공하고 선진적인 방향성을 선도할
> 사회적 의무가 있다."
>
> 곰보금자리프로젝트 홈페이지

이후에 다른 언론들의 후속보도가 이어졌다. 그리고 이 사건의 주체인 서울대공원은 공식 네이버 블로그를 통해 견해를 밝혔다. 그중 일부만 발췌했다.

> "따만 사파리는 현재 침팬지를 이용한 동물쇼를
> 하고 있지 않습니다. 침팬지와 같은 유인원을
> 동물쇼에 동원하기 위해서는 아주 어린 시절부터
> 집중적인 훈련을 통해야 가능합니다. 반출 예정
> 침팬지는 각각 13살, 10살로 이미 동물쇼에 가능한

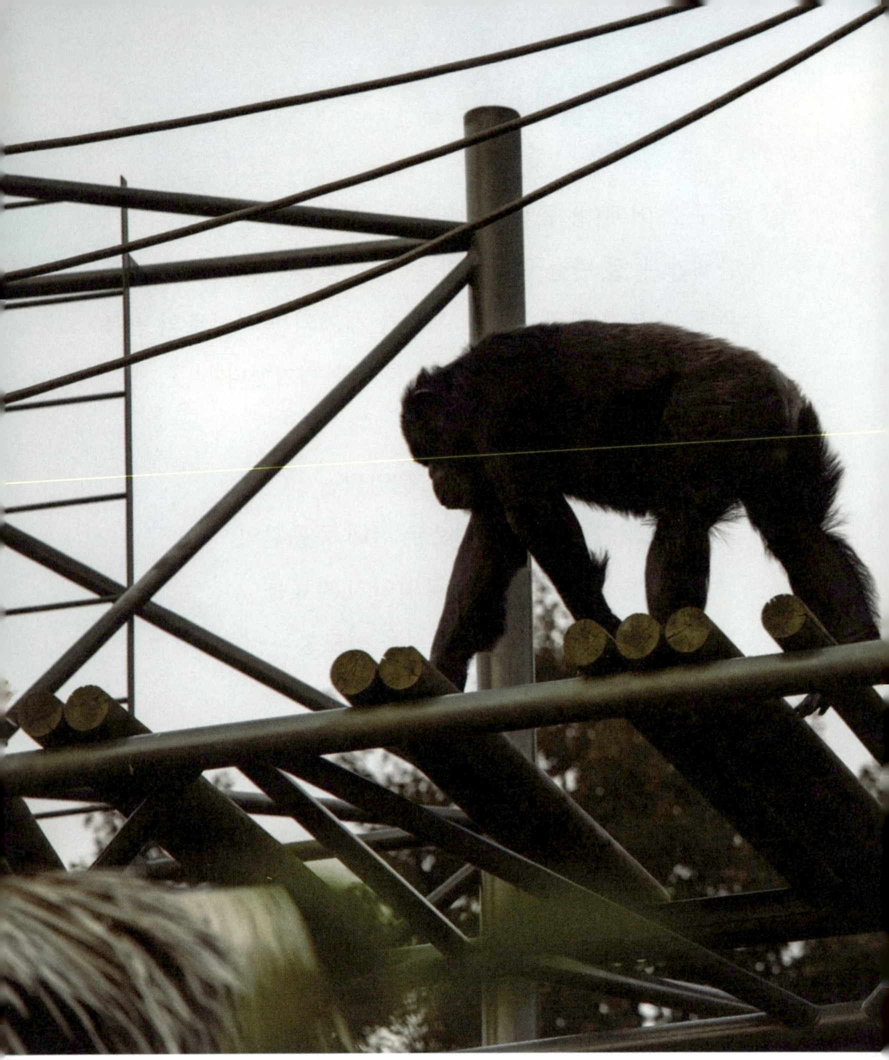

침팬지 정글타워에 있는 무리의 대장 용용과 그의 아내 쥬디 그리고 아들 아자다. 침팬지는 무리를 지어 생활하며, 무리 내 서열과 유대가 중요하다. 새로운 객체가 합사하는 데는 오랜 적응 시간이 필요하다.

침팬지 '용용'과 '쥬디' 그리고 '아자', 서울대공원 동물원, 2018

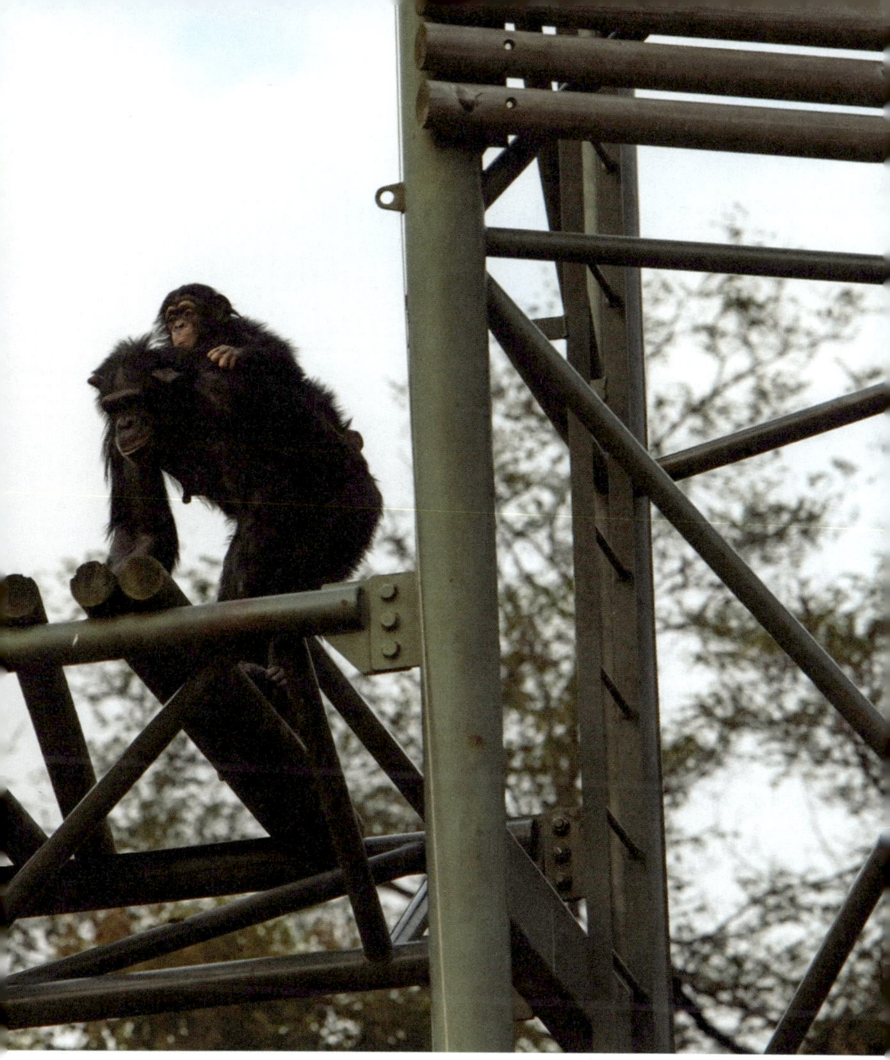

> 훈련을 받기에는 너무 많은 나이입니다.
>
> (중략…)
>
> 서울대공원은 해당 침팬지를 동물쇼에 이용하지 않겠다는 조건으로 반출을 진행 중에 있으며 이를 공식문서로 확인 후 진행할 계획입니다."

서울대공원은 "동물쇼에 사용하지 않겠다."라는 조건을 명문화해 반출을 계획했다고 밝혔다. 그러나 시민단체들은 과거 동물쇼 운영 이력과 향후 활용 가능성에 관한 우려를 제기했다. 따만 사파리가 현재 동물쇼를 하지 않는다고 하지만, 향후 태도를 바꾸어 관순이와 광복이를 쇼에 활용할 가능성을 완전히 배제할 수는 없다는 것이다.

서울대공원 측은 두 침팬지를 다른 무리와 합사하지 않는 이유에 관해 "관순이와 광복이는 번식이 가능한 나이의 남매이기 때문에 한 우리에서 함께 지내는 것이 어렵다."라고 밝혔다. 또한, 종 보전 및 근친 교배 방지 차원에서 기존 무리와의 합사도 어렵다는 견해를 전했다.

이미 분리된 시간이 길어지면서 이들을 수컷 대장 '용용(1995년생)'이가 이끄는 침팬지 무리에 다시 합사하는 데는 오랜 적응 시간이 요구된다. 침팬지 무리는 인간 사회처럼 유대와 서열이 중요하다. 새로운 구성원을 받아들이기까지는 시간이 필요하며 때로는 받아들이지 않기도 한다.

그렇다면 인도네시아의 따만 사파리는 어떤 곳일까? 이곳으로 관순이와 광복이가 가도 되는 걸까?

> "인도네시아의 동물원들은 형편없이 운영되고 있고 여전히 동물쇼를 하고 있다. 따만 사파리는 항상 가장 추천되지만, 현재도 '돌고래 쇼'나 '서커스' 형식의 동물 공연을 운영하고 있다는 지적도 있다. 따만 사파리는 침팬지, 오랑우탄, 그리고 다른 멸종위기에 처한 소중한 동물들이 부자연스러운 행동을 하도록 강요하는 '동양 서커스'라는 이름으로 야생동물들과 함께 곡예를 운영하기도 한다."
>
> 자카르타 애니멀 애이드 네트워크 홈페이지

자카르타 애니멀 애이드 네트워크(JAKARTA ANIMAL AID NETWORK)는 2008년 설립된 비영리 동물 복지 단체다. 인도네시아 전역에서 반려동물 학대 신고와 구조, 입양 지원, 야생동물 밀거래 조사 및 구조 활동 등을 전개

한다. 이곳에 따르면 따만 사파리는 침팬지나 오랑우탄 같은 동물을 대상으로 '동양 서커스'를 운영한다는 비판이 꾸준히 있었다.

따만 사파리에 관한 정보를 찾고자 홈페이지에 들어갔다. 이곳은 인도네시아 수도 자카르타에서 남쪽으로 약 60킬로미터, 차로 1시간 거리에 있는 서부 자바 주의 도시 보고르(Bogor)에 있다. 인터넷에서 발견한 어느 글을 보니 따만 사파리는 코끼리, 조랑말 등의 동물 타기 체험 프로그램을 운영하는 걸로 나왔다. 조랑말의 경우 25킬로그램 무게 제한으로 아이들만 탈 수 있다. 이런 사실 때문에 나는 깊은 우려를 떨칠 수 없었다.

서울대공원에서 나고 자란 관순이와 광복이는 의미 있는 존재다. 그렇기에 더욱 신중하게 반출 여부를 판단해야 한다고 느꼈다. 개인적으로는 서울대공원의 비공개 방사장 같은 시설에서 평생을 보내는 것보다는 더 나은 시설과 환경인 인도네시아에서 남은 인생을 평안하게 살길 바라는 마음도 있었다.

따만 사파리라는 시설이 검증되고 나은 환경인지, 정말 보내도 되는 건지 확실하다고 판단되고 그 사실이 입증되어야 보내야 하지 않을까. 이런 생각을 담은 글을 네이버 블로그에 올렸다.

JTBC 뉴스 출연 : 10초의 진심과 그 이상의 울림

그러던 차에 JTBC로부터 연락이 온 것이다. 관순이의 영상 제공은 얼마든지 가능하고, 원하는 대로 사용해도 된다고 했다. 관순이의 어릴 때 사진이 있는지에 관한 요청이 있었다. 그래서 나는 관순이의 사진을 준비했다. 어릴 때부터 성체로 자라기까지 8년 가까이 담아온 관순이의 모습이 사진으로 고스란히 남아 있었다.

그러면서 이 기자의 인터뷰 요청이 재차 이어졌다. 나는 방송에 직접 출연하는 것을 다소 망설였다. 몇 해 전 읽었던 기사가 마음에 계속 남아 있었기 때문이다. 사진 전문 출판사 '눈빛'의 이규상 대표는 과거 한 신문과의 인터뷰에서 다큐멘터리 사진가의 역할에 관해 이렇게 말했다.

> "사진가는 냉정해야 한다. 사진과 사회운동은 구분해야 한다. 투쟁이 절실하다면 차라리 카메라를 내려놓고 사회운동을 하는 것이 낫지 않을까. 사진가는 삶의 현장을 심도 있게 취재해 그 진실을 좀 더 널리 알려야 한다."

<"사진가는 냉정해야…투쟁하려면 차라리 사회운동해라">, 한겨레신문, 곽윤섭 선임기자, 2014.01.06

그 말을 접한 후, 사진과 사회운동의 경계는 늘 내 숙제였다. 그래서 나는 주로 네이버 블로그에 사진을 올리며 동물원에 관한 생각을 조용히 밝혀왔다. 말보다는 사진으로 변화를 끌어내는 것이 내 오랜 신념이었다.

하지만 이 기자가 관순이의 사진에 담긴 이야기를 직접 설명해달라고 제안했을 때, 더는 망설일 수 없었다. 내가 오랫동안 찍어왔던 관순이 사진을 내가 아닌 다른 사람이 설명한다는 것도 이치에 맞지 않았다.

단순히 사건을 보도하는 것을 넘어 렌즈에 담아온 관순이의 생생한 모습을 더 많은 사람에게 알려야 한다는 책임감이 인터뷰에 응한 결정적 이유가 되었다.

인터뷰는 서울 상암동에 있는 JTBC 본사에서 오전 9시경 이루어졌다. 신분증을 내고 임시 출입증을 받았다. 1층에 마련된 공간에서 이 기자와 진행된 인터뷰는 1시간가량 이어졌다. 당시에는 실내 마스크 착용이 필수였다. 마스크를 쓰고 있어 얼굴이 전부 공개되지 않는다는 사실에 안도했다. 그래서 긴장감을 내려놓고 말을 이어나갔다.

뉴스는 그날 저녁, 2분 39초 분량으로 방송되었다.

"어미가 버려 사람 손에 자란 원숭이,

한때 서울대공원 스타였던 '관순이'라는

침팬지입니다. 한동안 잊혔는데
학대 논란이 있는 외국의 동물원으로
보내질 처지입니다. 이해선 기자입니다."

<동물원 스타였던 '관순이'…잊혀지자 '학대 논란' 사파리로>, JTBC, 이해선 기자, 2022.04.29

이 뉴스는 서울대공원에서 사람 손에 길러져 어렸을 때는 인기를 끌다가 커서는 인기를 잃은 관순이가 동물 학대 논란이 있는 인도네시아 따만 사파리로 이송될 위기에 처했다는 내용을 전했다.

인터뷰를 마친 날, 나는 친척 결혼식에 참석하기 위해 청주에 내려가 있었다. 저녁 식사를 마치고, 친척들과 함께 TV를 보며 내가 출연한 뉴스를 시청했다. 내가 제공한 관순이의 사진과 영상들이 뉴스 자료로 사용된 것을 보며, 관순이의 이야기가 시청자들에게 전달될 수 있었음에 안도했다.

뉴스 분량의 제약으로 인해 내 인터뷰는 1시간에서 10초 내외로 편집되어 방송되었다. 나중에 이 기자에게 듣기로는 2분 30초가 넘는 리포트는 뉴스에서 꽤 비중 있게 다루는 사안이라고 했다.

2012년 12월 3일, 생후 3개월 남짓한 관순이를 서울동물원 아기동물 인공포육장에서 처음 만났다. 그 후 2019년까지 기록된 관순이의 사진들을 다시 모으고 정리하면서 관순이가 태어나고 성장하는 과정, 코로나 팬데믹으로 유인원관이 폐쇄되고, 관순이가 사라지기까지의 모든 여정을 새삼 되짚어 볼 수 있었다.

무엇보다 뉴스가 가진 공론의 장으로서의 힘을 느낄 수 있었다.

"방송 출연으로 다시 공론화시켜 주셔서
감사합니다!"

방송을 본 시청자의 격려를 받았다. 작은 목소리였지만, 반출 철회라는 결과에 조금이나마 이바지했다는 사실에 감사했다. 지금 돌이켜보면 그때 용기를 내어 세상 밖으로 나선 것은 정말 다행스러운 일이었다. 그 선택이 결코 틀리지 않았음을, 변화된 결과가 증명해 주었기 때문이다. 내가 보탠 작은 목소리가 묻힐 뻔했던 관순이와 광복이의 이야기를 수면 위로 끌어올리는 마중물이 되어주었다.

동물의 존엄성과 인간의 윤리적 책임

이 보도를 통해 관순이, 광복이 반출 소식은 널리 알려졌다. 따만 사파리가 과거 동물 쇼 운영 이력이 있는 데다 동물 타기 등을 하는 것으로 알려져 동물 복지에 관한 우려가 제기된 상황에서 무리 생활조차 제대로 경험하지 못한 침팬지를 해외 사파리로 보내려 한다는 뉴스에 많은 사람이 안타까움을 자아냈다.

과거에도 해당 공원의 일부 동물 이전 사례에 관해 시민단체들의 문제 제기가 있었다. 특히 2020년, 멸종위기종인 알락꼬리여우원숭이를 실내 체험 동물원으로 보낸 사례는 동물 복지 기준에 관한 우려를 낳았다. 이런 상황에서 관순이 반출 사건이 전해지자 동물 관리 체계의 투명성과 기준에 관한 사회적 논의가 본격적으로 이어졌다.

"책임지고 끝까지 관리해 주어야 합니다."
"생명체에 관해 책임이 따릅니다."

대중의 외침은 서울대공원에 대한 항의 전화와 국민청원으로 이어졌다. 무엇보다 관순이와 광복이의 반출 사실을 널리 알리고, 이를 반대하고자 목소리를 냈던 수많은 시민이 있었다. '침팬지 광복이와 관순이를 사랑하는 시민들'은 서울대공원과 서울시청 앞에서 두 침팬지를 해외 사파리로 보내지 말 것을 요구하는 집회를 11차례나 열며 목소리를 계속 내었다.

이런 동물보호단체와 시민들 그리고 유정희 서울특별시의원의 노력은 결국 빛을 보았다. JTBC는 5개월여가 흐른 2022년 8월 11일, 이 소식을 보도했다.

> "시민 단체들의 강한 반대와 국내 여론 악화,
> 현지 검역 문제 등으로 결국 반출 계획이
> 철회되었습니다. 서울대공원은 향후 시민들이
> 공감할 수 있는 복지 시설을 찾고 열악한 방사장
> 환경을 개선하겠다고 밝혔습니다."
>
> <'학대 논란' 사파리로 갈 뻔한 관순이…'반출 철회' 결정>
> JTBC, 2022.08.22

관순이 반출 계획은 2022년 8월 무기한 보류되었다가 최종 철회되었다. 이는 시민사회의 관심이 어떻게 생명의 존엄성을 지켜낼 수 있는지 보여주는 사례다. 이 사건은 동물 복지 기준과 반출 및 반입 절차의 투명성 문제를 전면에 드러냈으며, 서울시 공영 동물원 측은 향후 지침 마련과 대체 복지처 모색을 약속했다.

관순이와 광복이는 어떻게 지낼까?

2023년 9월 21일 한국일보 보도에 따르면 관순이와 광복이의 사육 환경이 개선되었으며 동물행동 풍부화 프로그램이 도입되었다. 이 프로그램은 다양한 장난감과 먹이 숨기기, 환경 변화를 활용하여 동물의 본능적 활동을 자극하고 신체적·정신적 스트레스를 줄여 자연스러운 행동을 유도하는 사육 방식이다. 서울대공원은 관순이와 광복이의 사육장 바닥을 흙으로 바꾸고 동물 복지 증진을 위해 노력하고 있음을 보여주었다.

또한, 두 침팬지의 번식을 막기 위한 중성화 계획으로 관순이는 임플라논(Implanon, 피하에 삽입하는 호르몬 피임장치로, 3~5년간 지속된다) 관리를 받고 있는 것으로 전해졌다.

반출 사건 공론화 후 해를 거듭하며 여러 다른 변화가 시작되었다. 2024년 7월부터 침팬지 남매는 유인원관 실내관에서 일반인들과 만나고 있다. 2025년부터 기존 침팬지 무리와 단계적으로 합사 시도가 진행 중이다. 합사가 완료되면 침팬지들의 사회적 유대 강화와 자연스러운 번식 환경이 조성될 것으로 기대된다.

남은 숙제

동물원 측은 정식 의견문을 통해 관순이와 광복이의 반출은 국제 협약과 국내 동물 복지 기준을 충실히 따른 정당한 결정이었다고 밝혔다. 반면, 동물보호단체와 전문가들은 그 결정이 과연 침팬지 남매의 삶과 감정적 연대까지 충분히 고려했는지를 의문시했다.

이 두 입장 사이에서 나는 이 같은 결정과 진행 과정이 투명해져야 하며, 사회적으로 검토될 수 있는 체계가 필요하다고 느꼈다. 단지 기준을 따랐는지가 아니라 그 기준이 과연 충분했는지를 되묻는 과정 자체가 더 절실히 필요한 시대라는 생각이 들었다.

관순이와 광복이 반출 사건은 단순한 동물 이동이 아닌 인간과 동물의 관계를 근본부터 다시 묻게 한 사회적 전환점이다. 동물원의 동물들은 감정과 고통을 느끼는 존엄한 생명이며 인간이 소유하거나 통제할 수 있는 대상이 아니다. 동물 복지라는 이름 아래 진행되는 행정적 결정들이 과연 동물의 관점에서 충분히 고려되고 있는지, 그리고 그런 과정이 투명하고 공정하게 공개되고 있는지, 우리는 끊임없이 질문해야 한다.

특히 관순이와 광복이의 경우처럼 어미로부터 양육을 받지 못한 채 인공포육된 동물들의 삶은 인간의 개입이 불러오는 윤리적 책임을 더 부각했다. 인간의 필요로 갇혀 살아야 하는 동물들의 삶을 보장하고, 최소한의 존엄성을 지켜주는 것은 우리의 분명한 의무다.

"말 못 하는 동물이기에
결국 사람이 나서 해결할 문제입니다."

네이버 블로그 댓글에 답장하면서 적었던 내 다짐은 관순이 사건을 통해 더욱 확고해졌다. 이 사건과 뉴스 출연 경험은 사진가로서 내 시선을 더욱 깊고 넓게 확장하는 계기가 되었다. 여기에다 동물들의 삶 이면에 숨겨진 사회적·윤리적 구조를 성찰하고 공론화하는 일이 얼마나 중요한지를 깨달았다.

"우리가 하는 모든 행동이 지구에 영향을
미칩니다. 그러므로 우리는 우리가 하는 행동이
어떤 영향을 미치는지 신중히 생각해야 합니다."

제인 구달(영장류학자이자 동물행동학자)

내가 이 글을 쓰는 날은 7월 14일, 세계 침팬지의 날이다. 야생 침팬지 연구의 선구자인 제인 구달(Jane Goodall,

1934~2025) 박사가 탄자니아에 처음 발을 디딘 날을 기념하여 제정되었다. 이날은 침팬지의 서식지 보전과 멸종위기에 관한 인식을 높이는 것을 목표로 한다.

침팬지 관순이와 광복이의 이름을 다시 꺼내며 나는 사진가로서 다짐해 본다. 생명은 단지 기록의 대상만이 아니라 책임과 연대의 대상이어야 한다고. 관순이와 광복이가 안전하고 존중받는 삶을 살아가길 바란다. 그리고 이 사건이 단지 두 동물의 이야기를 넘어 앞으로의 동물 반출 및 반입 정책과 전시관행, 보호 기준에 관해 더욱 깊은 고민과 개선을 이끄는 사회적 물음표로 오래 남기를 소망한다.

이 글은 뉴스에 다 담기지 못했던 내 생각이자 독자들과 공유하고 싶은 여운을 담은 기록이다. 관순이와 광복이라는 이름이 우리 사회가 생명을 대하는 태도를 되돌아보는 상징이 되었으면 한다.

JTBC 뉴스룸: 〈동물원 스타였던 '관순이'…잊혀지자 '학대 논란' 사파리로〉, 2022.04.22, 유튜브

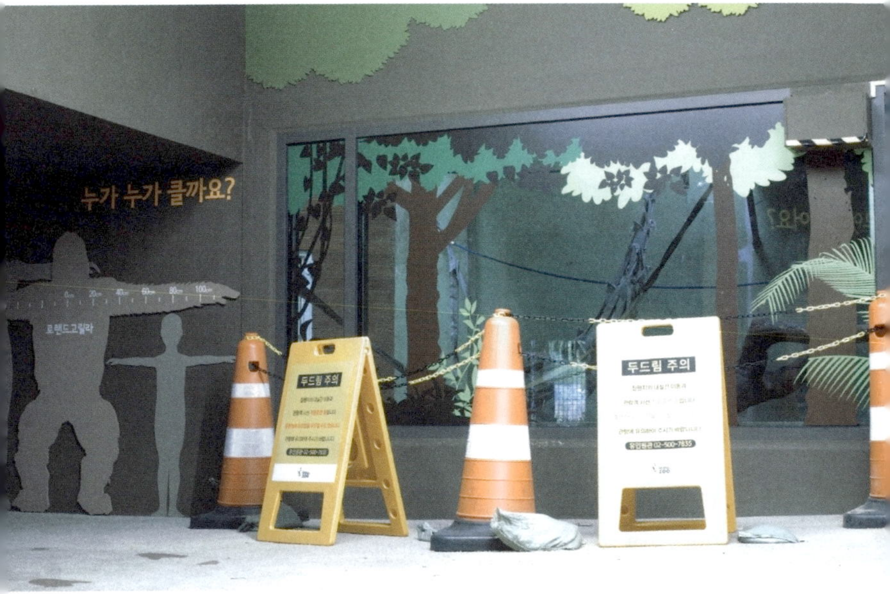

관순이와 광복이가 살고 있는 서울대공원 동물원 유인원관 내실이다.
그들은 이곳에서 기존 침팬지 무리와 합사하기 위한 적응 훈련을 하고 있다.
다른 무리들과 함께 자유로이 정글타워를 거닐 날이 오길 기대해 본다.

침팬지사, 서울대공원 동물원, 2025

22

우리는 그들의 언어를 들을 자격이 있는가?

2000년대 이후 국내 동물원에서는 사육사의 부주의나 시설 관리 미흡으로 늑대, 코끼리, 사자 등 다양한 동물이 우리를 벗어나는 사건이 꾸준히 발생했다. 특히 2005년 서울어린이대공원을 탈출한 코끼리 떼는 도심 주택가를 활보하며 소동을 일으켰고, 2015년 부산에서는 얼룩말 '달아'가 도로를 질주하는 아찔한 상황이 벌어졌다. 그리고 8년 뒤에도 같은 일이 발생했다.

2023년 3월 23일, 서울어린이대공원의 얼룩말 '세로'가 우리를 뛰쳐나와 회색빛 도심을 질주했다. 아스팔트 위를 내디딘 그의 발굽 소리는 단순한 소음이 아니었다. 그것은 갇힌 생명이 자유를 향해 터뜨린 본능적인 절규였고, 인간이 만든 환경의 한계를 고발하는 외침이었다.

다행히 동물원으로 되돌아왔지만, 세로의 탈출은 일

회성 해프닝으로 끝나지 않는다. 이 사건은 우리 사회의 기억 깊숙이 묻혀 있던 두 동물의 이름을 소환한다. 바로 2010년 수도권의 한 대형 동물원에서 탈주하여 9일간의 짧은 자유를 누렸던 말레이곰 '꼬마'와 2018년 충청 지역의 동물원에서 탈출하여 4시간 만에 차가운 주검으로 발견된 퓨마 '뽀롱이'다.

동물 탈출은 종과 지역을 가리지 않고 반복되었으며, 대부분 동물의 습성보다는 예방할 수 있는 인재(人災)나 열악한 사육 환경이 탈출의 주요 원인으로 지적된 공통의 역사가 있다. 이 탈출들은 각각 다른 결과를 맞았지만, 본질적으로 같은 질문을 던진다.

'대국민 스타곰'의 탄생과 견고해진 우리

2010년 12월 6일, 6살 된 수컷 말레이곰 꼬마(2003년생)가 서울동물원에서 탈출했다. 꼬마는 2006년 '말순이(1981년생)'의 신랑으로 동물원에 왔다. 당시 25살이 된 말순이에 비해 고작 3살밖에 되지 않는 꼬마 신랑이라고 해서 이름이 꼬마가 되었다.

사실 꼬마가 탈출하기 전까지는 몸집이 작은 말레이곰에게 큰 관심을 두지 않았다. 곰과(科)의 8종 가운데 불곰, 북극곰, 아메리카 검정 곰, 느림보곰, 반달가슴곰, 안경

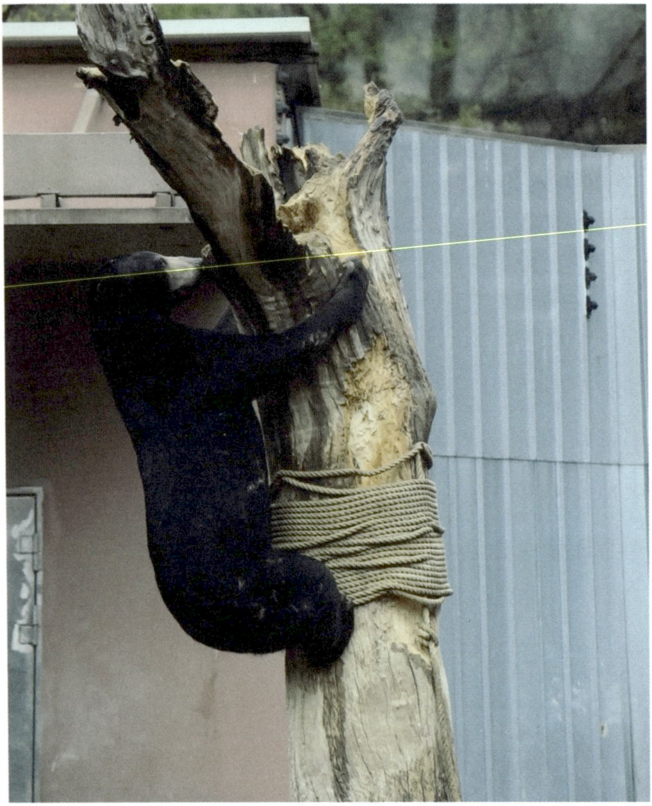

탈출의 기억을 잊은 듯 동물원에서 생활하는 꼬마다.
그는 나무를 오르면서 무슨 생각을 할까?

말레이곰 '꼬마', 서울대공원 동물원, 2018

곰, 자이언트 판다, 말레이곰 순으로 가장 체구가 작다. 말레이곰은 반달가슴곰과 비슷하게 생겼다. 반달가슴곰은 가슴에 'V'가 있지만, 말레이곰은 가슴에 'U'가 있다.

하지만 국내외 동물원에서 늑대, 표범, 곰 탈출 때 사살 사례가 종종 보도된다. 그래서 말레이곰도 '곰'이기 때문에 포획 과정에서 사살될지 모른다는 우려와 시민의 안전에 관한 염려가 교차하며 이 사건을 주목했다.

꼬마의 탈출은 전국적인 관심사가 되었다. 동물원 인근 청계산으로 탈주한 말레이곰을 포획하기 위해 대규모의 인원이 투입되고 대대적인 탐색이 벌어졌다. '신창원 곰' 탈주에 언론과 사람들의 이목이 쏠렸다. 서울 시립 동물원은 사건 발생 2일 뒤인 2010년 12월 8일 홈페이지에 공지글을 게시했다.

"지난 6일 서울동물원 말레이곰 탈출로
시민 여러분께 불편하게 해 죄송합니다.
현재 서울대공원 모든 직원과 경찰서,
소방대원이 합동으로 수색을 펼치고
있습니다. 탈출한 말레이곰은 만 6세로, 무게
30~40킬로그램가량으로 온순한 곰이며, 빠른 시간
내에 포획할 수 있도록 최선의 노력을 기울여

나가겠습니다. 다시 한번 시민 여러분께
거듭 죄송의 말씀을 드립니다."

언론은 연일 그의 행방을 쫓았다. 특히 한 뉴스 진행자의 농담 섞인 논평은 꼬마를 일약 스타로 만들었다.

"전 말레이 곰에게 이런 말을 해주고 싶어요.
자꾸 도망다니지 말레이."

MBC 뉴스데스크, 최일구 앵커, 2010.12.12

일주일 넘게 동물원 인근 청계산에서 숨어 지낸 꼬마는 이곳에 설치된 포획 틀에 잡혀 동물원으로 돌아왔다. 다행스럽게 말레이곰은 상처 없이 포획되었고, 인명피해도 없었다.

서울대공원은 "말레이곰 '꼬마'가 가출 9일 만인 12월 15일(수) 오전 8시 30분 칼바람 부는 청계산 이수봉 정상 부근에 설치해 놓은 포획 틀에 잡혀 안전하게 서울동물원으로 귀가했다."라며 '2010 서울동물원 화제의 10대 뉴스' 중 1위로 뽑았다.

해당 공원 측은 보도자료를 통해 "말레이곰 꼬마는 현재 서울동물원 최고의 인기스타가 되었다. 그야말로 9일

만에 '대국민 스타곰'으로 화려하게 복귀한 것."이라며 "탈출 전 꼬마는 무척 활발하고 천방지축이었는데 많은 시민을 고생시킨 미안함 탓인지 쑥스러움을 많이 탔다. 그러나 이틀이 지난 뒤부터는 같은 짝 말순이에게 9일간의 여행 이야기보따리를 풀어 놓는 듯 다시 분주한 일상으로 되돌아갔다. 마치 아무 일도 없었던 것 마냥…."이라고 말레이곰 탈출 사건을 정리했다.

하지만 정말 아무 일도 없었을까? 동물원의 공식 발표는 대중을 안심시키기 위한 해피엔딩 서사였지만, 나는 9일간 야생의 공기를 마신 꼬마의 내면을 생각했다. 청계산의 흙냄새와 칼날 같은 겨울바람, 스스로 먹이를 찾던 밤의 기억은 말레이곰의 몸 어디엔가 지워지지 않는 흔적으로 남았을 것이다. 다시 돌아온 우리 안에서 꼬마는 예전처럼 천방지축으로 굴었을지라도, 그가 바라보는 하늘은 탈출 이전의 하늘과 결코 같을 수 없었으리라. 우리 사회는 그의 귀환에 안도했지만, 그의 짧은 자유가 던진 질문에는 끝내 답하지 않았다.

해당 공원은 구제역과 고병원성 조류 인플루엔자 확산으로 2011년 1월 1일부터 동물원 관람을 중지했다. 나는 동물원 가는 것에 발길이 묶여버렸다. 그래서 내내 관람 재개가 되기만을 기다렸다.

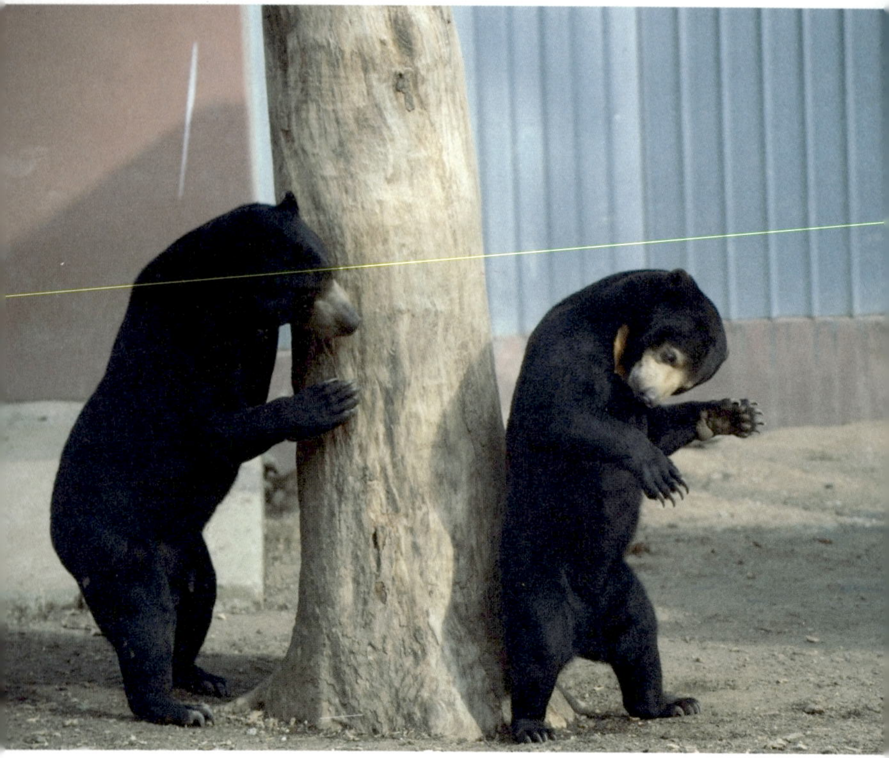

꼬마와 오순이는 때로는 부부처럼, 때로는 남남처럼 지낸다.
둘이 친하게 지내기도 하지만, 대개 따로 떨어져 있는 경우가 더 많다.

말레이곰 '꼬마'와 '오순이', 서울대공원 동물원, 2015

그로부터 25일이 지나, 그해 1월 26일부터 서울대공원은 관람을 재개했다. 3일 뒤인 주말에 동물원을 찾았다. 꼬마를 보지 못했던 터라, 그의 안부가 참으로 궁금했다. 하지만 내가 못 찾은 것인지, 꼬마는 보이지 않았다. 보금자리 안쪽 깊은 곳에 있었던 걸까. 설마 어디론가 끌려가 '정신교육'을 받고 있던 것은 아니겠지? 꼬마의 부재는 탈출 이후 달라진 사육 환경과 맞물려 자연스럽게 여러 해석과 추측을 낳게 했다.

두 달이 지난 뒤에 꼬마는 어떻게 지내고 있을까? 그해 3월 13일 동물원을 찾아갔다. 말레이곰의 모습을 보려고 기대했건만, 다른 소식을 접했다.

"말레이곰(꼬마)의 보금자리는 새 단장 중입니다."

공사를 알리는 현수막이 말레이곰사 앞에 내걸려 있었다. 노후화된 공간 대신 친환경적으로 재정비 중일 테지만, 어째서인지 탈출 방지를 위한 울타리 보안 강화처럼 느껴졌다.

말레이곰 꼬마 탈출은 단순한 해프닝이었을까? 아니면 야생으로 돌아가고 싶었던 말레이곰의 바람, 나아가 모든 동물원의 동물들이 도피하고 싶은 마음이 꺾인 사건이었을까? 말레이곰이 잡히지 않고 청계산에서 계속 살아가길 바라던 것은 아니다. 동물원에서 야생성을 잃은 동물들이 적응훈련 없이 야생으로 돌아가면, 먹이를 구하지 못해 죽는 경우가 다반사라는 것을 알고 있다. 다만 꼬마가 잠시나마 맛본 자유의 순간이 그에게는 얼마나 소중했을지 생각해 본다.

탈출 이후에 꼬마는 말순이에게로 돌아갔다. 창경원에서 과천으로 이사한 1983년, 한국에 온 말순이는 서울동물원과 역사를 함께했다. 서울동물원 최고령 곰이었던 말순이는 2015년 12월 29일 하늘나라로 갔다.

꼬마는 '오순이(2010년생)'와 동물원에 살고 있다. 오순이는 꼬마의 신부가 되기 위해 2013년 11월 29일 라오스에서 한국으로 왔다. 오순이란 이름은 라오스의 사육사가 지어준 호칭이다. 오순이와 함께 지내는 꼬마는 탈출의 기억을 잊은 듯이 평범한 일상을 보내고 있다.

4시간의 자유, 그리고 죽음으로 답한 사회

꼬마가 남긴 질문에 우리가 더 높은 벽으로 답한 결과는 8년 뒤, 뽀롱이의 비극으로 이어졌다. 2018년 9월 18일, 대전의 한 동물원에서 암컷 퓨마 뽀롱이가 청소를 마친 사육사가 닫지 않은 문을 통해 방사장 밖으로 빠져나왔다. 꼬마와 달리 뽀롱이의 자유는 단 4시간에 불과했다. 그날 밤 그는 동물원 배수로의 종이상자 위에서 쓸쓸한 유해가 되었다.

이 비극은 결코 단독 사건이 아니다. 2004년 서울대공원에서 탈출하여 사살된 늑대, 2023년 경남 고성에서 탈출 후 사살된 사자 '사순이'와 대구 달성공원에서 우리를 나왔다가 마취총을 맞고 숨진 침팬지 '루디' 등과 궤를 같이한다. 탈출 사건이 곧 죽음으로 이어지는 안타까운 반복이다.

뽀롱이는 2010년 경기도에 있는 공공 동물원에서 태어난다. 3년 후인 2013년에 충청권 소재 민간 동물원으로 거처를 옮겼다. 뽀롱이가 태어났던 해에 『동물원』 연작을 하고 있었기에 내 사진 폴더 구석 어딘가에는 어렸을 때의 뽀롱이 사진이 있을 것이다. 뽀롱이의 존재를 잘 모르고 있었지만, 그의 안타까운 소식을 접하고 나 역시 눈물을 흘릴 수밖에 없었다.

사건 당일 저녁, 몇몇 방송·온라인 매체가 퓨마의 이름을 '호롱이'라고 속보를 내보냈다. 이 보도를 다른 언론이 인용하면서 잘못이 확산했다. 다음날부터 이 퓨마의 이름은 '뽀롱이'로 정정되었다. '호'에서 '뽀'로 한 글자가 바뀌자 어감 때문인지 마치 그의 죽음을 조롱하는 듯한 인상을 받았다.

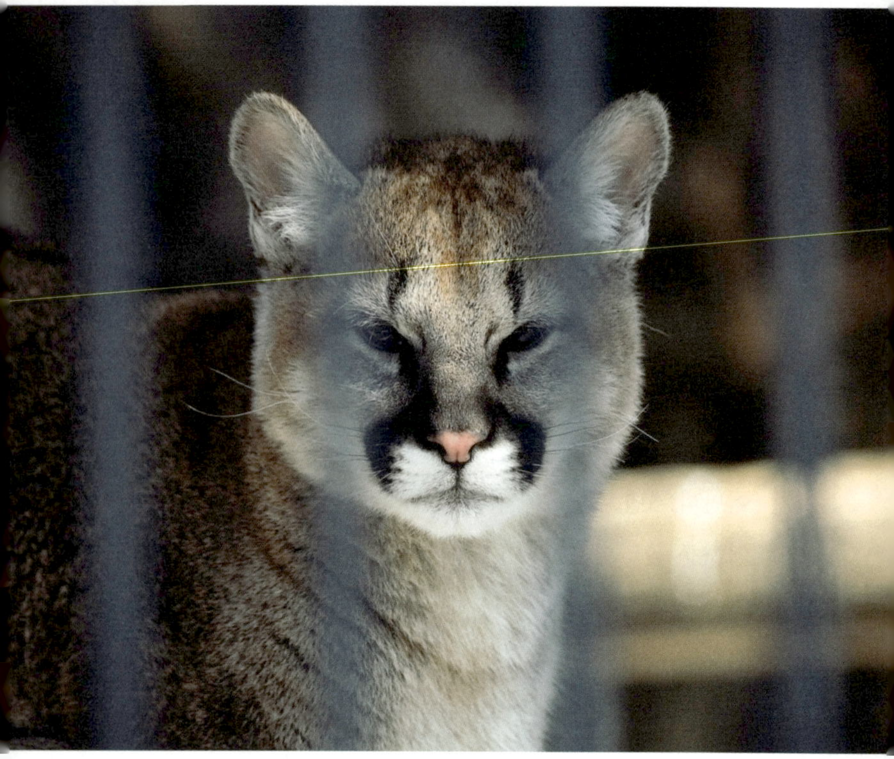

2010년 촬영한 서울대공원 동물원의 아기 퓨마다.
뽀롱이는 같은 해 이곳에서 태어났다.
이 퓨마가 뽀롱이이거나 혹은 뽀롱이의 형제 자매일 수도 있다.

퓨마, 서울대공원 동물원, 2010

한 퓨마의 죽음으로 수많은 사람이 격분했다. 사건 당일에 청와대 국민 청원 사이트에 '동물원을 폐지해 주세요'라는 국민 청원이 올라왔다. 하루도 안 지나 2018년 9월 19일 오후 1시 기준 2만 6,000명이 참여했다. 사람들은 마취총 발사가 단 한 번 실패했다는 이유로 반드시 사살해야 했는지 분노했다. 꼬마처럼 무사히 돌아오기를 바랐던 많은 이의 바람은 산산조각났다.

한 개인의 실수를 넘어 문제의 본질을 마주하게 된다. 동물원이 지금 이 시대에서 어떤 역할을 하고 있는지, 그리고 동물원이라는 공간이 동물들에게 정말 필요한지에 대한 의문이 제기된다. 이런 분노의 기저에는 '동물권'에 대한 사회적 인식이 높아진 사실이 자리하고 있다. 동물권은 동물도 고통받지 않고 존엄하게 살아갈 권리가 있다는 개념이다. 과거에는 동물을 사람의 소유물로 여겼지만, 오늘날에는 동물을 독립된 존재로 인정하고 그 권리를 존중하려는 움직임이 확산하고 있다.

뽀롱이의 죽음은 여기서 끝이 아니었다. 사살된 지 하루 만에 뽀롱이의 박제 방안이 검토되었다. 2018년 9월, 국립중앙과학관이 해당 동물원을 관리하는 대전도시공사에 '학생 교육용 박제' 제작을 위해 사체를 기증해달라고 요청했다. 해당 기관 측은 멸종위기종인 퓨마를 생물다양성 보

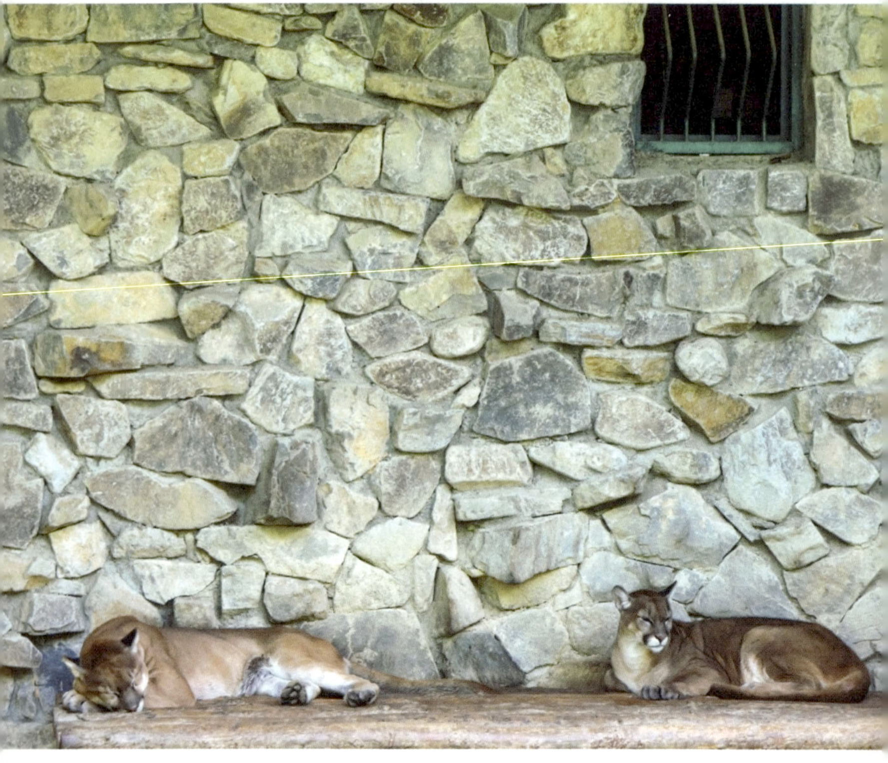

뽀롱이 탈출 사고가 일어난 지 1주일 후인 2018년 9월 26일
퓨마사의 모습이다. 비극을 뒤로 한 채, 아무 일도 없는 듯하다.
마치 뽀롱이는 존재하지 않았던 것처럼.

퓨마, 대전 오월드 동물원, 2018

전 의미로 활용하겠다는 취지를 밝혔다.

해당 공공기관은 검토 의사를 밝혔으나 곧바로 박제에 관한 비판 여론이 SNS 등을 통해 급속히 퍼져나갔다. 배우 임수정까지 "박제라고요? 정말 너무합니다. 제발 이제 그만 자연으로 보내주세요. 부탁합니다."라며 공개적으로 반대했다. 비판 여론이 높아지자 해당 기관은 하루 뒤인 9월 20일 환경부 절차에 따라 소각 처리하겠다고 공식 발표했다.

공교롭게도 뽀롱이가 죽은 지 한 달 뒤인 2018년 10월 18일 한국의 마지막 북극곰 '통키'가 세상을 떠나며 동물권에 대한 논의가 다시 한번 불붙는 듯했다. 이날은 뽀롱이의 죽음으로 촉발된 '동물원을 폐지해 주세요' 청와대 국민 청원의 마감날이기도 했다. 결과는 어떠했을까? 이 청원은 초기 뜨거웠던 관심이 시간의 흐름 속에 서서히 잊히며 6만 4,757명의 참여로 마감되었다. 국민 청원 답변의 기준인 20만 명을 결국 넘지 못했다.

뽀롱이는 화장 후 자신이 살던 방사장 인근에 수목장되었다. 그렇게 뽀롱이의 죽음은 우리들의 기억 속에서 점점 잊혀갔다. 우리는 뽀롱이의 질문에 제대로 답했을까? 우리는 한 퓨마가 죽음으로 남긴 물음에 제대로 답하지 않고 또다시 우물쭈물 넘어가 버렸다.

세로가 다시 던진 질문, 우리의 대답은 무엇인가?

그리고 2023년 3월, 얼룩말 세로가 다시 우리에게 질문을 던졌다. 도심을 질주한 세로는 무사히 돌아와 엄청난 화제의 중심에 섰다. 탈출했다가 돌아온 얼룩말을 보려고 수많은 관람객이 서울어린이대공원으로 모여들었다.

세로는 2019년 6월에 태어난다. 아기였던 세로도 내 사진 속에 있다. 그의 탄생에 나도 축하의 인사를 건넸다. 하지만 불행이 일찍 찾아올 줄은 몰랐다. 그는 2021년 엄마 '루루(2005년생)', 2022년 아빠 '가로(1999년생)'를 차례로 잃고 혼자가 된다. 세로는 홀로 지내면서 외로움과 스트레스로 동물원에서 탈출한 것으로 회자된다. 세로가 밖에 나간 후 돌아오는 동안 아무런 인명이나 재산 피해가 발생하지 않은 점은 다행이다.

하지만 그의 절박한 몸부림이 SNS나 언론에서 유머와 밈 형태로 소비되는 현실은 씁쓸했다. 이는 생명 존엄성이 어떻게 자극적이고 구경거리로 쓰이는지를 신랄하게 보여주었다. 세로의 탈주극이 낳은 화제성은 동물원의 운영 방식에 따라 동물들이 상업적으로 악용될 수 있다는 우려를 낳기도 했다.

세로가 동물원으로 복귀한 뒤에 그의 안부가 궁금했다. 동물원을 찾아갔다. 세로를 비롯하여 과나코, 캥거루

등이 있는 초식동물마을은 울타리 공사로 인해 접근이 제한되어 있었다. 울타리와 관람대 교체 공사가 한창이었다. 2주 전만 해도 세로를 볼 수 있었는데 내실에 있어서인지 보이지 않은 것일까. 궁금증을 뒤로 하고 발길을 돌렸다.

2023년 4월, 새롭게 단장한 초식동물마을의 울타리는 이전보다 더 촘촘하고 높아졌다. 국내 동물원들은 탈출 사건 발생 시, 동물의 복지 환경을 개선하기보다 사육장 같은 시설을 강화하는 방식으로 대응하는 경향을 보여왔다. 동물 복지 개선을 위한 근본적인 성찰보다는 물리적인 통제 강화에 집중한 것처럼 보여서 아쉬움을 자아냈다. 이는 꼬마의 사례와 정확히 일치하는, 인간 중심적 해결 방식의 한계를 명확히 보여주는 조치다.

그로부터 2개월 뒤, 어떤 변화가 있었을까? 세로의 탈출 이후 외로움을 해소하고 동반자가 되기 위해 암컷 얼룩말 '코코'가 2023년 6월 21일에 서울어린이대공원으로 왔다. 코코는 한 해 전인 2022년 5월 광주 우치공원 동물원에서 태어나고 자랐다.

둘은 단계별 친화 훈련을 통해 서로의 체취를 익히고 얼굴을 알아본 뒤, 그해 7월부터 부쩍 가까워진 모습을 보였다. 매우 친밀해져서 한 마리가 방사장으로 나가면 다른 한 마리가 따라나서며 온종일 붙어 다녔다고 전해졌다. 하

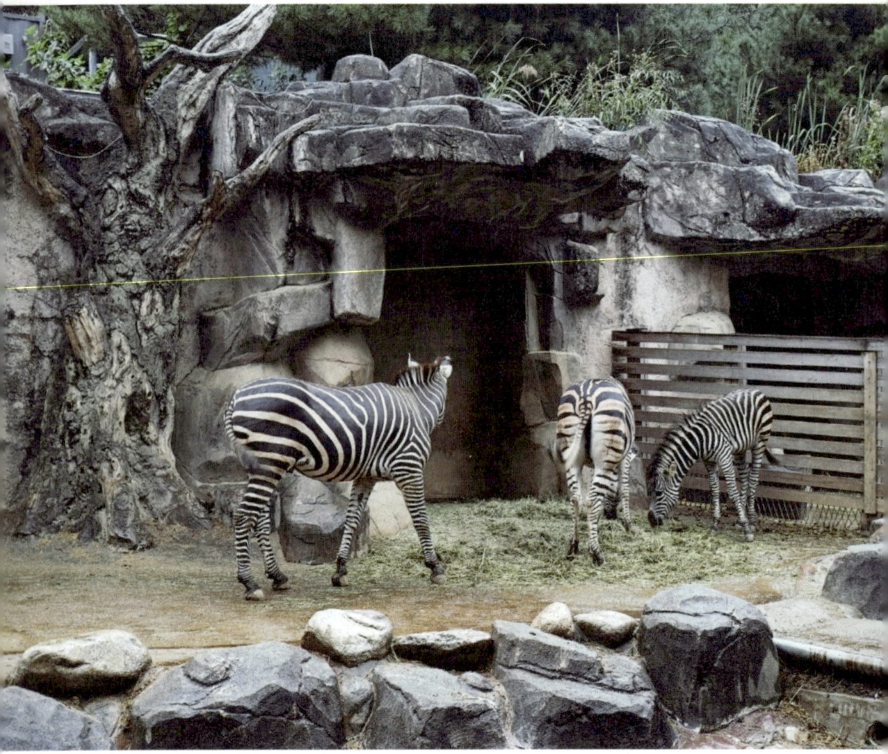

세로(맨 오른편)가 아빠 가로, 엄마 루루와 함께 있던 아기 시절의 사진이다.
유년 시절의 행복은 채 2년도 가지 않았다.
세로는 자신에게 닥쳐올 비극을 알았을까.

얼룩말 '가로'와 '루루' 그리고 '세로', 서울어린이대공원 동물원, 2019

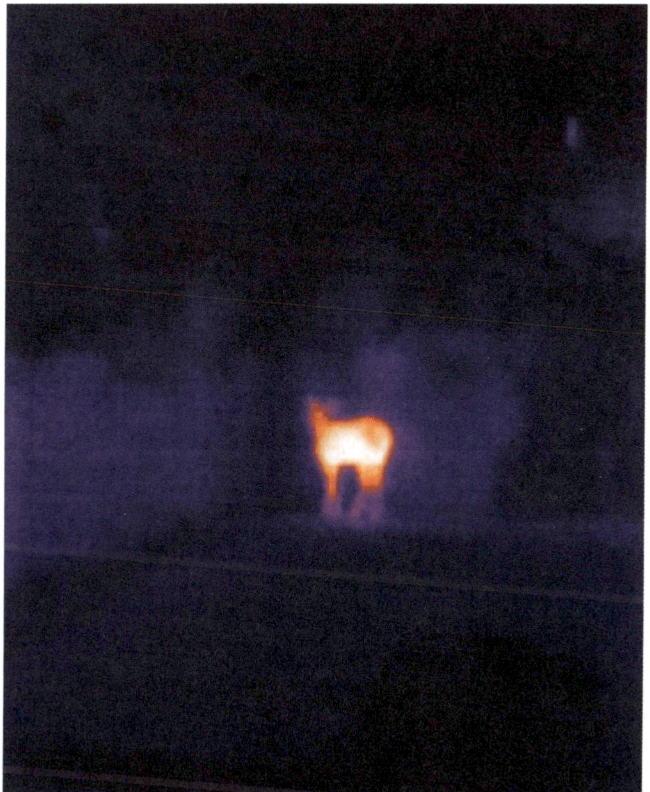

탈출했다가 돌아와 얼룩말 코코와 함께 지내던 세로를
열화상 카메라로 촬영했다. 내실로 들어가는 뒷모습이다.
언론과 대중에 의해 자극적으로 소비되던 모습은 배경처럼 지워지고,
생명을 지닌 세로의 온기 만이 오롯이 남아 있다.

얼룩말 '세로', 서울어린이대공원 동물원, 2023

지만 3개월 뒤, 코코는 산통(말의 배앓이)에 의한 소결장 폐색 및 괴사로 2023년 10월 16일에 세상을 떠났다.

그리고 세로는 다시 혼자가 되었다. 코코가 세상을 떠난 후 세로는 방사장 곳곳을 돌아다니며 코코를 찾아다녔다. 세로의 탈출이 남긴 것은 더 높아진 울타리와 또 다른 고독뿐이었다.

세로는 그렇게 우리 기억 속으로 사라져 가는 듯했지만, 그의 이야기는 예상치 못한 방식으로 다시 소환되었다. 탈출 이후 코코와 함께 지내던 세로를 2023년 8월 29일 적외선을 이용한 열화상 카메라로 담았다. 세로가 내실로 들어가고 있는 뒷모습이다. 이 사진은 독립 시사 주간지 시사IN이 선정하는 2023년 '올해의 사진'으로 수록되었다.

> "서울 지하철 5호선 아차산역에서 10분만
> 걸어가면 그들을 볼 수 있다는 게 무엇을
> 의미하는지 예전엔 몰랐다. "서식지 : 남아프리카,
> 아르헨티나, 남태평양"이라고 적힌 사자, 코끼리,
> 바다사자가 서울 광진구 능동에 모여 있다. 수십
> 년 전엔 자국의 동물과 함께 끌려온 콩고 주민도
> 있던 그 자리에 그랜트 얼룩말 '세로'가 있었다.
> 펜스 바깥 호모사피엔스들에게 제공되는 정보는

이들의 발톱이 몇 개인지, 임신 기간이나 수명은 얼마인지 같은 것들. 나는 다른 이야기를 알고 싶다. 서식지에 맞게 수만 년 동안 진화해온 그들의 눈과 코, 다리는 무엇을 보고 어떤 냄새를 맡고 어떻게 달리기를 원하는지, 누구를 사랑하고 어떨 때 기쁨과 슬픔을 느끼는지, 펜스를 힘껏 뛰어올라 난생처음 바람을 가르며 달릴 때 그의 심장이 얼마나 뜨거웠는지 그리고 그가 몸으로 하는 말을 들은 우리는 무엇을 할 수 있는지, 그러니까 그들이 얼마나 존엄한 존재인지에 관한 이야기 말이다."

<'세로'의 이야기를 듣고 싶어서>, 시사IN, '2023 올해의사진', 글 홍은전(작가)

홍은전 작가님의 글은 사진 너머의 질문을 되짚어보게 했다. 나는 15년간 동물들의 모습을 담아왔지만, 그들의 존재 자체에 관한 근본적인 질문은 놓치고 있었다. 사진 속 동물들이 진정 무엇을 말하고 싶어 하는지 그리고 그 목소리에 어떻게 응답해야 하는지에 관한 성찰을 일깨워준 홍은전 작가에게 감사한 마음이다.

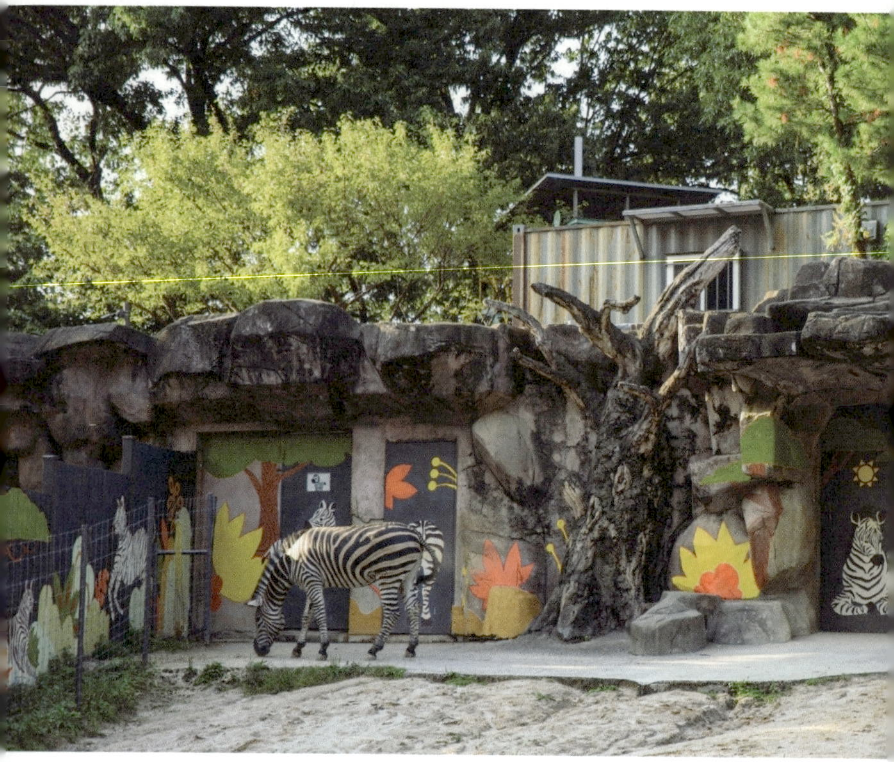

탈출 사건은 벌써 3년이나 지났고, 세로는 여전히 동물원에서 살고 있다.
세로가 있는 얼룩말사 주변으로 그림이 밝게 그려져 있다.
그럼에도 세로가 고독해 보이는 건 왜일까.

얼룩말 '세로', 서울어린이대공원 동물원, 2025

탈출 동물이 우리에게 묻는 질문

세로가 탈출한 지 3년이 훌쩍 지났다. 사람들의 관심 속에서 멀어진 그는 여전히 그곳에서 자신의 일상을 보내고 있다. 세로의 탈출 소동은 마치 없었던 일처럼 사람들의 기억 속에서 무뎌졌다.

하지만 비슷한 일은 세계 곳곳에서 반복되고 있다. 바다 건너 미국에서 발생한 동물 탈출은 우리에게 시사하는 바가 크다. 서울어린이대공원의 세로가 반나절 동안의 자유 끝에 울타리로 돌아왔다면, 뉴욕 도심에 있는 센트럴파크 동물원에서 탈출한 수컷 수리부엉이 '플라코(2010년생)'는 1년간 도심 속에서 자유로운 삶을 살았다. 동물원 사육사들의 우려와 달리 플라코는 쥐와 비둘기를 사냥하며 성공적으로 적응했고, 뉴요커들에게 자유와 희망의 상징이 되었다.

그러나 2024년 2월 23일, 플라코는 건물과 충돌하여 사망했다. 부검 결과 쥐약과 비둘기 헤르페스바이러스에 노출되어 이미 생명이 위독한 상태였음이 밝혀졌다. 동물원 밖으로 나와도 도시에서는 동물들이 살 수 없는 것이다. 플라코의 죽음은 인간의 도시 환경이 야생동물에게 미치는 숨겨진 위험을 드러냈고, 진정한 자유란 무엇인지에 관한 깊은 성찰을 남겼다.

우리가 만난 동물들을 돌아보자. 꼬마의 무사 귀환과 스타덤, 뽀롱이의 비극적 죽음, 세로의 질주와 그 결과로 돌아온 견고한 울타리. 우리는 그들의 몸부림에서 무엇을 보았는가. 단순한 소동이었는가 아니면 갇힌 생명이 세상을 향해 던진 질문이었는가. 그들의 탈출은 본능이자 본질이었다. 이 모든 사건은 여러 질문으로 이어진다.

'왜 동물원이어야 하는가?'
'우리는 한 생명을 가두고 바라볼 자격이 있는가?'
'또 다른 세로는 언제, 어떤 방식으로
우리에게 말을 걸어올까?'

이제는 이 질문에 답해야 할 때다. 동물들의 탈출은 예외가 아니라 하나의 언어다. 그 언어를 들을 귀를 갖지 못한다면 우리 사회는 여전히 동물의 고통을 배경음처럼 소비하는 수준에 머물 수밖에 없다.

꼬마와 뽀롱이와 세로가 보여준 이 사건들 이후의 조치가 단지 물리적 보완에 그친다면 우리는 이미 그들의 언어를 들을 자격을 잃은 것이다. 이제 선택해야 한다. 더 높은 담을 쌓을 것인가? 아니면 그들의 고통에 귀를 기울여 동물원이라는 시스템 자체에 관한 변화를 모색할 것인가?

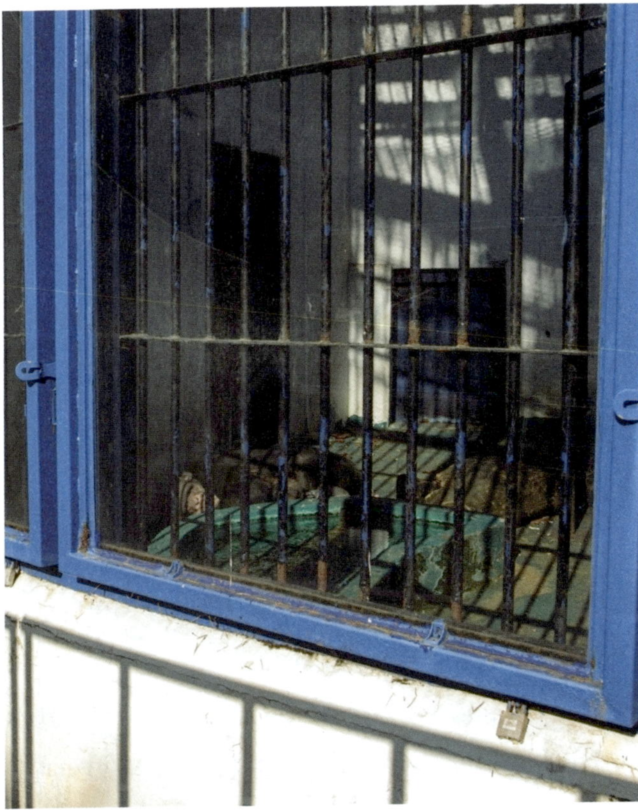

세로가 동물원을 탈출했던 2023년 그해 대구 달성공원에서는
침팬지 루디와 알렉스가 함께 우리에서 나오는 일이 벌어졌다.
알렉스는 무사히 귀환했지만, 루디는 마취총을 맞고 영영 깨어나지 못했다.
알렉스는 홀로 남겨진 채 쓸쓸하게 지내고 있다.

침팬지 '알렉스', 대구 달성공원 동물원, 2025

23

갈비뼈 사자 '바람이'가 전하는 바람

동물원을 드나들며 희망과 절망이 너무나도 선명하게, 그러나 동시에 너무나도 모호하게 공존하는 경계선을 마주해야 했다. 그곳은 생명의 존엄성이 빛나는 동시에 인간의 개입으로 인한 생명의 한계가 드러나는 역설적인 공간이다.

나에게 절망의 경계선은 때때로 열악한 환경에서 무기력하게 앉아 있는 동물들의 모습에서 발견되었다. 비좁은 사육장과 단조로운 일상, 야생성을 잃은 듯한 그들의 눈빛은 '자연의 일부'로서의 본연의 의미를 상실한 것만 같아 가슴을 저릿하게 했다.

수사자 '바람이(2004년생)'는 동물원의 절망과 희망의 서사를 지닌다. 과거 갈비뼈가 앙상하게 드러날 정도로 마른 그의 모습은 동물원의 불편한 진실을 가장 적나라하게 보여주는 절망 그 자체였다. 동물원이라는 이름 아래 생존만 겨우 유지하는 듯한 모습은 인간의 오만함과 무책임함을 상기시키며 깊은 좌절감을 안겨주었다. 이런 순간들은 '과연 동물원은 필요한가?'라는 근본적인 질문을 던지게 했다.

하지만 동시에 그의 구조와 회복은 우리에게 희망을 전해준다. 바람이의 이야기는 단순히 한 동물의 구조 사례를 넘어 우리 사회의 동물 복지 인식 변화와 제도 개선을 상징하는 거대한 흐름이 된다.

비극의 발견과 바람이의 외침

2021년 여름, 경남 김해의 한 민간 동물원에서 발견된 바람이의 모습은 대한민국을 충격에 빠뜨렸다. 앙상한 갈비뼈가 가죽을 뚫고 나올 듯 선명했고, 갈기라 부르기가 민망할 정도로 성긴 털이 축 늘어져 있었다. 좁고 더러운 콘크리트 바닥에 주저앉아 있던 그는 살아 있는 생명이라기보다 박제된 비극에 가까웠다. 그의 눈빛은 공허함과 체념으로 가득했으며, 그 어떤 야생의 기백도 찾아볼 수 없었다. 이 처참한 모습은 단순한 동정심을 넘어 동물원이라는 시스템 자체의 결함과 동물을 재산으로 간주하는 인간 중심의 패러다임이 빚어낸 참혹한 결과이자, 방치된 생명들의 비극을 상징하는 슬픈 증거다.

나는 부경동물원을 2013년 5월에 찾아갔던 적이 있다. 난생처음 KTX를 타고 부산까지 내려가 김해로 넘어갔지만, 동물원이 이전하여 발길을 돌려야 했던 날이다. 이때 사라진 동물원은 훗날 같은 일이 일어날 것임을 예견하는 일이었을까.

이어 두 달 뒤인 그해 7월 여름, 부경동물원을 다시 찾았다. 이곳은 공장 지대 옆 언덕에 위태롭게 자리 잡고 있었다. 동물원이라기보다는 낡고 허름한 창고에 가까웠다. 좁고 어두운 실내 콘크리트 우리, 흙 한 줌 없는 차가운 바닥, 최소한의 놀이시설이나 은신처조차 없는 실내 우리는 동물을 위한 공간이 아님을 단번에 알 수 있었다.

서울어린이대공원에서 2004년에 태어난 바람이는 2016년 부경동물원으로 옮겨졌다. 어쩌면 바람이의 비극은 오래전부터 예견된 것이었다. 동물원에서 사자는 매일 4~5킬로그램의 신선육류를 섭취해야 하지만, 바람이는 그마저도 공급받지 못했던 것으로 추정된다. 이런 안타까운 사건은 민간 동물원의 구조적 취약성에서 비롯된다. 공영 동물원이 정부나 지자체의 지원을 받아 운영되는 것과 달리 민간 동물원은 입장료 수입에 의존한다. 민영 동물원은 '체험형 먹이 주기'라는 명목으로 방문객들에게 닭꼬치를

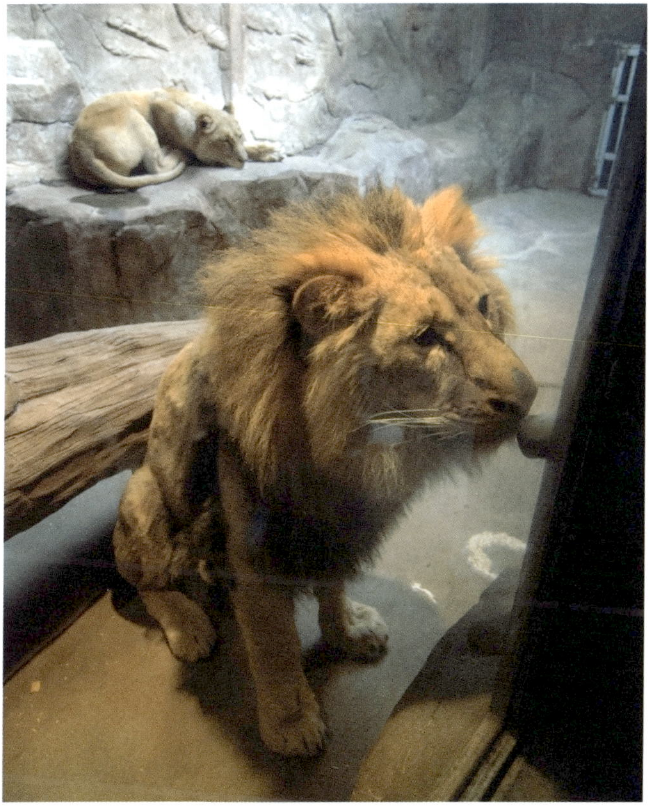

초라하게 앉아 있는 바람이와 그 뒤로 암사자(이름 미상)가 있다. 바람이가 입을 댄 구멍은 관람객들이 닭꼬치를 넣어주는 곳이다. 민간 동물원은 입장료 외에도 관람객에게 판매하는 체험형 먹이에서 부가 수입을 올린다. 이 사진에서 바람이의 행동은 동물원 자체가 제공하는 먹이 대신 관람객이 주는 먹이에 의존한 결과일 수도 있다.

사자 '바람이', 김해 부경동물원, 2018

팔아 동물에게 먹이게 한다. 매일 일정한 양을 먹어야 하는 동물에게 부적합한 빈도와 그에 맞지 않는 먹이를 주고, 그 행위로 돈을 버는 영리 추구는 동물 복지보다 상업적 이윤을 우선시하는 민간 동물원의 고질적인 문제를 보여주는 가장 극명한 사례다.

2020년 전 세계를 덮친 팬데믹은 인간의 삶뿐만 아니라 동물원에도 예외 없이 치명적인 타격을 입혔다. 사회적 거리 두기와 자가 격리는 동물원의 가장 큰 수입원인 관람객의 발길을 끊었다. 특히 민간이 운영하는 중소형 동물원들은 몇 달 만에 심각한 재정난에 빠지기도 했다. 막대한 사료비와 인건비 등 고정 지출은 발생하는데 수입이 '0'원에 수렴하자, 동물 복지 예산은 가장 먼저 삭감되었다.

실제로 해당 동물원 관계자들도 경영난으로 바람이를 비롯한 다른 동물들에게 충분한 먹이를 주지 못했다고 시인하기도 했다. 바람이의 갈비뼈는 팬데믹이 촉발한 동물원 시스템의 붕괴와 민간 동물원이 가진 구조적인 취약성으로 인해 그 속에서 방치된 생명의 비극을 상징하는 아픈 증거가 되었다. 2024년 2월, 부경동물원은 경영난으로 모든 동물 이송을 완료했고, 다음 달 등록을 취소했다.

팬데믹 속 동물원이 드러낸 현실은 '인간과 비인간 존재의 관계'에 관한 근본적 질문을 던졌다. 동물원 동물들에게 인간은 감금의 주체인 동시에 생존을 위한 필수 조건이라는 모순적 관계 속에서 인간의 필요로 자연에서 분리된 존재들을 향한 우리의 책임은 절대적이어야 한다는 깨달음을 남겼다. 동물들을 단순한 구경거리로 여기는 것은 폭력적이며, 그들의 존엄성을 지킬 전문성과 철학이 없다면 동물원은 문을 닫을 수밖에 없다. 팬데믹의 고요함 속에서 목격한 바람이의 처참한 모습은 이 무거운 책임의 본질을 외면하지 말라는 침묵의 경고였다.

공론화의 '바람'이 불어온 희망

바람이의 비참한 모습은 한 시민의 용기 있는 제보로 세상에 알려졌다. 2021년 7월, 유튜브 채널 '애니멀봐'에 바람이의 영상이 공개되자 그 충격적인 비주얼은 삽시간에 온라인을 뜨겁게 달구었다. 앙상한 몸, 텅 빈 눈빛, 그리고 무기력한 움직임은 보는 이들의 마음을 무겁게 했다. '갈비사자'라는 이름표가 붙은 그의 영상은 순식간에 수백만 조회수를 기록했다. 국민적 공분과 함께 그의 구조를 촉구하는 목소리가 빗발쳤다. 당시 청와대 국민 청원에는 22만 명이 넘는 동의가 모였다. 언론은 그의 소식을 앞다투어 보도하며 전국민적인 관심사로 떠올랐다. 그렇게 바람이는 한 순간에 이목을 끄는 존재가 되었다.

공론화는 문제 해결의 실마리가 되어 말로만 그치지 않고 행동으로 이어졌다. 바람이를 돕기 위한 구체적인 움직임이 일어났다. 이는 단순히 한 사자의 생명을 구하는 것을 넘어 시민들의 자발적 후원과 책임 있는 행동이 어떻게 실제 변화를 이끌어낼 수 있는지를 보여주는 중요한 사례가 되었다. 동물단체와 지자체의 긴밀한 협력 끝에 바람이는 2023년 7월 6일, 청주시가 운영하는 청주동물원으로 옮겨왔다.

구조된 바람이가 청주동물원에 들어섰을 때, 여윈 몸과 불안에 찬 눈빛은 많은 이들의 눈시울을 적시며 동시에 회복에 대한 작은 희망을 품게 했다. 청주동물원은 '노령 사자가 좋은 삶을 살기를 바란다'라는 의미를 담아 그에게 '바람이'라는 이름을 지어주었다.

청주동물원은 영리 목적을 추구하지 않는 공영 동물원으로 고통받는 동물들을 위한 '요양원' 역할을 자처한다. 최신 시설이나 화려함과는 거리가 멀지만, 이곳에서는 동물의 복지를 최우선으로 여기는 따뜻한 보살핌이 있다. 청주동물원은 2023년 하반기부터 동물들을 가둬놓는 곳이 아닌 동물 복지 중심의 시설로 거듭나기 위해 직원 명칭을 '사육사'에서 '동물복지사'로 변경했다. 수의사를 포함한 모든 직원이 동물 복지에 집중하도록 했다. 바람이는 청주동물원의 상징이 되었고, 회복 과정은 언론과 시민의 관심 속에서 꾸준히 보도되었다.

그가 청주동물원에서 건강을 회복하고 점차 활기를 되찾아가는 모습은 동물원 역시 '절망적인 장소'가 아니라 '희망을 만들어 낼 수 있는 공간'이 될 수 있음을 증명했다. 도리어 영리를 추구했던 동물원들의 경영이 어려워져서 동물들을 파양하거나 굶길 때, 이런 비영리 동물원이 나서서 문제를 해결할 수 있다는 것은 동물원의 절망을 다른 동물원의 희망으로 뒤덮고 치유할 수 있다는 의미다.

'전시 가치'의 비극은 호랑이 '크레인'에도 있었다

그러나 희망을 이어가려면 절망을 더 처절하게 들여다봐야 한다. 사실 바람이의 비극은 결코 특별한 경우가 아니다. 그의 고통은 동물원 시스템의 고질적 문제를 드러내는 수많은 비극 중 하나일 뿐이다. 경남의 민간 동물원에 남았던 2마리의 백호 중 수컷은 2023년 12월, 노령과 영양 상태 악화로 사망했다. 옆 전시장에 있던 흑표범도 같은 시기 영양 결핍으로 숨을 거두었다. 다행히 암컷 백호는 이듬해 5월, 강릉 쌍둥이동물농장으로 이송되어 건강을 유지하고 있다.

하지만 구조되지 못한 야생조류와 파충류 등 수많은

중·소형 동물들이 열악한 사육 환경에서 잇따라 죽음을 맞았다. 좁은 우리와 부적절한 온도 관리, 영양 부족으로 고통받던 작은 동물들은 언론의 관심도, 대중의 연민도 받지 못한 채 사라졌다. 주요 동물들의 화려한 이면 뒤에 가려진 이름 없는 동물들의 죽음은 우리를 더욱 안타깝게 한다.

과거에도 유사한 형태의 비극은 반복되었다. 2001년 서울대공원에서 태어난 수컷 시베리아호랑이 '크레인(2001년생)'의 삶이 그러하다. 황윤 감독의 동물원을 소재로 한 다큐멘터리 영화 「작별」(2001)로도 유명해진 크레인은 어린 시절 귀여움으로 대중의 큰 인기를 얻었다. 아기 호랑이는 관람객을 끌어들이는 강력한 마케팅 수단이다.

그러나 동물의 삶은 아기 시절에만 머물지 않는다. 자라면서 몸집이 점점 커진다. 크레인 역시 크면서 아기 동물 특유의 귀여움은 사라졌다. 대신에 1993년생 남매인 아빠 '태백'과 엄마 '선아'의 근친 교배로 인한 선천적 안면 기형이 그의 얼굴에 드러나자 크레인의 전시 가치는 급락했다. 이 같은 근친 교배는 과거 동물원 간의 동물 교류가 활발하지 않았던 시기, 유전적 다양성 확보에 어려움이 있자 빈번하게 발생한 사례다.

크레인은 2004년 강원도 치악산 인근에 있는 원주 드림랜드라는 사설 동물원으로 내쳐졌다. 이는 마치 아이돌

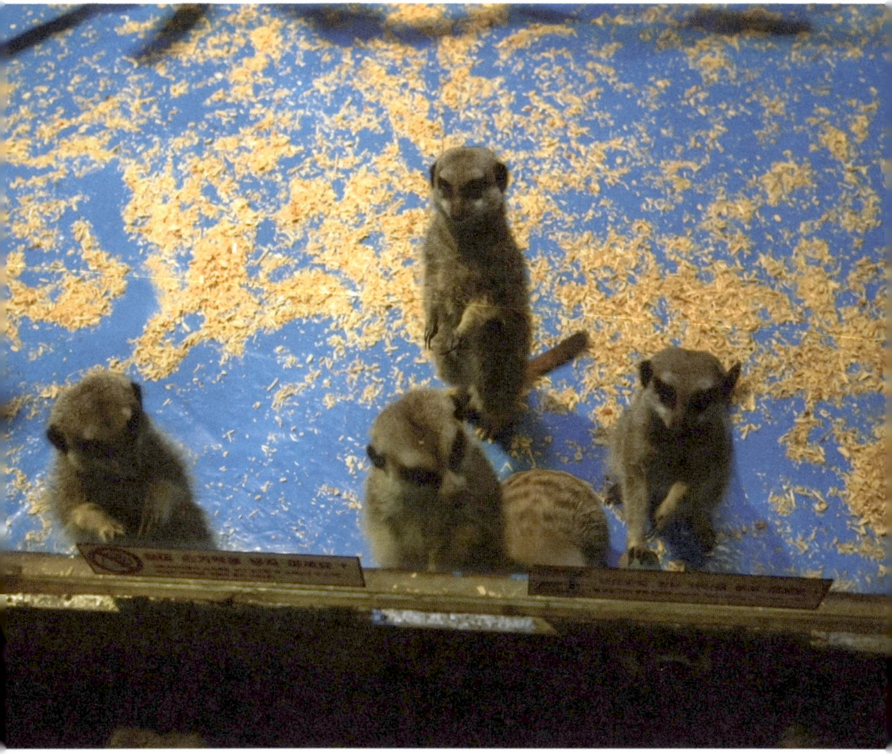

김해 부경동물원이 폐업하면서 미어캣을 비롯하여
구조되지 못한 동물들은 열악한 환경에서 눈을 감았다.

미어캣, 김해 부경동물원, 2018

산업과 같은 잔혹한 현실을 보여준다. 상품성이 떨어지면 버려진다. 대중의 관심은 새롭고 자극적인 것에만 몰린다. 동물들 역시 그 기준에 따라 가치가 매겨지는 소비 대상으로 전락한다. 크레인의 이송은 단순한 시설 이전이 아니라 동물원이라는 시스템이 생명을 어떻게 대하는지를 적나라하게 드러낸 사건이다.

원주 드림랜드에서 열악한 환경에 놓여 있던 크레인은 다행히 2012년 시민단체의 노력으로 서울대공원으로 복귀했다. 이후 그는 2017년 7월 25일에 16살의 나이로 자연사할 때까지 단 한 번도 일반에게 공개되지 않은 채 비공개 사육장에서 고립된 삶을 살았다.

크레인이 서울대공원으로 옮겨간 지 1년 후인 2013년, 나는 원주 드림랜드를 방문했다. 수많은 동물원 촬영 중에서도 가장 잔혹했던 기억이다. 굶주린 듯 힘없이 서 있는 동물들의 모습이 생생하다. 일부는 배고픔에 대변을 먹기도 했는데, 그 장면은 아직도 고통스럽게 떠오른다. 크레인이 이미 떠난 뒤라 현장에서는 그가 살았던 흔적을 되짚어볼 수밖에 없었다. 다행히 그가 이 지옥 같은 곳을 벗어났다는 사실만이 유일한 위안이었다.

바람이와 크레인의 사례는 빙산의 일각에 불과하다. 전국 곳곳의 민간 동물원들은 경영난, 전염병, 대중의 무관

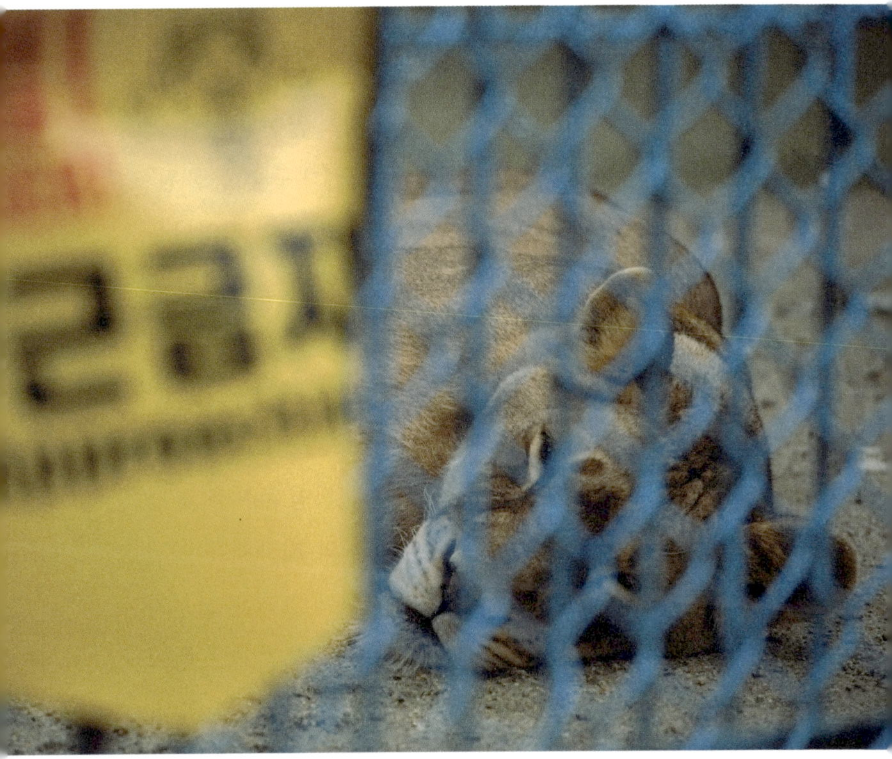

시베리아호랑이 크레인이 머물던 원주 드림랜드를 2013년에 찾아갔다. 이곳에 있던 동물들은 굶주리고 관리되지 않고 있었다. 1996년 개장한 원주 드림랜드는 경영난을 겪다가 결국 2015년 10월에 폐쇄되었다. 이곳에 있던 동물들은 어떻게 되었을까. 눈앞에 참상이 그려진다.

사자, 원주 드림랜드, 2013

심 속에 문을 닫거나 열악한 사육 환경에 놓여 있다. 특히 소규모 민간 동물원과 이동형 체험장은 법의 사각지대에 놓여 제대로 된 관리 및 감독이 이루어지지 않는다.

2020년 운영을 중단한 대구 달성군 '대구숲 동물원', 2023년 사업을 접은 대구 '아이니 테마파크' 등이 경영난을 견디지 못하고 문을 닫았다. 이런 동물원의 폐업 과정은 동물들에게 또 다른 고통의 시작이다. 동물들은 '생명체'가 아닌 '소유물'로 여겨져 방치되거나 경매에 넘어가 알 수 없는 곳으로 팔리거나 심지어 안락사되기도 한다. 폐업이 결정되어도 동물을 즉시 이송할 곳이나 책임 주체를 규정한 법과 제도는 미비하다. 동물보호단체와 지자체가 일부 동물을 구조하지만, 이는 개인과 민간 단체 그리고 공공기관의 선의에 기댄 임시방편에 불과하다. 근본적 시스템이 마련되지 않는 한, 또 다른 바람이가 끊임없이 탄생할 수밖에 없다.

동물원수족관법 개정과 거점동물원의 탄생

바람이 사건 이후, 정부는 동물원과 수족관 관리 제도를 전면 개편했다. 2023년 12월 14일부터 시행된 「동물원 및 수족관의 관리에 관한 법률」 개정안과 「야생생물 보호 및 관리에 관한 법률」 개정안에 따라 기존 느슨한 등록제는 허가제로 전환되었다. 이 법들은 종별 서식 환경 기준 수립, 수의사와 사육사 등 전문 인력 배치, 질병 및 안전 관리 계획 수립, 휴원 및 폐원 시 동물 이송과 보호 방안 의무화 등 강화된 요건을 포함한다.

특히 허가 없이 야생동물을 전시하거나 판매하던 카페와 체험장은 2023년 12월 14일부터 모두 영업을 중단해야 한다. 개정 시행 이전부터 영업 중인 시설은 2027년 12월 13일까지 허가를 신청 및 취득하여 계속 운영할 수 있는 유예 기간을 부여받았다. 기존 비전문 시설에도 4년간 유예 기간이 제공된다. 먹이 주기, 올라타기, 접촉형 프로그램은 즉시 전면 금지되었다.

기존에 등록한 동물원은 2028년 12월 13일까지 개정된 허가 기준을 충족해야 하며 미충족 시 1차 150만 원에서 최대 500만 원의 과태료가 부과된다. 그러나 이 개편이 완전한 해결책은 아니다. 5년의 유예 기간 동안 기존 동물원들이 강화된 허가 기준을 충족할 수 있을지 의문이 남는다. 아울러 동물원 폐쇄 시 야생동물 보호시설 설치 등의 대안이 마련되었지만, 급증하는 보호 대상 동물들을 모두 수용할 수 있을지는 여전히 불확실하다.

환경부는 5년 주기로 동물원 운영 현황과 복지 및 안전관리 실태를 조사·공개하도록 규정했으나 일상적인 관리, 감독의 실효성을 확보하는 것이 관건이다.

이와 더불어 2024년 5월 10일, 청주동물원은 환경부로부터 국내 제1호 '거점동물원'으로 지정되었다. 거점동물원 제도는 동물 구조, 보호, 재활, 방생 등 전 과정을 관리하는 허브 구실을 한다. 또한, 첨단 동물병원 시설과 국내 최고 수준의 인력·관리·운영 체계를 갖추게 된다. 여기에다 환경부로부터 연간 3억 원가량을 지원받는다. 환경부는 청주동물원을 시작으로 수도권, 호남권, 영남권까지 권역별로 총 4곳의 거점동물원을 지정할 계획이다.

청주동물원은 동물을 구경거리가 아닌 돌봄과 치유의 대상으로 바라보는 철학을 바탕으로 68종 296마리(2025년 10월 기준)를 보호하며 적절한 사육 밀도를 유지한다. 이곳은 코끼리, 기린 등 우리나라와는 기후와 서식 환경이 다른 외래 동물 대신 반달가슴곰, 산양 등 토종 동물을 중심으로 보호하며, 교통사고나 충돌 사고로 다친 천연기념물과 야생동물을 치료하고 재활 훈련을 거쳐 자연으로 돌려보내는 '동물 응급실' 역할을 훌륭하게 수행하고 있다.

청주동물원의 비전은 왕민철 감독의 다큐멘터리 영화 「동물, 원」(2019)에 잘 담겨 있다. 바람이 구조 이전부터 청주동물원이 동물들을 위해 그린 큰 그림을 마주할 수 있다. 동물원을 방문해서는 알기 어려운 청주동물원의 속사정과

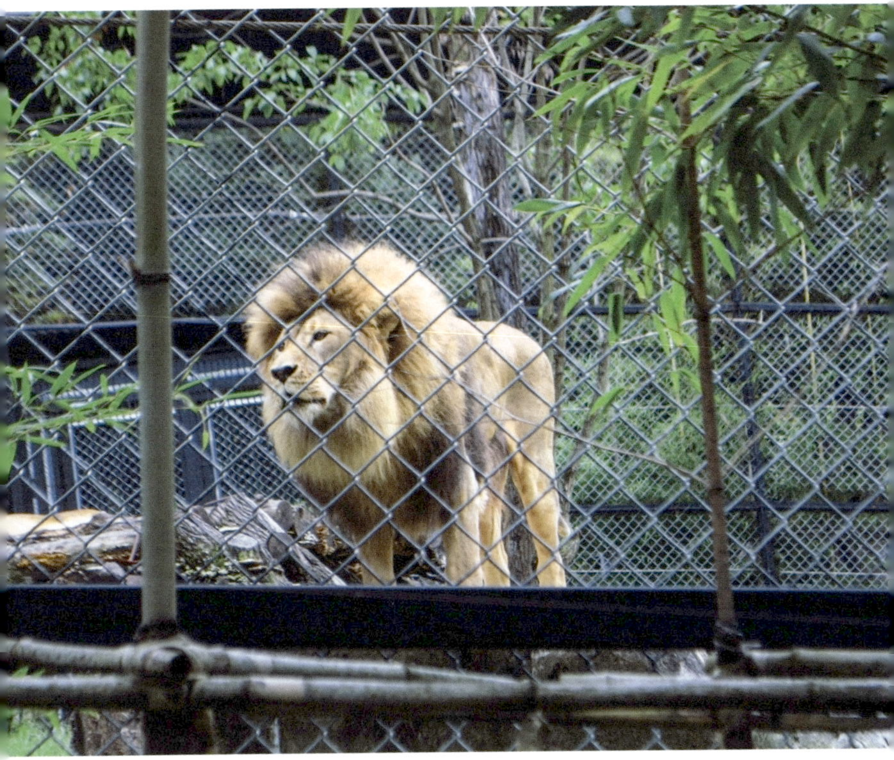

바람이는 청주동물원에서 돌봄을 받으며 건강을 회복했다.
더는 갈비뼈 사자로 불리지 않는다.

사자 '바람이', 청주동물원, 2025

이곳에서 근무하는 직원들의 진솔한 목소리를 생생하게 접할 수 있었다. 특히 영화가 끝나고 맨 마지막의 제작진 소개 자막에는 당시 청주동물원에 머물던 모든 동물의 이름이 빠짐없이 나왔다. 이름조차 몰랐던 동물들에게도 각각의 존재 가치를 부여한 점이 인상적이었다.

동물 복지를 우선시하는 청주동물원의 변화는 관람객들에게도 긍정적인 반응을 얻어, 2023년에는 가족 단위는 물론 성인 관람객 수도 전년 대비 20~30퍼센트 증가하는 성과를 거두었다. 이는 단순한 수치 이상의 의미가 있다. 청주동물원의 성인 기준 입장료는 1,000원에 불과하다. 영리 목적을 띠지 않는 공영 동물원으로서 무엇보다 동물들의 복지에 힘쓰고 있다는 인상이 강하게 자리 잡고 있다. 따라서 청주동물원을 찾는 관람객이 늘어난다는 사실은 단순한 방문 증가 이상의 의미가 있다. 그것은 교육적 목적이 시민들의 관심을 불러일으키고, 그 가치를 공유하는 과정으로 이어진다는 점에서 더 깊은 의의를 지닌다.

바람이와 구름이의 오늘 : 끝나지 않은 이야기

바람이를 만나기 위해 2025년 7월 무작정 청주동물원을 찾았다. 직행 버스를 1분 차이로 아슬아슬하게 놓쳤다. 인근 카페로 가서 30여 분을 기다려 다음 버스를 탔다. 바람이를 볼 수 있다는 기대가 있었기에 그 기다림은 아무것도 아니었다.

20여 분을 달려서 도착한 청주동물원 정문. 아뿔싸. 이게 웬걸. 2025년 6월부터 8월 말까지 관람로 공사로 인해 3개월간 운영 중지를 알리는 입간판이 있었다. 부랴부랴 네이버 지도에 들어가 보니 이에 관한 사전 안내가 눈에 들어왔다. 아. 방심했다. 또 까이다니. 그리하여 바람이와의 만남은 9월로 미루어졌다. 동물원 밖에서 바람이의 안부를 빌어주었다.

2025년 9월 7일, 다시 시간을 내어 찾은 청주동물원. 앞선 9월 2일부터 운영 재개라는 공지를 확인한 터였다. 동물원으로 출발하기 전에도 제대로 운영 중인지 꼼꼼하게 확인했다. 지난 3개월 동안 굳게 문이 닫혀서일까. 주말을 맞아 주차장이 만차일 정도로 청주동물원을 찾은 관람객들은 많았다. 그간의 변화를 살피면서 내 관심은 바람이에게 향하고 있었다. 동물원의 산꼭대기에 있는 야생동물보호구역으로 내달리듯 갔다. 이곳이 새로운 사자사다.

"아웅~~."

우렁찬 포효가 허공을 가르며 존재감을 한껏 드러낸

다. 바람이가 방사장에서 한가롭게 몸을 뒹굴고 있다가 동물복지사가 가져온 먹이에 한걸음에 내달려 뛰어온다. 운동을 시키기 위한 동물행동 풍부화 프로그램의 일환이다. 넓은 야외 방사장을 우렁찬 발걸음으로 누비며 과거 '갈비뼈 사자'라 불릴 만큼 앙상했던 모습은 온데간데없다. 뒷다리가 휘청이던 아픔도 사라졌다. 구조 당시 무기력했던 눈빛은 생기로 가득 차 있다. 그는 이제 1.5미터 높이의 바위 위에 가뿐히 올라앉아 낮잠을 늘어지게 잘 정도로 건강을 되찾았다. 바람이는 동물복지사들의 세심한 관리 아래 매일 4킬로그램의 신선한 육류를 섭취하며 암사자 '도도(2012년생)'와도 잘 지내고 있다. 한편, 바람이가 오기 전부터 도도와 함께 살았던 수사자 '먹보(2003년생)'는 2023년 10월 11일 세상을 떠났다.

흙을 밟고 풀 냄새를 맡으며 푸른 하늘을 올려다보는 바람이의 모습에서는 비로소 '바람'을 느끼는 듯한 자유로움이 엿보인다.

그리고 또 하나의 기적이 일어났다. 바람이의 딸 '구름이(2017년생)' 또한 경남의 동물원에서 아버지와 같은 열악한 환경에 방치되어 있다는 소식이 알려지자, 시민들과 청주동물원의 노력으로 구름이 역시 2024년 8월에 강릉 쌍둥이동물농장을 거쳐 청주동물원으로 옮겨왔다.

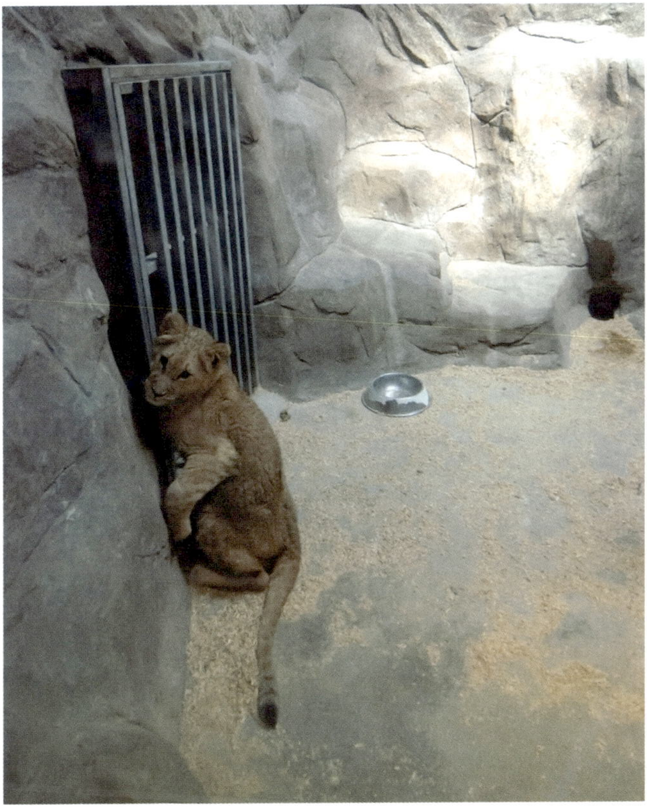

바람이의 딸인 구름이의 두 살 때 모습이다.
구름이는 부모와 격리된 채 맞은편 내실에서 홀로 지내고 있었다.
문을 열고자 앞발로 수없이 철장을 긁어댔다. 소용없는 일이었다.
구름이가 체념한 듯 카메라를 바라보았다. 대신 문을 열어 달라는
요청이었는지 모른다. 내가 할 수 있는 일은 사진을 찍는 것밖에 없었다.

사자 '구름이', 김해 부경동물원, 2018

나는 2018년 3월 부경동물원을 방문한 적이 있다. 바람이는 다른 암사자와 함께 있었다. 한 해 전에 태어난 구름이는 따로 격리되어 있었다. 실내 우리에서 태어나 바깥 세상을 한 번도 보지 못한 구름이는 철장을 열려고 번번이 시도했으나 실패했다. 얄궂게도 맞은편 내실에는 구름이의 부모인 바람이와 암사자가 있었다. 기껏해야 2미터 내외의 거리였으나 그들은 만날 수 없었다.

그로부터 몇 년 뒤, 부경동물원에 남았던 구름이는 좁은 내실에서 관절 이상과 스트레스로 인한 정형행동을 보였으나, 2025년 4월 중성화 수술 이후 심리적 안정감을 되찾기 시작했다. '구름이'라는 이름은 시민 공모를 통해 얻은 것으로 대중의 관심이 어떻게 한 생명을 살리고 변화를 끌어낼 수 있는지를 보여주는 또 다른 증거가 된다.

2025년 10월 현재, 구름이는 아버지 바람이, 이모 도도와의 합사를 위한 대면 훈련을 진행 중이다. 그는 옆 공간에서 따로 지내고 있다. 청주동물원에서 사자사 역할을 하는 야생동물보호구역 앞에 설치된 4대의 CCTV를 통해 관람객들은 구름이의 모습을 실시간으로 볼 수 있다.

평생 따로 지냈던 바람이와 구름이에게 가족이라는 개념은 낯설고 두려운 것일 수 있기에 동물복지사들은 이들이 스트레스를 받지 않도록 인접한 방사장에서 서로의 체취를 익히게 하고, 조심스럽게 교감하는 훈련을 진행하고 있다. 바람이와 구름이의 재회는 자연스러운 회복 과정이지만, 부녀가 완전한 유대감을 되찾기까지는 더 많은 시간이 필요하다. 그 언젠가 이루어질 합사를 통해 바람이, 구름이, 도도가 함께 방사장을 뛰노는 모습을 기대해 본다.

바람이가 남긴 질문, 우리가 해야 할 대답

바람이의 회복은 절망 속에서도 변화를 만들어 낸 시민사회의 관심과 연대가 빚어낸 값진 기적이다. 그의 이야기는 우리에게 동물 복지 개선의 강력한 동력이 어디에 있는지를 분명히 보여준다. 진정한 공존은 동물 복지에 관한 선진국의 사례를 단순히 모방하는 것을 넘어 시민들의 자발적인 감시와 참여가 일상이 되고, 생명 존중 교육이 구호가 아닌 실천으로 자리 잡을 때 비로소 가능해진다.

하지만 그의 회복이 곧 해피엔딩을 의미하지는 않는다. 바람이의 앙상했던 갈비뼈는 우리 사회의 선택적 관심과 책임 회피를 비추는 경고등이다. 그의 구조는 단지 하나의 성공 사례일 뿐, 제2, 제3의 바람이가 지금도 어딘가에서 고통받고 있을 수 있다는 불편한 진실을 우리는 외면해선 안 된다.

동물원에서 발견한 희망과 절망의 경계선은, 생명의

유한함 속에서도 피어나는 강인한 생명력, 그리고 인간의 책임감 있는 태도가 만들어 낼 수 있는 긍정적인 변화의 가능성이다. 그 경계선 위에서 우리는 동물의 삶을 더 깊이 이해하고, 인간과 동물이 공존하는 미래에 관한 균형 잡힌 시선을 가질 수 있다.

결국, 모든 것은 동물을 '전시품'이 아닌 '동반자'로 바라보는 근본적인 인식의 전환으로 귀결된다. 동물의 전시 가치나 경제적 효용이 아닌 생명 그 자체의 존엄성을 인정하는 사회. 바람이가 온몸으로 전하는 '바람(Wish)'은 바로 그곳을 향하고 있다. 그의 고요하고도 강렬한 눈빛은 우리 모두의 마음속에 남아, 진정한 공존의 의미를 끊임없이 되묻는다. 우리는 이 간절한 호소에 어떻게 응답할 것인가? 그 질문에 관한 답을 찾아 나서는 것, 그것이 우리에게 남겨진 묵직한 책임이다.

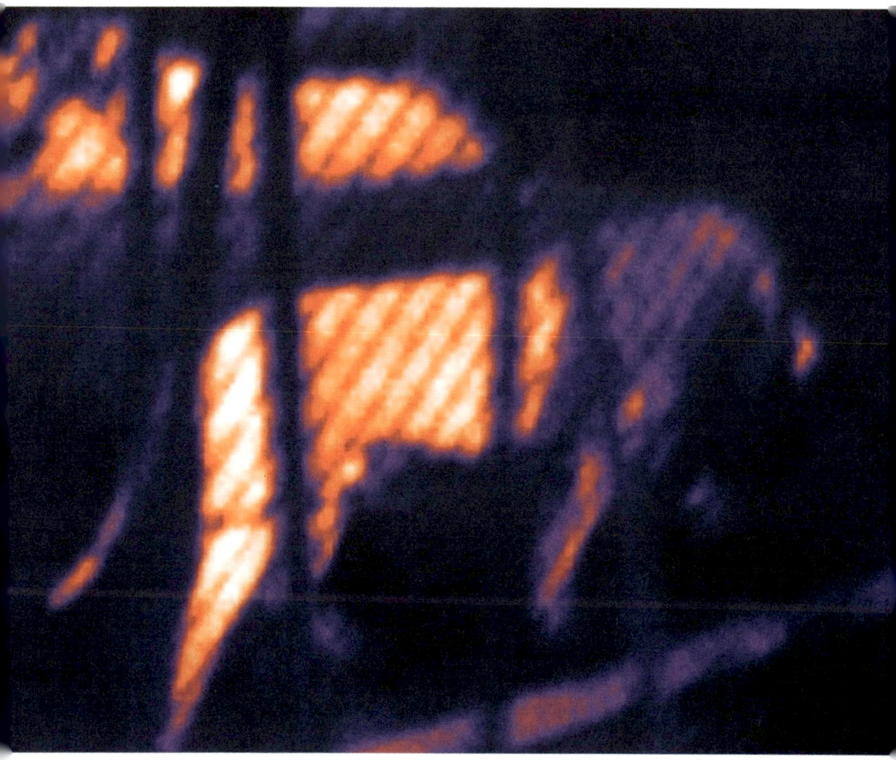

도도와 바람이를 열화상 카메라로 촬영했다.
그들의 온기가 오롯이 느껴진다.
바람이가 원하는 바람은 무엇일까?

사자 '도도'와 '바람이', 청주동물원, 2025

24

질문하는 동물원, 우리는 어떻게 응답할 것인가?

15년. 동물원 밖 세상과 동물원 안 세상 중 어느 쪽이 더 크게 변했을까? 표면적으로 본다면 당연히 동물원 밖 세상의 변화가 훨씬 더 극적이었다. 지난 15년간 세상은 스마트폰과 인공지능의 등장으로 하루가 다르게 뒤바뀌었고, 팬데믹은 우리의 일상을 송두리째 재편했다. 그 폭발적인 속도에 비하면 동물원은 언뜻 시간이 멈춘 듯한, 고요하고 정적인 공간으로 보일 것이다. 하지만 15년이라는 시간의 지층을 겹겹이 쌓아 올린 나의 눈에는 동물원 안에서 일어난 조용하지만 거대한 '지각 변동'이야말로 세상 그 어떤 변화보다 더 깊고 극적인 드라마였다. 세상의 변화가 눈에 보이는 '현상'이라면 동물원의 변화는 시간의 밀도를 통과해야만 비로소 감지할 수 있는 '존재'의 변화였기 때문이다. 동물원은 변한다. 다만 천천히 흐를 뿐이다.

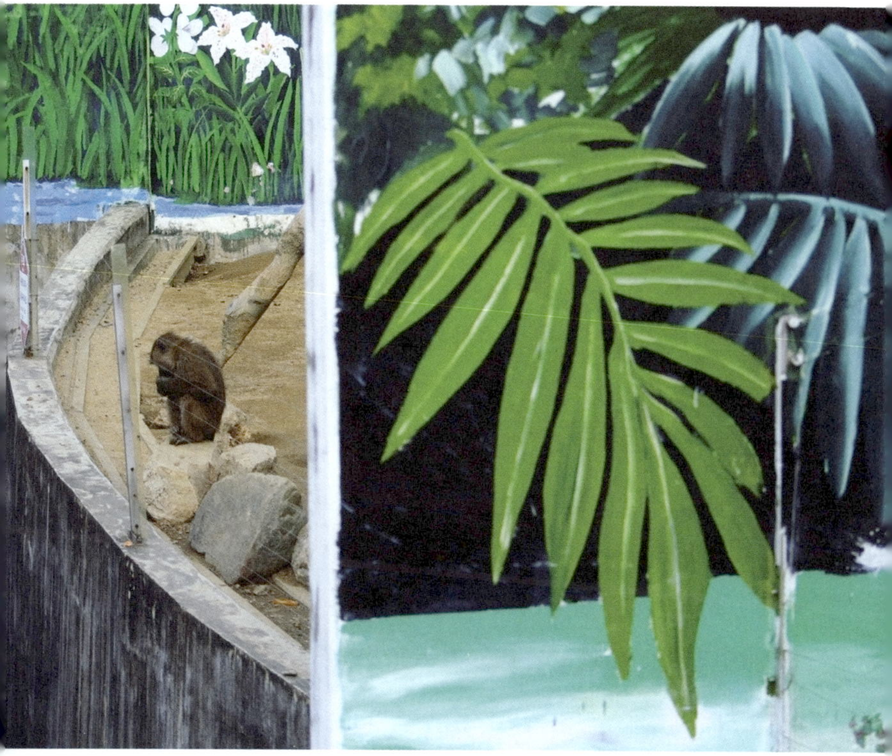

동물원 탄생 이래, 그 역할이 무엇인지에 관해서는 끊임없이
많은 질문이 던져졌다. 동물권에 대한 인식이 높아지고 있는 오늘날,
우리는 어떤 답을 내놓아야 할까?

망토개코원숭이, 서울어린이대공원 동물원, 2010

내가 처음 『동물원』 연작을 시작했을 때 대부분의 우리를 가로막고 있던 차가운 쇠창살은 동물의 모습을 더 선명하게 보여주는 유리창으로 점차 바뀌었다. 동물의 발바닥을 닮게 하던 콘크리트 바닥에는 흙이 깔리고 작은 풀들이 돋아났다. 이는 동물 복지에 관한 사회적 인식이 변화함에 따라 마치 법이 세상의 변화를 뒤따르듯 동물원도 더디게나마 세상을 반영하며 진화하는 증거다.

15년이 흐르는 동안 동물원의 미세한 변화를 감지해왔다. 모든 변화를 따라잡을 수는 없었지만, 서서히 달라지는 모습을 느낄 수 있었다. 그 시간은 생명과 구속이 묘하게 공존하는 동물원이라는 지난한 공간을 헤매던 과정의 나날이었다. 처음 철창 앞에 섰을 때, 내 손에 들린 것은 분노와 연민으로 벼린 날카로운 질문들이었다.

'감금된 자연은 정당한가?
보는 자의 권력은 어디까지인가?'

그러나 시간이 흐르고, 수많은 눈동자와 마주하고, 그들의 침묵이 던지는 더 깊은 언어를 배우면서 내 질문의 결은 조금씩 달라졌다. 철창의 안과 밖, 어느 한쪽을 재단하는 대신 그 경계에 서서 존재와 관계의 본질을 묻기 시작했다. 이는 내가 걸어온 여정이자 동물원의 모순적 실존을 향한 치열한 사유의 기록이기도 하다.

이제 이 긴 여정의 마지막 장에서 흩어져 있던 의문들을 모아 미래를 향한 하나의 물음표 대신 새로운 탐구로 엮어보려 한다. 앞으로 동물원이 어떤 형태로 존재해야 할지, 또 어떤 가능성을 품을 수 있을지 생각해 보자는 뜻이다. 이것은 정답을 향한 탐사가 아닌 가능성을 향한 상상이며, 이 책을 덮은 뒤에도 독자들의 마음속에서 계속될 질문의 시작이 될 것이다.

희망과 절망 사이, 식지 않는 36.5°C의 질문

나는 책을 쓰면서 동물원에 관한 희망과 절망을 기록하며 스스로 질문을 던졌다.

'바람이의 희망과 통키의 절망이 공존하는
이 동물원이 결국 구원받을 수 있다고 믿는가?
이 책은 궁극적으로 희망의 기록인가
아니면 정교하게 쓰인 절망의 연대기인가?'

쉽게 답할 수 없는, 정곡을 찌르는 질문이다. 사자 '바람이'의 재활 과정에서 보았던 생명 그 자체가 뿜어내던 푸른 희망의 빛. 그리고 차가운 시멘트 바닥에서 고독하게 생을 마감하며 우리 사회의 무관심과 시스템의 한계를 온몸으로 증명했던 북극곰 '통키'가 남긴 절망의 무게. 동물원을 오갔던 기나긴 세월은 그 빛과 어둠 사이를 위태롭게 오가는 시간이자 어느 한쪽을 택하는 순간 나머지 절반의 진실을 배반하게 될 것 같은 두려움의 기록이었다.

고민 끝에 찾은 답은 '온도'에 있다. 여기에는 내 세 번째 시선인 열화상 카메라가 영감을 주었다. 이 책은 모든 것을 태워버릴 듯한 100°C의 맹목적인 희망이나, 모든 것을 얼려버리는 영하의 냉소적인 절망을 전달하지 않는다. 오히려 그 둘 사이에서 생명이 꺼지지 않고 사유가 멈추지 않는 온도, 바로 우리 심장이 뛰는 체온 36.5°C를 지켜내려는 분투의 기록이다.

36.5°C는 물을 끓이기에는 한참 부족하고 얼음을 얼리기에는 너무 높은 온도다. 그러나 생명을 유지하기에는 가장 적절한 조건이기도 하다. 우리 몸은 체온이 1°C만 올라가도 발열 반응으로 열을 방출하고, 1°C만 내려가도 떨림으로 열 손실을 막는다. 동물원을 바라보는 우리의 시선도 이처럼 미세한 차이까지 세심하게 살펴야 하지 않을까? 동물의 고통에 분노하여 모든 것을 파괴하려는 '열병'과, 달라질 리 없으니 외면하려는 '냉소' 사이에서 그들의 고통과

가능성을 함께 느끼며 꺼지지 않는 관심을 유지하는 것. 그것이 바로 성찰하는 자가 지녀야 할 미지근하지만 단단한 체온이다.

나는 '구원'을 확언할 수는 없다. 하지만 성찰과 질문이 멈추지 않는 한 우리는 적어도 '구원으로 향하는 한 걸음' 위에 서 있을 수 있다고 믿는다. 진정한 희망은 맹목적 낙관에서 비롯되지 않는다. 오히려 고통과 모순, 불가능성을 직시하고 포기하지 않고 계속 걸어 나갈 때 희망은 태어나는 것이다. 그런 의미에서 이 책은 희망을 선언하지 않지만, 희망을 향한 걸음을 절대 멈추지 않는 발자취다.

그렇다면 36.5°C의 시선으로 바라본 미래 동물원의 풍경은 어떤 모습일까? 나는 그 희미한 가능성의 실마리를 국내 2곳과 해외 3곳에서 발견한다. 그곳들은 완벽한 대안은 아닐지라도 우리가 나아가야 할 방향을 가리키는 중요한 이정표다.

'관람'이 '알현'이 되는 곳 : 국립백두대간수목원

첫 번째 풍경은 '관람'이 '알현'이 되는 곳, 국립백두대간수목원이다. 경상북도 봉화군의 깊은 산자락, 여의도의 약 18배에 달하는 약 1,566만 6,500평(5,179헥타르)의 광활한 대지에 국립백두대간수목원이 자리한다. 그중 시베리아호랑이를 위한 '호랑이숲'은 약 1만 4,500평(4.8헥타르)로 축구장 7개를 합친 것보다 넓다. 서울대공원 호랑이사의 40배에 달하는 압도적인 크기다.

이곳에는 2011년 서울대공원에서 태어난 수컷 '우리', 2013년 같은 곳에서 출생한 남매 수컷 '한'과 암컷 '도', 2020년 에버랜드에서 태어난 남매 수컷 '태범'과 암컷 '무궁' 등 특별한 호랑이들이 산다. 이들은 모두 백두산 호랑이라고 불리는 시베리아호랑이 종 보전과 복원을 위해 모인 개체들이다. 이곳에서 20살로 국내 최고령이었던 암컷 '한청(2005년생)'은 2025년 11월 6일 하늘나라로 떠났다.

내가 백두대간수목원을 갔던 날은 아직도 기억에 선명하다. 전날 내린 폭설 때문에 호랑이숲에 들르지 못할까 봐 걱정했지만, 다행히 눈이 그쳤다. 익숙한 동물원 풍경 대신 먼저 압도적인 숲이 나를 맞았다. 눈 덮인 방사장에서 마주한 한의 모습에 가슴이 울컥했다. 아기였을 때 서울대공원에서 보았던 그가 10여 년 만에 이렇게 다 자란 모습이었기 때문이다.

"한이, 잘 지내고 있었구나."

단체 관람이어서 머문 시간은 짧았지만, 눈 덮인 방사

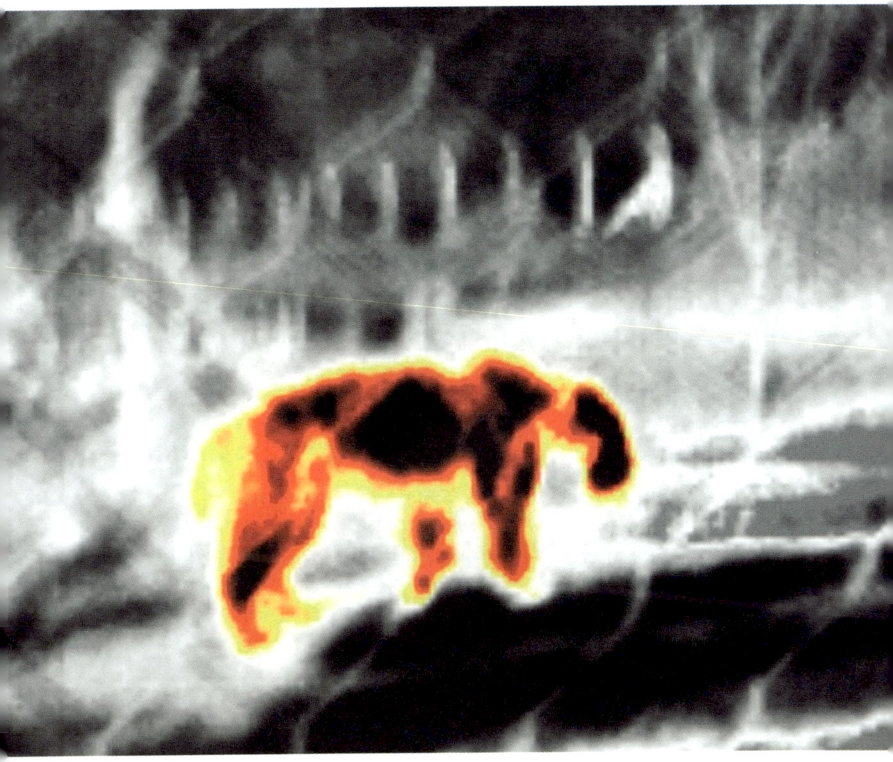

한을 열화상 카메라로 촬영했다.
그는 더는 관찰당하는 대상이 아니라 자신이 주인인 듯 방사장을 거닐었다.

시베리아호랑이 '한', 국립백두대간수목원, 2023

장 위를 유유자적하게 거니는 한의 자태에 나는 저절로 미소 지었다. 그 순간 그는 더 이상 철창 안에 갇힌 동물이 아니었다. 자신의 영토를 유유히 거니는 주인이었고, 우리는 그의 땅에 잠시 들른 손님이었다. 그 위엄을 잠시나마 '알현(謁見)'할 수 있었던 경험이 나에게 큰 행복으로 남았다.

백두대간수목원에서 나는 깨달았다. 미래 동물원의 핵심은 동물을 우리 가까이 끌어오는 것이 아니라 우리가 기꺼이 그들의 세계로부터 멀어지는 것에 있을지도 모른다는 것을. 인간의 시각적 쾌락을 위해 동물의 영역을 침범하는 대신 동물들의 본성을 존중하며 한 발짝 물러서는 것. 그 거리감 속에서 오히려 우리는 생명의 존엄을 더 깊이 느낄 수 있다. 이것은 15년간 내 머릿속을 맴돌던 '감금된 자연'과 '보는 자의 권력'이라는 모순적 질문에 관한 하나의 가능성 있는 답이 되어주었다.

'소유'가 '보살핌'이 되는 곳 : 강릉 쌍둥이동물농장

두 번째 풍경은 '소유'가 '보살핌'이 되는 곳, 강릉 쌍둥이동물농장이다. '동물 실버타운'을 자처하는 이곳은 갈 곳 없는 늙고 병든 동물들의 마지막을 위해 한 가족이 헌신하여 일군 공간이다. 선천적 장애로 버려진 호랑이, 한쪽 눈을 잃은 과나코 등 다양한 동물이 이곳에서 여생을 보내고 있다. 털이 빠진 늙은 동물들이 햇볕 아래에서 한가로이 쉰다. 모든 것이 느리고 낡았지만, 누추하지는 않다. 이곳은 생명의 마지막 장을 넘기는 숭고함으로 가득하다.

정부 지원 하나 없이 오직 입장료 수입만으로 이 거대한 '생명의 방주'를 운영하는 남우성 대표의 이야기는 희망이 거창한 시스템이나 이념이 아닌 한 사람의 진실한 마음에서 시작될 수 있음을 보여준다. 그는 조선일보와의 인터뷰에서 "건강한 동물만 보여주는 동물원이 아니라 아픈 동물도 함께 사는 곳이면 좋겠다. 병들었다고 생명에 차별이 있어선 안 된다. 늙고 병든 동물들이 여생을 편히 지낼 수 있으면 좋겠다."라고 말했다.

완벽하지 않을 수 있어도 쌍둥이동물농장에는 생명을 향한 조건 없는 사랑과 책임감이 깃들어 있다. 이 농장은 우리 사회가 외면한 동물들의 마지막을 따뜻하게 품으며 동물원이 '소유'와 '전시'의 공간을 넘어 '보살핌'과 '공존'의 커뮤니티가 될 수 있음을 감동적으로 증명한다. 여기서 동물들은 가족처럼 보살핌을 받으며 죽음조차 존엄하게 맞이한다. 약하고 병든 생명에게도 삶의 마지막 순간까지 온전한 돌봄을 제공하는 것이야말로 진정한 '함께 있음'의 의미가 아닐까.

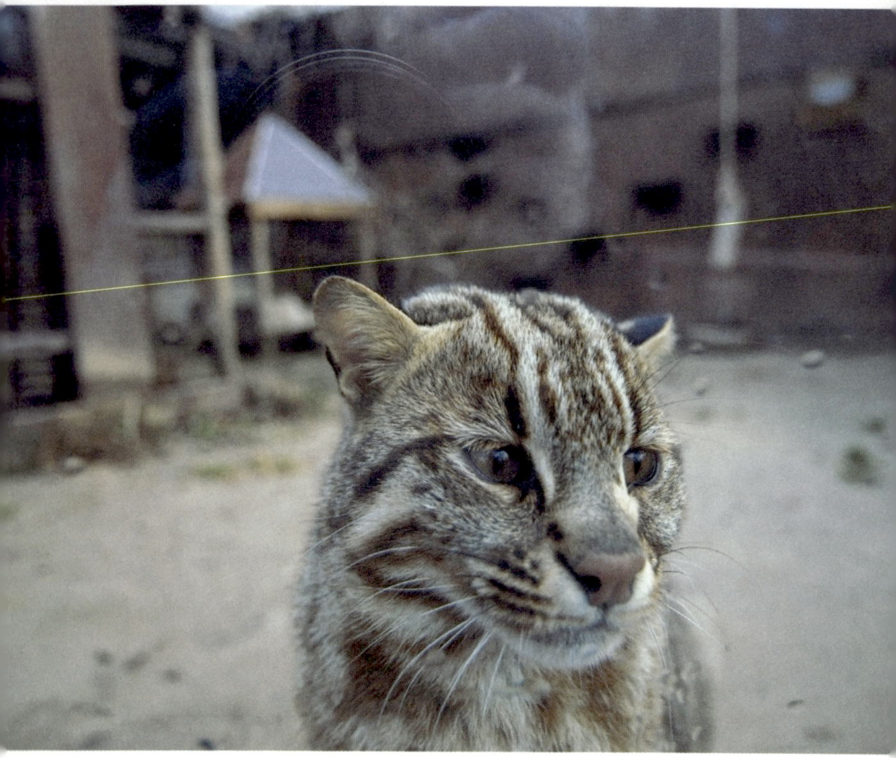

고양이와 똑닮은 이 동물은 같은 고양잇과인 삵이다.
삵은 야생에서도 살아가긴 하지만, 생존의 위협을 받으며 살고 있다.
이런 동물을 보면서 우리는 무슨 생각을 해야 할까?

삵, 서울대공원 동물원, 2019

보는 자와 보이는 자의 경계를 허무는 동물원

물론 미래를 향한 상상력이 이런 물리적 공간에만 머무는 것은 아니다. 해외의 선도적인 동물원들은 '보는 자'와 '보이는 자'의 경계를 허물고 관람객에게 진정한 '경험'을 제공하려 노력한다. 독일 라이프치히 동물원의 퐁고란트(Pongoland)은 유럽 최대 규모의 유인원 전용 공간으로 '유인원 왕국'이라 불린다. 네덜란드 아른헴의 뷔르거스 동물원(Burgers' Zoo)은 '탐험' 개념을 도입하여 거대한 돔 안에 아프리카 사바나, 열대우림, 사막, 바다 등 특정 생태계를 통째로 재현한다. 대만의 가오슝 수산동물원(壽山動物園, Shoushan Zoo)은 이미 2023년부터 5G 기술과 AR 안경 및 모바일 앱을 연동하여 가상의 동물과 교감하는 '스마트 동물원'을 선보였다.

하지만 나는 기술이 모든 것을 해결해 줄 것이라 믿지 않는다. 아무리 정교한 가상현실이라도 예측 불가능한 생명의 몸짓과 우연한 교감의 순간이 주는 경이로움을 대체할 수는 없을 것이다. 오히려 완벽한 가상현실 속에서 우리는 기술이 만든 환상에 갇혀 생명의 진정한 가치를 망각할 위험에 처할 수도 있다. 기술은 도구일 뿐, 그것을 사용하는 우리의 의지와 시선이 무엇보다 중요하다. 결국, 가장 중요한 변화는 기술이 아닌 '시선'에서 일어나야 한다.

동물을 신기한 구경거리, 즐거움을 주는 대상으로만 여기는 소비적인 시선을 거두는 것. 동물을 우리와 마찬가지로 고유한 삶의 서사를 지닌 생명체이자 이 지구를 함께 살아가는 동등한 존재로 바라보는 것. 그 시선의 전환이야말로 미래 동물원을 만드는 근본적인 동력이다. 더는 동물을 '본다'라고 말하는 대신 동물과 '함께 있다'라고 느낄 때, 우리는 비로소 진정한 공존의 첫걸음을 뗄 수 있을 것이다. 이는 내가 15년간 수많은 동물의 눈빛을 통해 배우고, 내면의 질문에 답하며 얻어낸 가장 중요한 깨달음이다.

종 보전의 최전선, 동물원의 또 다른 미래

여기서 우리는 동물원이 가진 또 하나의 중요한 역할, 즉 종 보전의 가치를 빼놓을 수 없다. 단순히 동물을 전시하는 공간을 넘어 동물원은 멸종위기에 처한 생명을 지키고 번식시켜 야생으로 돌려보내는 최후의 보루가 되고 있다. 멸종위기종의 유전자를 보전하고, 개체수를 늘려 자연 복원을 시도하는 노력은 동물원이 '감금된 자연'이라는 한계를 넘어 '생명의 방주'로서 기능할 수 있음을 보여준다.

예를 들어 캘리포니아 콘도르(California Condor), 오리게스(Arabian Oryx) 등은 한때 야생에서 거의 사라졌으나 동물원의 번식 프로그램을 통해 개체 수를 회복하고 야생에 성공적으로 돌려보낸 사례다. 동물원 내의 수의학 연구, 동물행동 풍부화 프로그램, 유전자원 은행 등은 이런 노력의 중요한 기반이 된다. 미래의 동물원은 단순히 '보고 즐기는' 공간이 아니라 생명 다양성을 지키기 위한 치열한 연구와 노력의 현장이 되어야 한다. 이는 때로는 야생 방사를 위한 훈련 센터가 되기도 하고, 유전자 분석을 통해 멸종위기종의 혈통을 관리하는 데이터 허브가 되기도 할 것이다.

하지만 이 역시 맹목적인 희망만을 품고 갈 수는 없다. 보전 노력의 이면에는 한정된 공간, 유전자 풀의 제약, 야생 적응의 어려움 등 수많은 현실적 과제가 놓여 있다. 우리는 동물원이 펼치는 보전 노력에 무한한 지지를 보내면서도 그 한계를 명확히 인지하고 더 나은 방법을 끊임없이 모색해야 한다. 진정한 보전은 동물원 내부의 노력만으로는 불가능하며 광범위한 서식지 보전과 야생 환경 회복을 위한 사회적 노력이 동반될 때 비로소 완성될 수 있다.

이런 미래의 동물원 비전은 결국 인간의 깊은 성찰에서 출발해야 한다. 우리는 100년 전의 인류가 동물을 넘어 사람까지 전시했던 것을 미개하다고 여긴다. 마찬가지로 100년 후 우리 후손들은 우리가 동물을 철창에 가두고 볼거리로 삼았던 지금의 동물원을 이해하지 못할 것이다. 이런 역사적 관점에서 우리는 오늘날의 동물원 관람 문화가 과연 지속 가능한지, 그리고 윤리적으로 옳은지를 끊임없이 되물어야 한다.

동물원에서 내가 느낀 가장 중요한 성찰은 '공존의 의미'다. 인간은 더 이상 지구의 유일한 지배자가 아님을 인정하고, 다른 생명체들의 존재 방식과 삶의 권리를 존중해야 한다. 특히 야생에서 서식지 파괴로 인해 생존의 위협을 받는 동물들이 늘어나는 상황에서, 동물원은 단순한 '전시'를 넘어 '생명의 마지막 보루'로서의 역할과 책임을 다해야 한다.

동물원의 동물들이 나에게 가르쳐준 가장 중요한 진리는 '유한한 삶 속에서 현재를 온전히 살아내는 지혜'와 '존재 자체의 순수함이 지닌 힘'이다. 그들은 내일의 걱정이나 과거의 후회에 얽매이지 않고, 지금 이 순간에 집중하며 자신의 삶을 묵묵히 살아낸다. 또한, 동물들은 몸짓, 소리, 눈빛만으로 서로 소통하며 평화를 유지한다. 이는 말이란 도구로 서로에게 깊은 상처를 주는 인간 사회와 대비되어 진정한 소통은 언어 이전에 존재에 관한 존중에서 시작됨을 일깨워준다.

인간은 동물원이라는 공간을 통해 약자에 관한 배려와 책임감을 학습해야 한다. 동물 복지를 최우선으로 고려하며 그들이 처한 환경을 개선하기 위한 노력을 게을리하지 않아야 한다. 이는 단지 동물에게 국한된 문제가 아니다. 동물과의 관계를 통해 얻는 이런 성찰은 인간 사회 내의 약자들을 이해하고 배려하는 시민 의식으로 확장될 수 있다. 궁극적으로 내가 바라는 인간의 성찰은 과거의 비극적인 사건과 사고를 반복하지 않고, 모든 생명이 조화롭게 살아갈 수 있는 상식이 통하는 사회를 만들어나가는 것이다. 우리 모두의 노력이 있다면 동물원은 분명 더 나은 미래로 진화할 수 있을 것이며, 그 변화는 곧 인간 사회의 성숙으로 이어질 것이라고 믿는다.

우리는 진화할 수 있을까?

이 책은 미래의 동물원은 어떤 모습이어야 하는지에 관한 내 생각을 전해주지만, 명쾌한 정답이 아닐 수도 있다. 대신 백두대간의 숲과 강릉의 풍경을 통해, 그리고 독일과 네덜란드의 사례를 통해, 꺼지지 않는 36.5°C의 질문을 통해 몇 가지 가능성의 방향을 가리킬 뿐이다. 이 모든 경험과 사유는 결국 '동물과 인간의 진정한 공존'이라는 단 하나의 목표를 향하고 있다.

독자들에게 작은 실천 하나를 감히 제안하고 싶다. 다음에 동물원을 찾거든, 화려한 맹수에게 쏠린 군중을 잠시 벗어나 보라. 구석진 곳, 사람들의 시선이 잘 닿지 않는 작은 동물 앞에서 5분만 발걸음을 멈추어 달라. 유리창을 두드리는 대신 그들의 작은 숨소리에 귀 기울여보라. 그 눈동자 안에서 생명을 발견하는 순간, 당신은 이미 이 책이 던진 질문에 스스로 답하고 있는 것일지 모른다.

또한, 여러분이 동물원에서 제공하는 교육 프로그램에 참여하거나 동물원 정책 결정 과정에 관심을 기울이는 행동을 할 때에 미래 동물원의 큰 변화를 이끌어낼 수 있다. 그 작은 첫걸음들이 모일 때, 우리의 성장은 이미 시작된 것일 테니까.

이제 선택은 우리의 몫이다. 우리는 여전히 동물을 구경거리로 소비하는 과거에 머무를 수도 있고, 불편한 진실을 외면할 수도 있다. 하지만 나는 우리가 다른 길을 선택할 수 있다고 믿는다. 인간의 즐거움보다 동물의 고통에 먼저 귀 기울이고, 단순한 관람을 넘어 책임 있는 관계를 맺고, 모든 생명이 각자의 방식으로 존엄할 수 있는 세상을 함께 상상하는 길. 기술의 발전이 생명 존중의 본질을 가리지 않도록 경계하고, 종 보전이라는 책임의 무게를 기꺼이 짊어지는 길.

그 길의 끝에 어떤 동물원이 서 있을지 아직은 알 수 없다. 어쩌면 그때의 동물원은 지금과는 전혀 다른 이름으로 불릴지도 모른다. 분명한 것은 그 미래는 동물원이 아닌 우리 자신의 발걸음에 달려 있다는 사실이다. 15년의 여정 끝에 나는 마지막으로 당신에게 질문을 던진다.

"여러분은 동물과 함께
진화할 준비가 되었습니까?"

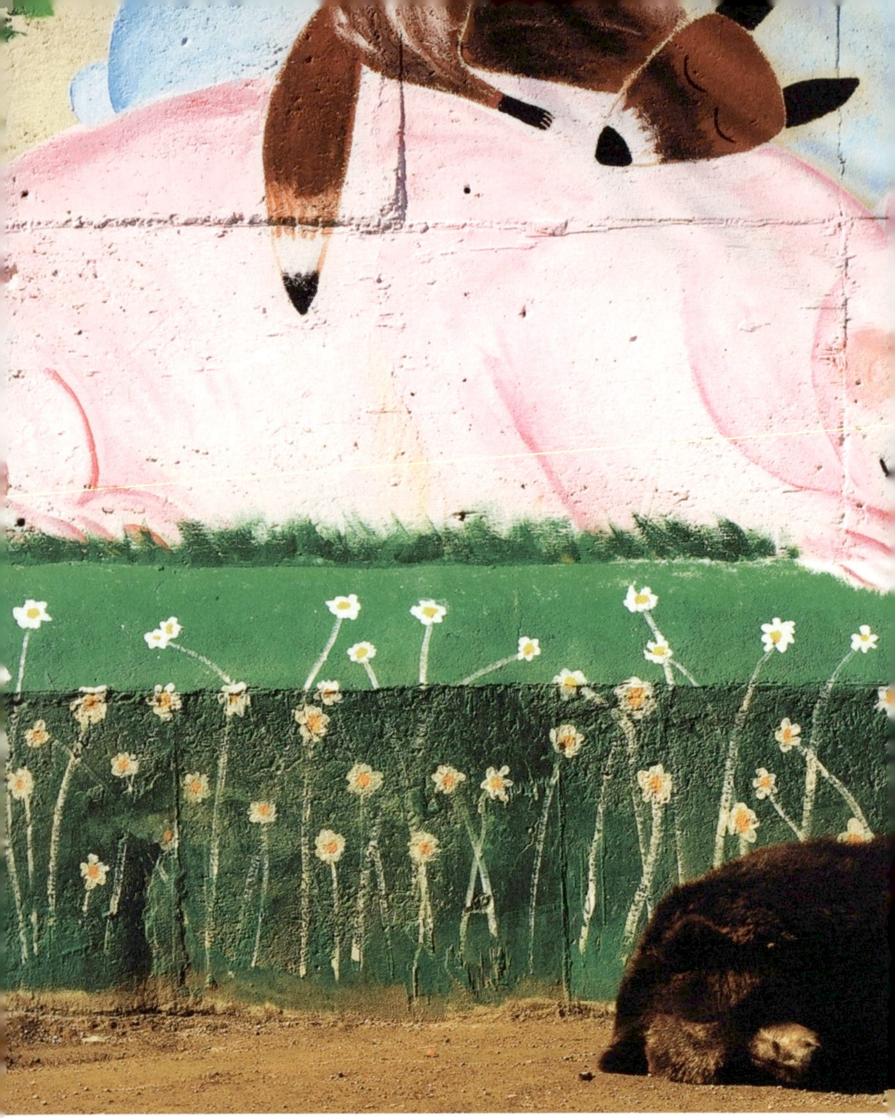

동물원이 동물들을 보호하고 보전해야 한다면 우리의 역할은 무엇일까?

불곰, 대구 달성공원 동물원, 2013

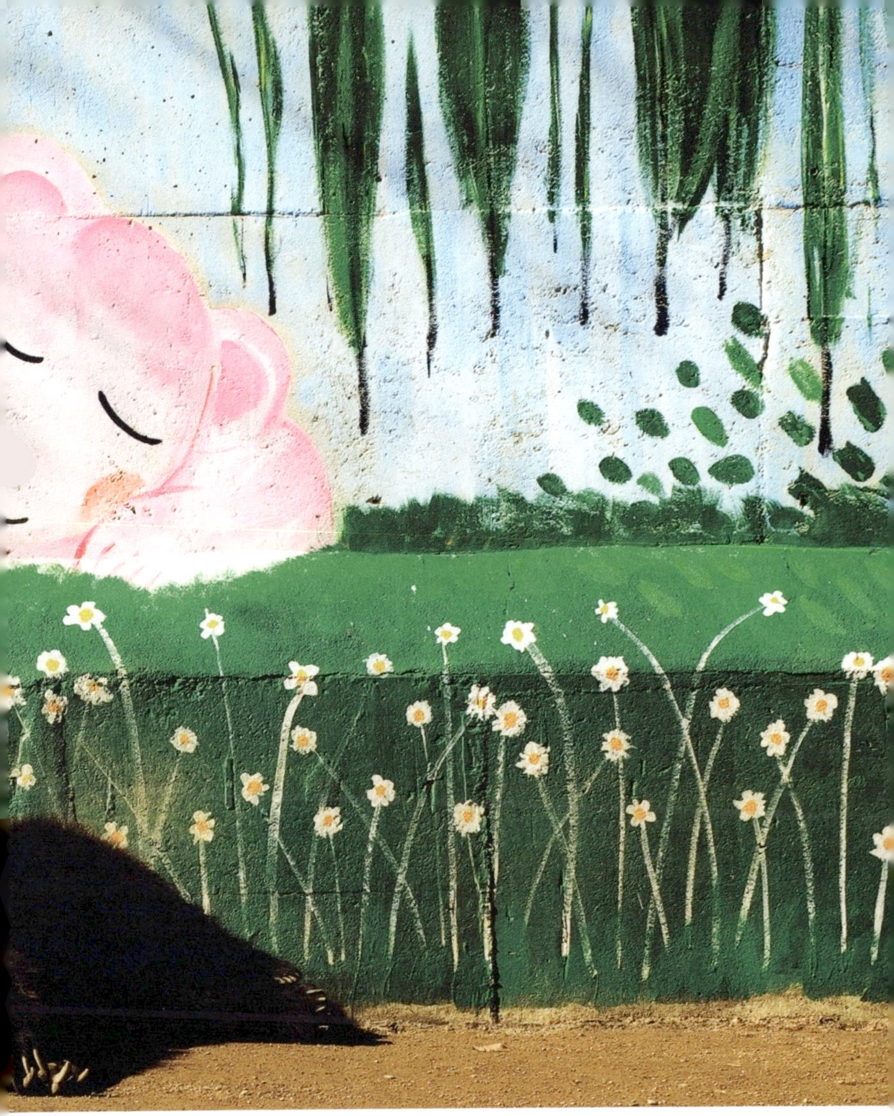

잠시 멈추어, 묻다

마지막 부에서는 동물원 100년의 역사를 마주하고, 안팎의 다양한 동물 공존 사례와 주요 사건들이 우리에게 던진 질문을 돌아보며 그간의 기록이 지금 우리에게 무엇을 묻고 있는지 성찰했습니다.

동물원은 단순히 동물이 갇혀 있는 장소가 아닙니다. 그곳은 우리가 동물을 어떻게 대하고, 무엇을 소비하며, 어떤 욕망을 투영하는지를 적나라하게 보여주는 '사회적 거울'입니다. 한국 동물원의 지난 세월 속에서 침팬지 '관순이'의 반출 사건, 탈출했다가 돌아온 말레이곰 '꼬마', 갈비뼈가 드러난 사자 '바람이'의 모습은 우리 사회의 동물 인식과 처우 방식을 고스란히 드러냈습니다. 이 모든 현상은 동물원과 인간의 관계를 되돌아보게 합니다.

사회학자 지그문트 바우만(Zygmunt Bauman, 1925~2017)이었다면 이렇게 물을지도 모릅니다.

> "동물원이 '사회적 거울'이라면 그 거울에는 정확히
> 우리 사회의 어떤 '치부'가 비치고 있습니까?
> '광복이' 반출에서는 동물원의 종 보전 역할에 근본적인
> 의문을, '세로' 같은 동물 탈출에서는 통제에 관한 강박을
> 보았다면 그 구체적인 증거를 제시하세요. 표피적인 힐링
> 담론이나 감성 소비론으로 사회 문제를 희석하지 마세요."

이 질문은 쉬이 답변할 수 없기에 여러 번 반추하게 됩니다. 동물원은 우리가 애써 외면하고 싶었던 진실을 끊임없이 비춥니다. 우리는 이 거울 속 모습을 보며 무엇을 '책임져야' 할까요?

에필로그

끝나지 않은 탐험

2025년 여름은 유독 더웠다. 지난 120여 일은 15년의 세월을 한 권의 책으로 묶어내는 사투의 시간이었다. 밤낮으로 원고와 씨름했다. 그 과정에서 잊고 있던 열정을 되찾았다. 『동물원』 작업을 시작한 이래 가장 긴 시간 동안 동물원을 찾지 않았지만, 역설적으로 가장 길고 깊게 동물원에 관해 고민하며 질문을 던지고 답을 찾아 헤맨 시간이었다. 그러고도 혹 채워지지 않은 빈자리가 있을지 모른다는 불안감은 여전하다.

이 책은 나의 첫 책이다. 무슨 일이든 처음은 가장 어렵다고 했던가. 『동물원』 작업이 10년을 맞이하던 2018년, 처음 집필을 계획했었다. 출판 기획서 양식을 내려받아 몇 자 적어 보다가 생계와 눈앞의 작업에 밀려 컴퓨터 폴더 어딘가로 처박아두었다.

다시 책 쓸 마음이 동했던 것은 2024년 5월의 제주에서였다. 그 한 해 전인 2023년 청주시립미술관 오창전시관에서 햇수로는 15년의 『동물원』 작업을 정리한 개인전 《동물원(2009~2023)》을 개최했다. 이 전시회를 통해 『동물원』 작업에 큰 매듭을 지은 터라 비로소 오랫동안 궁금했던 다른 주제로 눈을 돌릴 여유가 생겼다. 동물원 밖 동물들과 자연이 늘 궁금했다. 그중에서도 '천연기념물'이라는 소재가 마음을 사로잡았다.

마침 클럽발키리와 제주도에 있는 시타북빠가 마련한 아트살롱 프로젝트 전시 공모에 선정되어 제주도에 열흘 넘게 머물 기회가 생겼다. 그때 두 가지 목표를 세웠다. 하나는 천연기념물 작업의 초석을 다지는 것, 다른 하나는 바로 이 책의 출판 기획서를 완성하는 것이었다.

솔직히 고백하자면 그때도 마음만 먹었을 뿐이었다. 마음먹기만 여러 차례, 드디어 각을 잡고 노트북 앞에 앉았다. 하지만 엉뚱하게 자료 조사만 하다 제주를 떠났다. 그렇게 또 1년이 쏜살같이 흘렀다. 그러다 내 삶에 대학원이라는 새로운 프로젝트가 시작되었다.

'더는 책 쓰기를 미룰 수 없다.'

마음속에서 들려오는 절박함이 나를 책상 앞에 강제로 앉혔다.

2025년 6월 중순, 드디어 집필에 들어갔다. 목차를 정하고 출판 기획서를 쓰는 데만 3주가 걸렸다. 그날 완벽해 보였던 기획서는 다음 날이면 어김없이 갈아엎어졌다. 10번 넘게 반복하고 나서야 원하는 방향의 뼈대를 세울 수 있었다. 프롤로그를 가장 먼저 썼다. 『동물원』 연작을 시작하게 된 과정과 이 책을 쓰려는 목적을 담았다. 누군가는 시작이 '절반'이거나 '빙산의 일각'이라지만, 나에게는 드높은 에베레스트 등반의 첫걸음처럼 느껴졌다. 가야 할 길이 아득했다.

무턱대고 1부 1장부터 목차 순으로 쓰지는 않았다. 한정된 시간 안에 끝내기 위해 가장 중요하고 난도가 높은 글부터 써 내려갔다. 지난 15년간 네이버 블로그에 꼼꼼히 기록해 온 글들이 훌륭한 자양분이 되어주었다. 그 기록들 앞에서 새삼 고개를 끄덕였다. 2025년부터 전 세계인들의 이목을 끈 인공지능(AI)의 도움도 받았음을 밝힌다. 자료 찾기, 사실 여부 확인, 일부 문장 교정에 활용했다.

무엇보다 좋은 책을 쓰기 위해 노력했다. 글을 쓰기 전, 매일 미국의 작가 애니 딜라드(Annie Dillard)의 문장을 마주했다.

"죽는다는 마음으로 글을 쓰라.
동시에 당신의 독자가 모두 말기 환자라고
상상하라. 어차피 그게 사실이다.
그들에게 사소하게 들려 격분을
일으킬 만한 말은 피하라.
그런 것 말고 무엇을 말할 수 있겠는가?
당신에게 마지막으로 단 한 문단만
쓸 시간이 남았다면 무엇을 쓰겠는가?
죽음을 앞둔 사람에게도 하찮게
느껴지지 않을 무게 있는 말을 써야 한다.
그것이 당신이 써야 할 글이다."

애니 딜라드, 『쓰는 삶(The Writing Life)』(1989) 중에서

'죽음을 각오하듯' 글을 쓴다는 것은 무슨 마음일까? 15년의 작업을 엮으며 늘 죽는다는 마음을 되새겼다. 글을 쓰면서 단지 사적인 일기장으로 그치지 않으려 애썼다. 그렇다고 지나치게 학술적이거나 추상적인 정보로만 치장하려 하진 않았다. 현장에서 보고, 생각하고, 느꼈던 것들을 오롯이 담아내고자 했다.

『동물원』 작업을 하다 보면 즐거움 이면에 불편한 진실과 마주하게 된다. 특정 동물의 죽음이나 열악한 환경을

목격하며 느끼는 불편한 감정에만 머문다면 단지 불평, 불만에 지나지 않는다. 그 감정들을 외면하지 않고 사람들에게 생각할 거리를 던져줄 방법, 더 나은 동물원을 위해 할 수 있는 일을 사진으로 모색했다.

나는 왜 15년 동안 동물원에 갔을까?

동물원에 가는 것은 처음에 분명 선택이었다. 하지만 그 선택은 어느새 사명이 되었다. 마치 첫사랑처럼, 이유를 묻지 않고 빠져드는 감정이었다. 왜 사랑하게 되었는지 묻는다면 수많은 이유를 댈 수 있겠지만, 그 어떤 이유도 사랑 그 자체를 온전히 설명하지는 못한다. 그 안에 있던 '설명할 수 없는 무엇'에 이끌렸다.

이제서야 돌이켜보면 이론적 체계를 갖추고 작업을 시작하지 않았다. 20대 후반, 열정과 직감만으로 뛰어들었다. 시간이 흐르며 고집과 무지를 내려놓고, 동물의 존재를 오롯이 바라보기까지 15년이라는 시간이 필요했다.

만약 이 작업을 5년만 하고 끝냈다면 여전히 동물들을 '있는 그대로'만 찍는 피상적인 사진가에 머물렀을 것이다. 북극곰 '썰매', 오랑우탄 '백석이', 미니말 '나나' 같은 이름들을 몰랐을 것이고, 계절과 시간에 따라 흘러가는 동물원의 속살을 보지 못했을 것이다. 10년만 했더라도 상실의 감정은 느꼈겠지만, 그것을 사회적·철학적 질문으로 연결 짓지는 못했을 테다. 15년은 단지 물리적인 시간의 축적이 아니었다. 그것은 동물원이라는 존재에 접근하는 방식을 통째로 바꾸어 놓은 밀도의 시간이었다.

독자에게 이렇게 읽히길 바라며

누군가는 이 책의 '보다-생각하다-느끼다-묻다'라는 구조가 흥미롭다고 할지도 모른다. 이 구조는 단순한 목차 구성이 아니다. 그것은 거창한 이론이 아니라 지난 15년간 동물원을 마주하며 더듬어 온 인식의 궤적 그 자체이자 한 인간이 세상을 배우는 방식을 오롯이 담아낸 자연스러운 설계도다.

모든 인식은 '보는' 행위에서 시작된다. 처음에는 동물원의 외형적 모습, 동물들의 생김새와 습성 등 눈에 보이는 것들을 담아내는 데 집중했다. 눈에 보이는 것만이 기록될 수 있기 때문이다.

그다음은 '생각하는' 단계다. 동물들의 부재를 통해 보이는 것 너머의 의미를 탐색하기 시작했다. 동물원에서 태어나고 살아가는 동물들의 삶은 어떤 의미를 갖는가? 그들이 생을 마감하고 떠나면 어떻게 되는가? 단순한 기록을 넘어 동물을 '피사체'에서 '생명체'로 인식하게 되었다.

세 번째는 '느끼는' 것이다. 보고 생각한 것을 종합하여 감성적으로 반응하고 공감하는 영역이다. 동물들의 숨결을 느끼며, 이를 열화상 사진으로 담아내고자 했다. 이는 눈에 보이는 형태를 넘어 동물의 '온기', 즉 살아 있는 존재 자체를 느끼려는 시도였다.

그리고 마지막은 '묻는' 행위다. 보고, 생각하고, 느낀 모든 것을 바탕으로 궁극적인 질문을 던지는 단계다. 한국 동물원의 시작, 동물과 인간의 공존, 종 보전과 동물원의 역할, 동물원의 미래에 관해 묻기 시작했다. 이 질문들은 명쾌한 답을 찾기 위함이 아니라 독자 스스로 사유하고 성찰하게 만드는 동력이 되기를 바라는 마음에서 던졌다.

이 책이 동물원 복지를 넘어 우리 사회의 단절과 소외, 생명의 가치에 관한 근원적인 질문을 던지고, 독자들이 세상을 바라보는 새로운 시선을 발견하는 계기가 되기를 바란다. 궁극적으로 인간과 모든 생명이 조화롭게 공존하는 미래를 위한 작은 씨앗이 된다면 더할 나위 없는 기쁨이다.

나의 작은 움직임이 더 나은 미래를 향한 큰 파동의 시작이 되기를 희망한다. 동물원에서 살아가는 동물들을 통해 생명에 관해 다시 생각해 보는 계기가 된다면, 단 한 사람의 마음에 작은 울림이라도 남긴다면, 그것으로 충분하다. 그리고 그 사람이 이 책을 집어 든 당신이라면 좋겠다.

여러분의 마음에 새기고 싶은 단 하나의 문장

이 책을 끝까지 읽은 독자에게 건네고 싶은 것은 15년간 쌓아온 기록에 대한 단 하나의 정답이 아니라 오랫동안 곱씹어야 할 질문의 씨앗이다. 책을 읽고 느끼고 생각하는 과정에서 삶에 미묘한 변화가 싹트고, 세상을 바라보는 시선이 한층 깊어지리라 믿는다.

이 책은 거창한 사회운동을 제안하거나 동물원 폐쇄를 요구하지 않는다. 다만 '생명'의 가치를 다시 들여다보게 하는 계기가 되어 여러분이 내리는 선택 하나하나가 또 다른 존재에게 어떤 의미를 지니는지 성찰하는 계기가 되길 바란다.

솔직히 말하면 나 또한 이 근본적 물음 앞에서 여전히 망설이고 길을 잃는다. 아마 영원히 그럴지도 모른다. 생명의 존엄을 알면서도 살기 위해 동물을 소비하고, 육식하는 삶의 모순 속에서 길을 잃을 때가 많기 때문이다. 이 모든 질문의 꼬리를 물고 들어가다 보면 끝이 없고, 내가 함부로 답을 내릴 수 없는 영역들이 너무도 많다. 그래서 나는 종종 침묵했고, 대신 사진을 통해 말하려 했다.

중요한 것은 각자의 자리에서 생명을 대하는 태도를 돌아보고, 스스로 답을 찾아 나서는 일이다. 플라스틱 사용을 줄이려면 단순히 '안 쓰는 것'을 넘어 다회용기 사용 같은 대안적 실천이 필요하다. 나는 2025년부터 일회용품을 줄이고자 텀블러를 들고 다니기로 계획했다. 우리가 무심코 쓰고 버린 플라스틱이 대양으로 흘러 들어가 바다거북을 비롯한 여러 동물의 생명을 위협하는 모습을 보았기 때문이다.

텀블러 사용은 매번 가방에 넣고 다녀야 하는 불편함과 더불어 뚜껑이 제대로 잠겼는지 거듭 확인해야 하는 번거로움을 동반한다. 방심하다 가방에 물을 쏟은 적도 한두 번이 아니다. 게다가 일정 주기로 잘 청소하지 않으면 비릿한 냄새가 나기도 한다. 플라스틱 생수병이나 종이컵보다 훨씬 손이 많이 가고 수고로운 일이다. 때로는 텀블러 대신 일회용품을 사용하고 싶은 유혹을 느낄 때도 있다.

하지만 환경을 생각한다면 우리는 그 불편함을 감수해야 한다. 대안적 실천을 모색한다는 것은 단순히 한 번의 생각에 그치는 것이 아니다. 손이 계속 가듯 꾸준히 행동해야 한다는 뜻이다. 비록 작은 예시로 텀블러 사용을 들었지만, 동물권을 위해 우리가 할 수 있는 일은 이 외에도 얼마든지 있다.

끝나지 않은 탐험, 그리고 당신의 첫걸음

어떤 일을 시작할지 말지를 망설이는 사람이 있다면 내 이야기가 그들에게 조금이나마 위안이 되기를 바란다. 하라. 멈추지 말고, 해라. 나조차 이토록 오랜 시간 포기하지 않고 해냈으니, 당신도 당신의 길 위에서 충분히 그러할 수 있다.

이제 내 역할은 끝난 것 같다. 안부를 묻고 싶은, 얼굴을 보고 싶은 동물들이 많다. 그리고 이제는 세상을 떠나 사진 속에만 남은 동물들도 많다. 분량상 그 모든 이야기를 이 한 권에 담지는 못했다. 만약 다음 책이 허락된다면, 세상을 떠난 동물들을 하나하나 호명하는 책을 쓰고 싶다. 제목까지 생각해 두었지만 아직은 밝히지 않으련다.

15년의 기록을 마무리하며 나는 카메라를 고쳐 잡고 다시 동물원으로 돌아갔다. 이제 나의 시선은 동물원에서 피어나는 작은 희망과 가능성, 그리고 그 희망을 키워나가는 사람들의 진심을 담는 데 집중할 것이다. 36.5°C의 관심을 놓지 않겠다는 자신과의 약속이다. 물론 제주의 숨골과 천연기념물로 내 여정은 더 넓어졌기에 동물원만이 전부는 아닐 것이다. 하지만 동물원이 평생의 여정이라는 다짐은 변함없을 것이다. 자, 다시 길을 걸어간다. 나의 탐험은 아직 끝나지 않았다.

이제 이 책을 덮고, 당신의 사유가 이끄는 대로 첫걸음을 내디딜 차례다. 작은 발걸음이 하나의 새로운 시작이며, 당신이 만날 모든 생명을 향한 가장 아름다운 응답이 될 것이다.

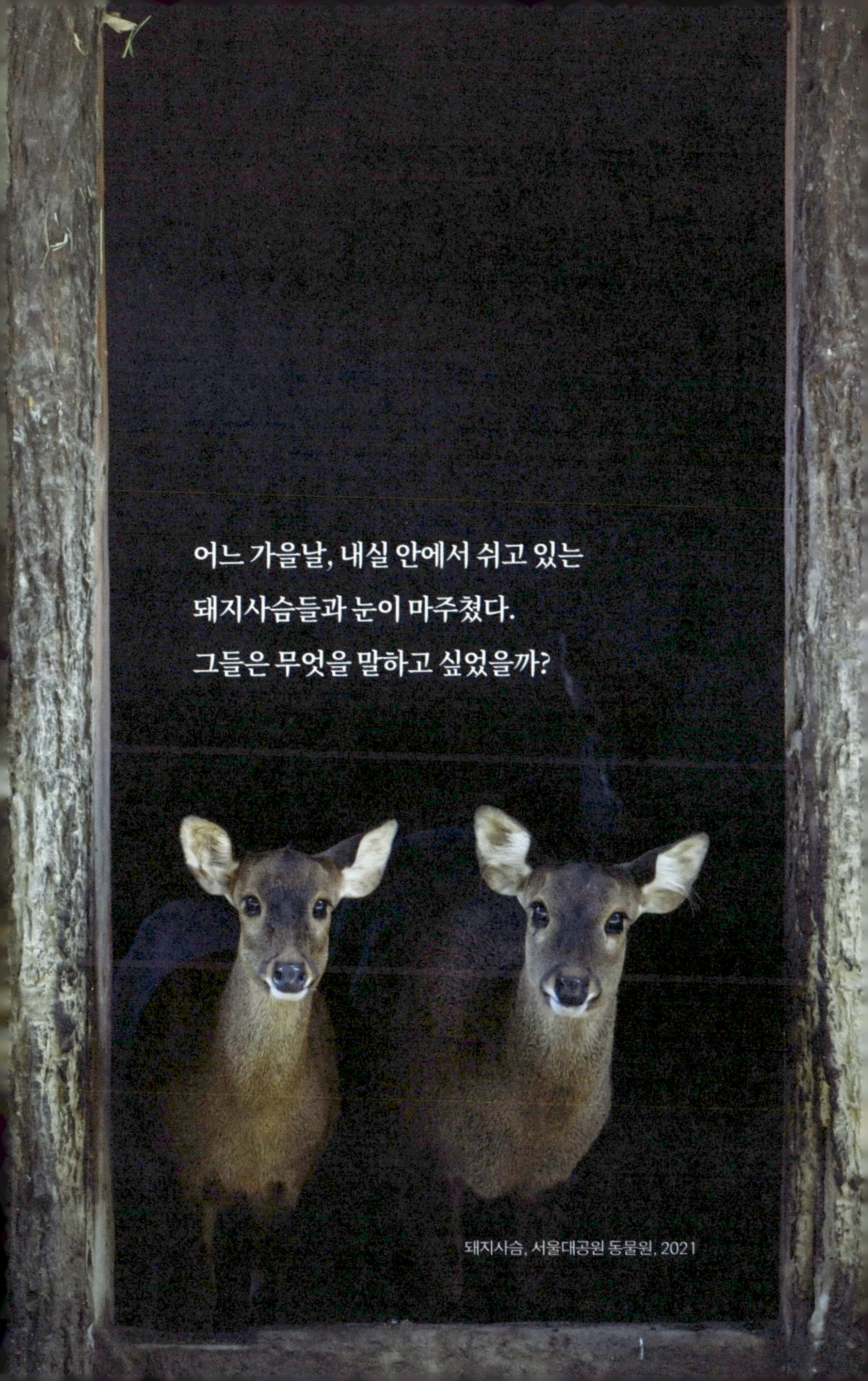

어느 가을날, 내실 안에서 쉬고 있는
돼지사슴들과 눈이 마주쳤다.
그들은 무엇을 말하고 싶었을까?

돼지사슴, 서울대공원 동물원, 2021

500번의 동물원 탐험

기억 속에 희미해진 동물들이 다시 온다

1판 1쇄 인쇄 | 2026년 1월 10일
1판 1쇄 발행 | 2026년 1월 25일

글·사진 비두리
펴낸이 송영만
책임편집 송형근
디자인 오정원

펴낸곳 효형출판
출판등록 1994년 9월 16일 제406-2003-031호
주소 10881 경기도 파주시 회동길 125-11
전자우편 editor@hyohyung.co.kr
홈페이지 www.hyohyung.co.kr
전화 031 955 7600

ISBN 978-89-5872-248-9(03660)

값 21,000원